하인즈 코헛과
자기 심리학

하인즈 코헛과 자기 심리학

발행일   2002년 9월 5일
지은이   앨런 시걸
옮긴이   권명수 / 이재훈 감수
펴낸이   이준호
펴낸곳   현대정신분석연구소 (구 한국심리치료연구소)
주소   서울시 종로구 새문안로5가길 28, (적선동, 광화문플래티넘) 918호
전화   02) 730-2537~8
팩스   02) 730-2539
홈페이지   www.kicp.co.kr
E-mail   kicp21@naver.com
등록   제22-1005호(1996년 5월 13일)
정가   20,000원
ISBN   89-87279-29-4(93180)

하인즈 코헛과 자기 심리학

HEINZ KOHUT AND THE PSYCHOLOGY OF THE SELF

앨런 시걸 지음

권명수 옮김 / 이재훈 감수

현대정신분석연구소

Korean Institute for Contemporary Psychoanalysis

목차

서 론

내가 하인즈 코헛을 처음 만난 것은 시카고 정신분석 연구소의 수련생으로서 폴 톨핀(Paul Tolpin)과 어니스트 월프(Earnest Wolf)가 강의하는 자기심리학 과목을 수강할 때였다. 그때 하인즈 코헛이 초청 강사로 강연을 하였고, 나는 그의 사상을 직접적으로 접할 기회를 가졌다. 당시 코헛은 자신의 저술을 명확하게 진술하기 위해 모든 노력을 기울였음에도 불구하고, 사람들이 여전히 자신의 말을 오해하고 있다고 한탄하였다. 그는 무의식적 동기에 관한 자신의 개념이 그런 오해의 원인이 되고 있다고 보았다. 그러나 그보다 더 중요한 원인은 사람들이 그의 글을 좀더 진지하게 읽지 않는다는 사실에 있다고 보는 듯 했다. 이에 대한 그의 말은 얼마 동안 나의 뇌리에서 떠나지 않았다: '사람들은 내가 쓴 글을 읽지 않는다!'

내가 이 책을 쓴 목적은 두 가지이다. 첫 번째는 독자에게 코헛의 원전을 읽도록 자극을 주는 것이다. 나는 이 책에서 코헛의 주장, 임상 관찰, 논평, 설명 그리고 임상 사례들을 제시하였다. 이는 이 책을 읽은 독자가 그의 통찰과 표현 방식에 호기심을 갖게 되고 그의 작품을 직접 읽게 되기를 바라는 소망의 표현이다. 나는 그의 글이 읽을 만한 가치가 있다고 생각하며, 이 책이 그의 글을 읽고자 하는 사람들을 위한 안내자가 될 수 있기를 희망한다.

그러나 심리역동적 심리치료를 배우는 학도로서 정신분석가인 코헛의 글을 읽어야 하는 이유가 무엇인가라는 의문을 가질 수 있을 것이다. 코헛은 분명히 정신분석가였다. 그리고 그가 관찰한 내용은 정신분석 과정에 참여한 사람들에 대한 것들이었다. 그러나 코헛이 행한 연구의 요점은 특정 형태의 심리치료와는 상관없이 일반적인 개인들에게도 적용될 수 있는 것이다.

코헛은 인간의 정서적 삶을 이해하고 치료하는데 커다란 기여를 했다. 그는 자기애는 정상적인 정신 과정으로서 그 자체의 발달 과정을 갖고 있다고 보았고, 이러한 자기애가 성숙되어 가는 과정을 이론화하였다. 그는 개인의 특정한 욕구들이 이런 자기애적 구성물과 관련되어 있으며, 건강한 자기를 확립하려면 아동기에 그런 자기애적 욕구가 충족되어야 한다고 보았다. 즉 개인이 안정되고 생산적이며 활기찬 삶을 살기 위해서는 그의 삶 전반을 통해서 자기애적 욕구가 계속해서 충족되어야 한다는 것이다.

이 점은 내가 이 책을 쓰게 된 두 번째 목적으로 인도한다. 나는 코헛의 사상을 분명하게 이해할 수 있는 방식으로 전달하여, 다양한 이론의 관점을 지닌 모든 심리치료가들이 코헛의 개념을 사용할 수 있게 하기 위해 이 책을 썼다. 코헛은 그의 이론을 형성했을 뿐만 아니라, 심리치료나 정신분석학에 적용할 수 있는 치료 상황에 대한 새로운 이해를 발전시켰다. 이러한 코헛의 이론과 기법은 정신분석뿐만 아니라 장기간 또는 단기간의 역동적 심리치료, 부부 치료, 학교 상담이나 목회상담에도 유용하게 적용될 수 있다.

코헛 사상의 전개 과정이나 이론의 발달 과정을 공부하기 위해서, 우리는 먼저 코헛의 인간적인 특성과 그가 살고 일하고 글 쓰던 당시의 환경에 대해 알아둘 필요가 있다. 코헛은 의학뿐만 아니라 음악과 문학 분야의 교육을 받았다. 그는 1940년에 25세의 나이로 비엔나에서 시카고로 이주했고, 시카고 대학에서 신경과 전문의 임상 훈련을 받았다. 당시에 코헛은 교수와 동료들에게서 이 학과의 뛰어난 임상가로 인정을 받았다. 그러나 코헛은 프로이트가 그랬던 것처럼, 마음에 관한 연구에 집중하기 위해 신경의학과를 떠났다. 그는 시카고 정신분석 연구소에서 당시 미국에서 유행하고 있던 고전적인 프로이트 이론을 공부하고 훈련을 받았다.

이 책의 1장은 코헛의 동료요 친구이자 공동 연구자인 어니스트 월프가 쓴 '비엔나계 시카고인'이란 제목의 글로 채워져 있다. 그 글에서 월프 박사는 우리에게 친밀하고 영감이 번득이는 코헛의 인간적인 모습에 대해 이야기해 주고 있다. 그는 코헛이 어린 시절에 겪었던 깊은 상처가 주는 심리적 영향에 대해 예리한 통찰을 제공하고 있다. 그는 코헛이 지니고 있는 창조성의 근원과 자기애에 대한 관심의 유래를 추적하면서, 코헛 사상이 정신과학 전반에 끼친 영향, 특히 정서 상태의 이해와 치료에 대해 언급하고 있다. 월프 박사는 이 글에서 코헛이 활동하고 투쟁했던 당시 정신분석학계의 편파적 분위기를 생생하게 묘사했으며, 어려웠던 시절에 코헛의 곁에서 헌신적인 지지를 아끼지 않았던 친구들에 관해서도 소개하였다. 이처럼 월프 박사는 살아 있는 인간으로서의 코헛의 모습을 우리에게 보여주었으며, 나는 그의 이런 공헌에 대해 감사하게 생각한다.

2장에서는 코헛이 시카고 정신분석 연구소에서 가르쳤던 프로이트 이론의 핵심 내용을 다룬다. 코헛은 프로이트를 깊이 이해하고 있는 사람으로서, 프로이트 사고의 근원, 강점과 약점을 철저하게 파악하고 있었다. 코헛은 결코 배교자가 아니었다; 그가 고전적 프로이트 이론과 결별한 것은 이런 깊은 이해에서 나온 것이다. 그가 가르친 프로이트 이론은 내가 접한 다른 어떤 설명보다 프로이트의 저술들을 명쾌하게 설명해주었다.

코헛은 출중한 교사였다. 그의 강의는 유창하고 일목요연했으며 명확했다. 그는 강의 교안도 없이 학생들이 매혹될 정도로 쉽고 유창하게 여러 주제에 대해 강의했다. 나는 이 책을 쓰면서 그의 강의 내용을 포함시켰다. 그 이유는 코헛이 이해한 고전적 프로이트 이론을 이해하는 것이 궁극적으로 그의 이론을 이해하는데 도움이 된다고 믿기 때문이었다.

3장에서는 1948년부터 1960년 사이에 코헛이 발표한 초기 논문들을 고찰하였다. 그가 34세에 발표한 첫 논문에는 많은 새로운 사상이 내포되어 있다. 그는 이것들을 토대로 자기심리학 이론을 확립하였다. 전체적으로 말해서, 이 초기 논문들은 이후 코헛의 사상을 대표하는 세 개의 주된 구성 원리를 담고 있는 듯하다. 코헛은 특별히 발생학적, 역동적, 심리 경제적 관점을 강조하는 프로이트의 초심리학, 자기애적인 문제에 관한 흥미, 분석을 위한 자료수집 방법에 대한 인식론적 이해에 관심을 가지고 있었다. 코헛은 이 중에서도 세 번째 분석자료 수집과 관련된 주제를 다룬 논문이 그의 가장 중요한 공헌이라고 자주 말했다.

4장에서는 1960년대에 확립된 코헛 사상을 통합하여 연대 별로 다루었다. 그는 이 시기에 다음과 같은 일련의 논문들을 발표하였다: "정신분석학의 개념과 이론"(Kohut and Seitz 1963), "자기애의 형태와 변형"(Kohut 1966), 그리고 "자기애적 성격 장애의 정신분석학적 치료: 체계적 접근을 위한 개요"(Kohut 1968). 이 논문들에서 그는 자기애가 특정한 형태로 형성되어 가는 정상적 발달 과정을 갖고 있다는 가설을 제시하였다. 그는 자기애적 장애라는 특정 정신병리의 치료에 대한 새로운 접근법을 제시하였다. 코헛의 사상은 프로이트의 작업에 대한 심층적 이해를 바탕으로 형성되었지만, 그럼에도 불구하고 그것은 프로이트의 것과는 엄연히 구별된다. 코헛은 이러한 사실에 대해 두려움을 느꼈고, 따라서 그는 그의 사상이 프로이트의 작업을 확장시킨 것임을 강조했다. 그는 그의 작업이 프로이트의 작업을 대체할 수 있다고는 생각하지 않았다. 코헛은 고전적 분석가로 머물기를 희망하면서, 프로이트의 이론을 확장하려는 그의 노력에 대한 비판에 대처하고, 이 분야의 발전적 특성과 자신의 작업을 지지하기 위해 정신분석학을 인용하였다. 1960년대 후반에 이르러 그는 학술 논문인 「자기의 분석」(1971)을 집필하기 시작했다. 나는 이 책의 서문을 4장에서 다루었다. 왜냐하면 이 서문이 위에서 언급한 논문들과 5-6장에서 다룬 「자기의 분석」 사이를 연결하는 교량 역할을 하기 때문이다.

「자기의 분석」(1971)에서 코헛은 초기 논문들에서 제시한 가설을 반복하면서 자기애의 발달 과정에 대한 주장을 폈다. 이 논문은 정상적인 자기애에 대한 심층적인 묘사와 그것이 특정 전이에서 어떻게 표현되는지에 관한 것을 주요 내용으로 다루고 있다. 그는 초기 유아기의 자기애 형태로부터 성숙한 심리 구조의 확립에 이르기까지, 자기애가 어떻게 성숙되어 가는가를 자세하게 다루고 있다. 코헛은 양육자와 아이 사이의 조화로운 심리적 반응을 아이가 건강한 자기를 형성할 수 있게 하는 요인으로 보았다. 그는 고전적 정신분석학의 언어를 사용해서 아이의 양육자를 대상(objects)으로 언급하는데, 이 대상은 발달하는 자기를 위해 특정한 심리적 기능을 제공한다. 이 대상은 자기의 일부로 경험되며, 코헛은 이것을 자기대상이라고 불렀다. 코헛은 자기대상에 의한 잘못된 반응이 반복될 때 그것이 어떻게 외상을 구성하며, 자기애의 정상적인 발달 과정을 중지시키는지를 서술한다. 그는 자기대상의 반복적인 실패로 인한 외상이 왜곡되고 취약한 자기를 만들어내는 원인이라고 주장한다. 이런 이해를 기반으로, 코헛은 자기의 장애를 지닌 사람들을 분석하는데 필요한 새로운 임상적 접근법을 제안한다. 그는 분석적 상황을 주로 다루고 있지만, 그가 말하고 있는 자기애적 구성물과 자기대상이 제공하는 심리적 기능은 본질적으로 모든 사람에게 확대 적용할 수 있는 것이다. 이런 발달 원리와 이것이 치료에 대해 갖는 시사점은 정신분석가뿐만 아니라 정신역동적 배경을 가진 치료자에게도 유용한 것일 수 있다. 4장에서 제시하고 있는 두 명의 환자에 대한 사례가 이러한 이론의 적용 가능성을 증명하는데 도움이 될 것이다.

7장과 8장에서는 코헛의 두 번째 책, 「자기의 회복」(1977)의 주제를 다룬다. 이 책에서 코헛은 고전적 정신분석 이론과 결별하고, 자기와 자기의 변화를 중심으로 자기심리학 이론을 확립했다. 그는 건강한 정서 상태에 대한 정의를 새롭게 내리고, 이중 축으로 구성된 자기라는 새로운 모델을 소개하면서, 이중-본능 이론과 오이디푸스 콤플렉스 개념이 인간 행동의 중심 동기라는 주장의 타당성에 이의를 제기했다. 정신분석학은 자기를 고려하는 심리학이어야 한다고 그는 강력하게 주장했다. 코헛은 「자기의 회복」(1977)에서 고전적 욕동-방어, '정신 기구' 심리학이라고 불리는 프로이트의 심리학과 결별했다.

나는 코헛이 당시에 고전적 정신분석 이론과 결별하게 된 데는 다음 두 가지 사건이 영향을 미쳤기 때문이라고 생각한다. 첫 번째 사건은 「자기의 분석」(1971)을 펴낸 직후에 일어났는데, 그것은 그가 1971년 가을에 만성 백혈병에 걸렸다는 진단을 받은 사실이었다. 두 번째 사건은 「자기의 회복」(1977)에서 제안한 그의 생각이 다른 분석가들에 의해 심한 비판을 받게 된 것이었다. 내 생각에 그는 자신의 임박한 죽음이라는 사실에 직면해서 그리고 친구들의 지지에 힘입어 기존의 정신분석학과 거리를 둘 수 있었고, 자신의 생각을 고전적 이론으로부터 구분할 수 있었던 것으로 보인다.

9장에서는 'Z씨에 관한 두 가지 분석'을 다룬다. 그는 한 사람을 각각 다른 시기에 분석한 이 사례를 1979년에 발표했다. 첫 번째 분석은 프로이트의 이중-본능 이론에 근거해서 행해졌다. 두 번째 분석은 자기심리학의 관점에서 행해졌다. 흥미를 자아내는 이 보고는 그의 새로운 이론의 우월성을 뒷받침하는 증거로 사용되었다.

10장과 11장에서는 아놀드 골드버그(Arnold Goldberg)와 폴 스테판스키(Paul Stepansky)가 공동 편집하여 코헛 사후에 출간한 「자기의 치료」(1984)에 대해 다룬다. 코헛은 이 책에서 「자기의 회복」(1977)으로 인해 야기된 비판에 대한 응답으로 시작한다. 그는 '완결된 분석'이란 생각은 고전적 이론가들의 완벽주의적 태도에서 기인한 하나의 신화이지, 현실적인 분석 상황을 반영하지는 못한다고 주장한다. 그는 오이디푸스 콤플렉스를 재검토하고, 치료자가 '분석적 중립성'의 태도를 갖는 것이 가능한지의 문제를 제기하며, 치료 상황에서 분석자의 깊은 이해를 동반한 경청이 중립적인 입장보다 더 깊이 있는 경험을 가능케 한다고 주장한다.

「자기의 치료」(1984)의 나머지 부분에서, 그는 치료 과정에 영향을 미치는 요소에 대한 자신의 생각을 집중적으로 다룬다. 그는 완벽한 해석을 위한 요소를 이해 국면과 설명 국면으로 나누고, 각 국면의 의미, 중요성, 영향 등에 관해 설명한다. 그는 고전적 정신분석가의 주요 기법인 방어와 저항에 관한 자신의 생각을 정교하게 서술한다. 그리고 이 새로운 이해가 면담 분위기를 어떻게 변화시킬 수 있는지를 서술한다. 나는 이 장의 마지막 부분에 나의 임상 사례에 관한 토론을 제시하였다. 그것은 정신분석뿐만 아니라 역동적 심리치료에 코헛의 생각이 미치는 효용성과 적용 가능성을 입증하기 위한 것이다.

12장에서는 코헛의 마지막 대중 강연을 다루었다. 엄밀히 말해서, 이 강연이 그의 생각을 들을 수 있는 마지막 기회는 아니었다. 왜냐하면 그 이후에도 유고작 두 편이 출간되었기 때문이다. 그의 첫 번째 유고작은 앞서 이미 언급한 바 있는 「자기의 치료」(1984)이며, 두 번째 유고작은 「성찰, 공감, 그리고 정신 건강의 반원」(Semicircle, 1982)이었는데, 이 글에서 그는 「자기의 치료」(1984)와 그가 죽은 후 공개된 "공감에 대하여"라는 논문에 나오는 쟁점을 고찰하였다. 코헛은 이 연설을 죽기 3일 진에 하였다. 이것과 관련해서 우리의 궁금증을 자극하는 것은, 이 마지막 대중 강연에서 그가 무엇에 대해서 말했는지, 그가 보여준 관심사는 어떤 것인가라는 점이다.

이 마지막 강연에서 코헛은 1959년에 다루었던 주제인 공감에 관해 다시 이야기하였다. 그가 '공감' 이라는 주제에 또다시 관심을 갖게 된 것은 자신의 연구 내용이 여러 가지 오해를 사고 있다고 생각했기 때문이었다. 그는 이 부분을 명확하게 밝혀야겠다고 생각했던 것 같다. 그 이유는 공감이라는 주제가 오용되고 있는 현실에 일말의 책임감을 느꼈기 때문인 듯 하다. 그는 이 강연에서 공감에 대해 통렬하면서도 아주 흥미있는 즉흥 연설을 했다. 그리고 강연 내용은 비디오 테잎으로 녹화되어 시카고 정신분석 연구소 도서관에 보관되어 있다. 이 테잎은 코헛의 연설에 나타난 정서적 영향력을 엿볼 수 있는 가치 있는 자료이기도 하다.

13장에서는 전 생애에 걸친 코헛의 연구 작업에 대한 비판적 고찰이 제시되고 있다. 독자들은 여기에서 내가 제시한 의문점이나 반론에 동의할 수도 있고 반론을 제기할 수도 있을 것이다. 마지막 장에서 비판적 고찰을 다룬 이유는, 내 생각을 이 책의 여기 저기에서 산발적으로 언급하기보다는 끝 부분에서 모두 다룸으로써, 코헛 생각의 발전 과정을 이해하는데 방해가 되는 단절을 피하기 위해서였다.

제 1 장
비엔나 출신의 시카고인

어니스트 S. 월프

인간에 대한 과학으로서 새롭게 떠오른 태양인, 이 정신분석학은 인간을 따뜻하게 이해하고 인간의 정신 과정을 설명해줄 수 있는 빛이 될 것이다(Kohut 1973, 684쪽).

I

나는 코헛의 전기를 이야기하는데 몇 가지 한계를 안고 시작하고 있다. 하인즈 코헛에 대해 이야기하는 것은 쉽기도 하고 아주 어렵기도 하다. 이는 아마 다른 사람에 관해 이야기해 본 사람이라면, 누구나 경험해본 일일 것이다. 이야기하려는 사람과 관계했던 경험을 통해서 알게 된 사실을 토대로 이야기를 풀어나가는 것은 쉬운 일이다. 이때 그것은 매우 사적인 견해라는 제한 점을 갖기는 하지만, 공정성과 객관성을 유지하기 위해 진지한 노력을 기울인다면 그 사람에 대한 생생한 그림을 그릴 수 있을 것이다. 하인즈 코헛은 동료나 학생들과 더불어 모든 주제에 대해 의견을 나누고 토론하는 것을 즐겼다. 동시에 그는 사적인 안개 속에 감추어진 과거를 가진, 비밀에 싸여 있는 사람이었다. 아직까지 그의 학문적 성과를 다룬 전기가 출간되지 않았고, 옛 상처를 다시 들추어 내어 새로운 논쟁의 불씨를 일으킬만한 때가 되지 않았다. 따라서 이 책을 읽는 독자는 20세기 심리학의 주요 개혁자인 코헛의 사상을 그와 아주 가깝게 지냈던 사람이 짤막하게 훑어보는 이야기에 만족해야 할 것이다. 나는 코헛 학파의 자기심리학적 정신분석학의 정신을 따라서, 또한 독자로 하여금 이 이론의 특성을 스스로 경험할 수 있게 하기 위해서, 단정적이고 객관적인 판단을 피하려고 한다.

나는 미시간 거리 북쪽 664번지에 자리잡고 있던 시카고 정신분석 연구소에서 하인즈 코헛을 처음 만났다. 그때 연구소는 그 건물의 두 층을 사용하고 있었다. 나는 연구소의 위층에서 승강기를 기다리고 있다가 그를 만났다. 그때는 1950년대 후반으로서 당시 나는 찰스 클리거만(Charles Kligerman)에게서 분석을 받고 있었다. 나는 그때 여러 사람과 함께 있었는데, 우리는 환자와 분석 수련생으로서 다음 승강기를 기다리고 있었다. 이때 호리호리하며 옷을 잘 차려입고 진지하고 젊어 보이는 남자가 우리에게 아래층으로 내려가는지, 아니면 1층을 통해 건물 밖으로 나갈 것인지를 물었다. 그는 1층으로 내려가기 위해 승강기를 이용하는 것은 괜찮으나, 바로 아래층으로 내려가려면 계단을 이용해야 한다고 말했다. 나는 깜짝 놀랐다. 이전에 나는 하인즈 코헛을 만난 적이 없었으나, 그가 어떤 인물인지 그리고 연구소의 가장 뛰어난 교수 가운데 한 사람이라는 평판은 이미 들어 알고 있었다. 나는 '이 사람이 누구이기에, 우리에게 승강기를 이용 여부를 지시하는 것인가?'라고 생각했다. 아주 금욕적이고 절제되고 지시적이며 독일 사람의 분위기를 풍기는 이 남자를 나는 좋아하지 않았다. 나는 당시에 두 번째의 분석을 받고 있었으며, 나의 첫 분석가였던 맥스웰 기텔슨(Maxwell Gitelson)의 말과 침묵으로 인해 받은 상처와 모욕으로부터 회복되고 있던 중이었다.

되돌아보면, 그때 나는 히틀러 제국에서 도망 나온 피난민으로서, 기텔슨에 대해 갖고 있던 나의 전이 감정과 독일에 대해 치밀어 오르는 강한 불안, 독일과 관련된 것은 무엇이든 증오하던 감정이 코헛에 대한 나의 반응에 영향을 주었던 것 같다. 그리고 그 당시 나는 오스트리아 사람을 대할 때도 마찬가지 반응을 보였다. 그때 나는 히틀러 통치하의 독일에서 유태인이기 때문에 겪어야 했던 고통스런 경험에서 충분히 회복되지 못했으며, 여전히 독일과 관계된 것은 무엇이든 병적으로 두려워했다. 나는 당시 코헛의 양쪽 부모 모두가 유태 관습에 구애받지 않는 유태인이었다는 사실을 모르고 있었다. 사실 1960년대에 자기심리학을 추종하는 학생들의 동아리에 참여하면서, 그와 나는 좋은 친구가 되었다. 그럼에도 나는 한참 후까지도 그에게서 그의 유태인 조상에 관한 어떠한 이야기도 듣지 못했다. 여러 해를 지내면서 그를 아주 잘 알게 되었지만, 그의 주위 사람들은 그가 유태인이라는 생각을 거의 하지 않았다. 그는 유태인의 음식, 농담 같은 민속문화를 잘 알지 못했다. 그는 세속 문화에 전적으로 동화된 가정에서 자라났기 때문에, 자신이 유태인이라는 의식을 갖지 않았다. 그러나 나치는 그를 유태인이라는 이유로 오스트리아에서 추방했다. 대조적으로, 나는 내가 유태인이라는 내 정체성을 잊어본적이 없으며, 주변의 다른 사람들 또한 내 정체성에 대해 전혀 의문을 가지지 않았다. 그러나 나는 다른 사람들이 내가 유태인의 후손이라는 사실에 대해 관심을 기울이는 것이 결코 편안하지 않았다.

코헛이 시카고에 왔을 때, 그는 이미 비엔나 대학의 의과 대학에서 받은 학위를 가지고 있었다. 시카고 대학 부속병원에서 그는 유명한 신경의학과 과장인 리차드 리히터(Richard Richter) 밑에서 신경의학 전공의 과정을 시작했다. 그의 밑에서 전공의로 발탁되는 것은 학업 성적이 우수하며, 장래가 보장되는 것을 의미했다. 따라서 코헛이 전공의 자리를 사임하고 시카고 정신분석 연구소의 수련생으로 들어갔을 때, 코헛의 친구들이 그것을 애석해한 것은 쉽게 이해할 수 있는 일이었다.

코헛은 귀족적이고 엄격하며 가까이 하기 힘든 측면과 따뜻하고 사려 깊은 마음을 동시에 가지고 있는 사람처럼 보였다. 그는 자신의 생활이 밖으로 드리니는 것을 몹시 꺼려했으며, 자신이 사람들에게 어떻게 비쳐질 것인가에 대해 아주 조심스러워했다. 그는 항상 옷차림이 단정했으며, 자신의 원고를 몇 번이고 반복해서 수정하고 편집하는, 아주 철저한 사람이었다. 또한 그는 건강에도 각별히 신경을 썼다. 코헛은 생애 마지막 십 년 동안 만성 백혈병으로 고통받고 있었는데, 그의 친구들 중 그 사실을 알고 있는 이가 거의 없었다. 요즘처럼 운동과 가벼운 조깅이 유행하기 아주 오래 전부터 코헛은 의사의 처방대로 일주일에 여러 번 빠른 속도로 거리를 달렸으며, 체중을 유지하기 위해 식사량을 조절했다.

그러나 그와 그의 아내인 베티가 우리를 초대했을 때 우리가 즐겼던 저녁 만찬은 고급 요리가 나오는 성대한 잔치였다. 하인즈는 포도주에도 조예가 깊었다. 저녁 식사는 몇 가지 특별한 모젤 와인을 마시면서 가벼운 대화로 시작되었다. 어떤 때는 거실에서 폭죽 소리가 요란한 불꽃놀이로 시작되곤 했다. 주 요리에 어울리는 오래 동안 숙성시킨 버건디나 보르도 포도주가 나왔으며, 후식으로는 오래된 소턴이나 늦 포도로 만든 라인이나 모젤 포도주가 나오곤 했다. 베티는 자신만이 알고 있는 비법으로 요리한 사하 토르테[후식용 케익: 역주]를 내놓기도 했는데, 그 맛이 일품이었다. 그러나 하인즈가 가장 많은 관심을 기울인 것은 포도주였다. 그는 나에게 포도주를 잔에 따를 때는 너무 많지도 않고 적지도 않게 정확하게 반만 따르라고 가르쳤다. 그는 나에게 자신의 절친한 친구인 하인즈 하트만(Heinz Hartmann)에게서 온 편지를 자랑스럽게 보여주었다. 그 편지는 하트만이 죽기 바로 직전에 쓴 것으로서, 코헛에게 보낸 마지막 편지였다. 이 편지에서 하트만은 늙어 가는 것을 한탄하면서도, 늙는 것을 보상해 주는 것도 있다고 하면서, 사람이 마시는 포도주는 늙을수록 그 맛이 더 좋아진다고 말했다. 코헛이 포도주 애호가라는 사실은 내가 그의 집에 손님으로 초대받아 갔을 때 편안한 기분을 갖게 해주었다. 나는 독일의 라인 지방에서 자랐는데, 축제나 잔치가 있을 때마다 집에서 질 좋은 라인이나 모젤 포도주를 한 잔씩 마시곤 했다. 그런 날에는 어린아이도 포도주를 조금씩 맛보는 일이 허용되곤 했다. 이런 일이 어린 나에게는 따뜻한 분위기를 지닌 가족 전체의 일원임을 느끼게 해주었으나, 그 맛 자체를 좋아하지는 않았다.

하인즈는 보통 진행 중인 자신의 저술 작업에 관한 정기적인 논의 모임에서 만난 젊은 동료들을 저녁 식사에 초대하거나, 또는 그 모임에 참석한 모든 사람들을 저녁 만찬에 초대하기도 했다. 이 모임은 코헛이 자기애와 자기에 대한 주장을 담은 책을 출간한 후에 그가 자신의 친구이자 동료들, 특히 미국 정신분석학회의 지도자들에게 냉대를 받게 되면서 결성되었다. 그는 자신이 전국 학술대회에 참석했을 때 친분이 있던 동료들이 호텔 로비에서 그를 모른 척했던 일에 대해 이야기한 적이 있다. 오랜 친구들이 그를 모른 척 스쳐지나가 버리거나, 그가 인사를 해도 차갑고 퉁명스럽게 대답했을 때, 그는 마음의 상처를 입었고 분노를 느꼈다. 코헛은 미국정신분석학회 회장과 국제정신분석학회의 부회장을 역임했고, 안나 프로이트와 하인즈 하트만과 아주 가까운 사람 중의 하나였다. 그리고 한 때는 국제정신분석학회 회장의 물망에 오르기도 했었다. 시카고 정신분석 연구소의 수련생들은 코헛의 이론 수업이 가장 훌륭했고 그가 저술한 논문이 가장 많은 호기심을 불러일으켰다며, 그를 매우 존경했다. 돌이켜 보면, 내가 수련생으로 훈련받고 있을 때, 코헛은 수업 중에 자신의 최근 논문인 "자기애의 형태와 변형"(1966)에 대해 학생들과 토론하였다. 이 논문은 당시 많은 수련생들에게 새로운 정신분석학적 전망을 제시해주었다. 거의 모든 수련생들은 코헛이 이 연구소에서 가장 훌륭한 교수라고 여겼다. 그의 정신분석 이론 수업은 매우 수준이 높았다. 그는 학생들에게 독서 과제를 내주고, 수업을 시작하기 전에 학생들이 그 내용을 얼마나 이해하고 있는가를 묻는 몇 가지 질문을 하곤 했다. 코헛은 학생들과 몇 가지 질문을 주고받으면서, 제기된 몇 가지 주제를 중심으로 긴 논의로 들어가곤 했다. 그 당시 수업 시간에 모든 주의를 집중해서 그의 이야기를 듣고 있다보면, 난해한 정신분석학 이론의 신비가 우리 앞에 그 모습을 드러내곤 했다. 이런 주제에 대해 한번 논의를 시작하면, 코헛은 약 30분 이상 강의를 계속했으며, 자신의 강의가 중단되는 것을 좋아하지 않았다. 나는 그가 가진 방대한 지식에 매료되었고 감탄했다. 간단히 말해서, 우리는 모두 그를 현대 정신분석학 이론의 뛰어난 지도자이며, 최고의 정신분석학자라고 생각했다.

그러나 코헛이 받고 있던 이러한 모든 존경과 경의는 자기심리학의 출현과 함께 돌연히 사라졌다. 예를 들면, 그가 한 학술회의에서 프로이트의 정신분석학이 탄생하는데 의사 브로이어(Breuer)와 환자였던 안나 오(Anna O)의 큰 기여가 있었음을 밝힌 논문을 발표한 이후, 그는 프로이트를 적절하게 찬양하지 않았다는 이유로 동료들로부터 심한 비난을 받았다. 그로부터 몇 주 후에 코헛의 동료들은 코헛을 시카고 정신분석 연구소의 정신분석 교육위원회에서 제명해버렸다! 그는 자신이 정신분석학계에서 점차 고립되어 가고 있음을 느꼈다. 그는 심리적으로 긍정적인 반응을 필요로 했다. 그의 첫 번째 책인 「자기의 분석」을 저술하기 시작할 즈음, 코헛은 구체화되어 가고 있던 이 책의 각 장별 토의를 위해 젊은 분석가들과 소모임을 갖기 시작했다. 처음에 그 모임은 마이클 바쉬(Michael Basch), 존 게도(John Gedo), 아놀드 골드버그(Arnold Goldberg), 데이비드 마커스(David Marcus), 폴 톨핀(Paul Tolpin), 폴 오른스타인(Paul Ornstein) 등으로 구성되었다. 이후에 나와 마리안 톨핀(Marian Tolpin), 안나 오른스타인(Anna Ornstein)이 모임에 합류했다.

당시에 나는 한 천재의 창조적 열기가 분출되는 자리에 참여하고 있다는 사실로 인해, 일종의 경외감과 흥분을 느꼈다. 나는 하인즈 코헛을 새로운 프로이트라고 생각했고, 우리 모임의 구성원들은 모두 스스로를 비엔나에서 프로이트가 가졌던 수요 저녁 모임의 훌륭한 계승자라고 생각했다. 나는 방안의 사람을 둘러보면서, 아무개는 현대판 아브라함, 누구는 현대판 페렌치라는 식의 상상을 하곤 했다. 존 게도가 이 모임에서 주도적인 역할을 담당했으며, 코헛과도 가장 가까웠던 것 같다. 1971년 「자기의 분석」이 출간된 후 얼마 동안 코헛은 공개 강의를 하지 못했다. 존과 나는 코헛이 공개 강의를 할만한 적절한 학술 모임을 열 것을 의논했다. 순진하게도 나는 다음 해 코헛의 60회 생일을 축하하는 기념행사를 정신분석 학회 주최로 했으면 좋겠다고 생각했다. 마침 그 당시 나는 시카고 정신분석협회의 프로그램 위원회에 속해 있었다. 그래서 위원회가 열렸을 때, 나는 본 협회가 뛰어난 동료인 하인즈 코헛의 60회 생일을 기념하는 학술모임을 추진하자고 제안하였다. 적극적인 호응을 받지는 못했지만, 협회 전체 정기 모임에 이 안건을 상정하기로 결정하였다. 그런데 동료들이 내 제안을 비난하고 나섰다. 실제로 협회가 한 개인의 생일을 축하해준 전례가 없었다는 이유였다. 내 제안은 염려했던 대로 정당한 절차에 의해 기각되었다. 그때 무엇이 나로 하여금 협회 회원들이 시기하는 사람을, 또 자신들의 기득권을 위협하는 사람의 생일을 축하해주자고 제안했는지 지금까지도 분명치가 않다.

그러나 나는 포기하지 않았으며, 동료들의 근시안적 행동에 대해 강한 분노를 느꼈다. 나는 이 일에 온 힘을 기울였고 일을 진척시켜서 친구들과 하인즈 코헛을 기념하기 위한 학술모임을 추진하기로 결정하였다. 폴 톨핀과 당시 연구소의 소장으로서 이 일을 격려해 주었던 조지 폴락(George Pollock)과 내 아내 아이나와 함께, 우리는 코헛의 생일 기념 학술모임 준비 위원회를 구성하였다. 행사를 준비하는데 자금이 필요했기 때문에, 나는 개인적으로 열두 명 정도의 친구들을 설득해서 행사가 끝난 후에 가능하면 돌려주겠다는 약속을 하고, 한 사람에게서 약 150달러씩을 빌렸다. 그리고 학술 발표와 만찬을 위한 장소로 호텔을 예약했다. 우리는 북미뿐 아니라 유럽의 발표자들이 참여하는 수준 높은 학술회의를 계획했고, 하인즈는 이 계획에 적극적으로 참여했다. 이 학술회의에 초청된 모든 사람들을 일일이 기억하지는 못한다. 그때 프린스턴 대학의 역사학자 칼 숄스크(Carl Schorske)가 프로이트 생존 당시 비엔나의 상황에 관해 발표했고, 정신분석학자이며 인류학자인 폴 파린(Paul Parin)이 스위스에서 왔고, 정신분석 이론에 관해 발표한 로렌스 프리드만(Lawence Friedman)이 뉴욕에서 왔으며, 메리 게도(Mary Gedo)가 예술과 정신분석학에 대해 발표했고, 세계대전 후 독일 정신분석학 중흥의 지도자였던 알렉산더 미츨러리히(Alexander Mitscherlich)가 프랑크푸르트에서 왔다. 존 게도는 만찬 석상에서 축사를 했다. 코헛 생일 기념 학술회의는 학술적으로나 사교적으로나 매우 성공적이었다. 세계 전역에서 거의 육백여 명에 이르는 사람들이 친구나 동료로서 참석하였다. 르네 스피츠(Rene Spitz)는 덴버에서 왔고, 명예 후원회원이었던 안나 프로이트는 참석이 여의치 않아 런던에서 축하 편지를 보내왔다. 또한 시카고 시장인 리차드 데일리도 포함되어 있었다. 우리는 행사 준비금으로 빌린 돈을 다 갚고 남은 수익금을 시카고 정신분석 연구소에 기증할 수 있었다.

코헛 부부는 안나 프로이트와 지속적인 우정을 유지했다. 안나 프로이트가 시카고를 방문하면, 하인즈와 베티의 집에 머물곤 했는데, 한번은 베티 코헛이 안나 프로이트의 황갈색 목걸이가 아주 멋있다는 찬사를 보낸 적이 있었다. 그녀는 방문 일정을 마치고 코헛 부부의 집을 떠나면서 자신의 목걸이를 베티에게 선물로 주었다. 코헛이 후일 런던에 있던 그녀에게 「자기의 분석」 원고의 사본을 보냈을 때, 그녀는 다소 애매하기는 했으나 고무적인 답신을 보내왔다. 코헛이 정신분석 이론을 수정하면서 생긴 긴장 속에서도 아이슬러(K. R. Eissler)와의 우정을 지속했던 것처럼 그녀와의 친분도 계속 유지했다. 이들은 생일과 명절을 전후하여 선물을 교환하곤 했지만, 정신분석학이나 코헛의 새로운 이론에 대해서는 서로 전혀 언급하지 않았다. 코헛이 쓴 책은 그의 절친한 친구들 사이에서 금기가 되어 버렸다.

수십 년 전 아이슬러가 시카고에 살고 있었을 때 코헛은 그녀에게서 분석을 받았다. 코헛은 비엔나의 오거스트 아이호른(August Aichorn)에게서 첫 분석을 받았는데, 그는 항상 아이호른에 관해 우호적으로 말했다. 1976년에 내가 "환경과 절제"(Ambience and Abstinence)라는 논문을 출판했을 때, 코헛은 그에 대한 일종의 상으로서 아이호른과 함께 찍은 사진을 내게 주었다. 이 사진의 뒷면에는 1937년 아이호른과 함께, '넉넉한 환경과 적은 절제'라고 쓰여 있었다. 「고집스러운 청소년」(*Wayward Youth*)이라는 책을 쓴 아이호른은 청소년을 이해하고, 청소년의 비행을 깊이 있게 다룬 분석가였다. 그는 젊은이를 분석할 때 그 자신을 이상화하도록 고무했으며, 이런 강한 이상화 전이를 치료적으로 사용하였다. 나는 코헛이 이상화 전이가 일어나도록 조작하지 않고 그것을 분석하였지만, 늘 이상화 전이의 중요성을 강조했던 코헛의 생각이 아이호른과의 접촉에서 유래한 것이 아닐까 하고 생각했다. 그는 아이호른에게 분석 받던 당시의 일화를 내게 들려주었다. 어느 날 아이호른은 분석 시간에 "하인즈, 너에게 비행 청소년의 혈청을 주사해 넣을 수 있다면 좋겠다!"고 소리를 버럭 질러버렸다. 아마도 청년시절의 하인즈는 아주 예절바르고 착한 소년 같았을 것이다. 이런 그의 '착함'은 아마도 분석 시간에 아이호른을 견딜 수 없도록 짜증나게 만들었을 것이다. 코헛이 내게 한번도 언급하지는 않았지만, 아이호른의 또 다른 환자였던 마가렛 말러(Margaret Mahler; 비엔나 출신의 여자 소아과 의사이며 미국 대상관계 정신분석학자로서 「유아의 심리적 탄생」(한국심리치료연구소, 1997)이라는 책을 저술하였음: 역주) 역시 이후 코헛과 더불어 정신분석학계의 지도자가 되었으며 정신분석 이론을 혁신하였다.

코헛은 프로이트가 비엔나를 떠난다는 소식을 듣고, 그를 송별하기 위해 기차역까지 나갔다. 그때 프로이트는 자신의 모자를 살짝 치켜들어 코헛에게 답례를 했다. 그는 이 이야기를 즐겨하곤 했는데, 아마도 그때가 코헛이 프로이트를 직접 만날 수 있었던 유일한 기회였던 것 같다. 코헛은 프로이트의 행동을 정신분석학 전통을 자신에게 전달한 상징으로 받아들였다. 프로이트가 떠난 후, 1938년에 코헛도 비엔나를 떠났다. 코헛은 영국에서 일 년을 보내고 난 후, 그의 절친한 친구이자 시카고 대학의 음대 교수였던 지그문드 레바리(Siegmund Levarie)의 권유를 받아들여 시카고로 이주했다. 코헛은 시카고 교향악단의 연주회와 오페라를 정기적으로 관람할 정도로 음악 애호가였다. 그의 아버지는 훌륭한 피아노 연주자로서, 교향악단의 피아노 연주자가 되기를 소망했지만 제1차 세계대전으로 인해 음악에 대한 포부를 접었다. 하인즈가 음악을 좋아하고 몰입했던 것은 잘 알려진 사실이다. 한번은 나와 동료들이 코헛에게 바하의 칸타타 전곡이 녹음되어 있는 음반 한 질을 선물한 적이 있었는데, 그는 그것을 선물 받은 날부터 매일 저녁 그 음반에 실린 곡을 한 곡씩 감상하곤 했다.

그와 동시대의 정신분석가들이 코헛의 사상을 냉정하게 외면했음에도 불구하고, 몇몇 젊은 정신분석가들과 분석 지향적인 심리치료가들 사이에서 자기심리학에 대한 관심이 싹트기 시작했다. 코헛은 자신의 글에 간단한 사례들은 풍부하게 제시되어 있지만, 치료과정을 포괄적으로 설명해줄 사례가 부족한 것에 대해 아쉬움을 느꼈다. 이를 위해 우리 모두는 임상 경험을 축적해 나갔다. 존 게도의 지도 아래, 우리들은 조를 짜서 사례자료집(case histories)을 만들고, 제시된 사례들에 관해 자기심리학이란 새로운 관점에서 토론을 벌이곤 했다. 이 토론은 코헛이 참여한 가운데 정신분석 연구소에서 정기적으로 이루어졌다. 이 작업은 우리 모두에게 아주 독특하고 가치 있는 학습 경험을 제공하였는데,

그것은 대가의 문하에서 배우는 최고의 수업이었다. 우리들은 각 사례에 대해 충분한 논의를 거친 후에, 그 사례를 사례집에 포함시킬 것인지에 대한 여부를 결정하였다. 치료자로서 자신의 치료 사례가 가장 절친한 동료들에 의해 엄격하게 검증 받는다는 것은 결코 유쾌한 일이 아니다. 따라서 이런 검증 과정 중에 발생한 논쟁이 몇 번의 갈등으로 발전하기도 했다. 그러나 이런 일들은 대체로 코헛의 논평으로 해소되곤 했다. 그러나 한 번은 이 갈등이 해소되지 못했는데, 이 때문에 존 게도가 우리 모임을 떠났다. 사례집을 만드는 과제는 아놀드 골드버그의 열성적인 지도력 아래 계속되었으며, 「자기심리학: 사례집」(1978)이란 제목으로 발간되었다.

코헛 생애의 마지막 십 년은 전문가로서는 만족스러웠지만, 개인적으로는 불행과 고통이 뒤따른 기간이었다. 1978년 시카고에서 열린 제1차 자기심리학 연례 학회는 오백여 명 이상이 등록하는 등 상당한 성황을 이루었다. 이 첫 학회는 이후 해마다 개최된 자기심리학회의 높은 학문적 수준을 가늠하는 모범이 되었다. 나는 이 글을 쓰면서 1995년 10월에 샌프란시스코에서 열릴 예정인 제18차 연례 학술대회를 기다리고 있다. 하인즈는 1981년 68세의 나이로 사망하기까지 이 학회에 적극적으로 참여하였다. 그는 버클리에서 열렸던 제4차 자기심리학회에서 마지막 연설을 하고 난 3일 후에 시카고에서 세상을 떠났다.

사람들은 코헛의 독창성과 그 독창성의 최후의 초점이었던 자기애의 원천에 관해 궁금해한다. 추측컨대, 그의 창조성의 근원은 이제 막 싹트기 시작한 그의 자기의 응집성을 위협했던 초기 박탈 경험에 대한 보상적 반응이었던 것 같다. 그의 주된 박탈은 1차 세계대전 기간 중에 겪었던 아버지의 부재 경험이었다. 코헛은 1913년 5월에 출생하였는데, 이후 전쟁 중 그의 아버지의 군

복무 기간을 정확하게 알 수는 없다. 그러나 분명한 사실은 그의 아버지가 전쟁으로 인해 피아노 연주자로서의 꿈에 치명적인 손상을 입었고 제대 후에 음악에 대한 꿈을 접어야만 했다는 것이다. 따라서 그의 아버지는 우울한 날들을 보냈음이 분명하다. 이러한 상황에서 멀리서나마 존경하고 영웅시했던 아버지에 대한 어린 코헛의 환상이 깨어졌음을 쉽게 짐작할 수 있다. 그러나 음악에 대한 그의 아버지의 관심은 십 수년이 지난 후, 코헛이 친구와 함께 쓴 음악에 관한 글에 반영되어 있다.

하인즈는 어렸을 때 엄마와 가까웠으며, 그 관계는 오랫동안 지속되었다. 그러나 나는 코헛이 나에게 들려준 이야기에서, 그의 어머니가 어린 그를 보모와 가정교사에게 맡겨놓고 사교생활에 몰두한 다소 냉담한 여성이었다는 인상을 받았다. 내 추측으로 코헛의 부모는 상류층 진입을 꿈꾸는 사람들이었으며, 사회적 신분 상승이라는 열망을 품었음에 틀림없다. 우리는 비트겐슈타인 가문과 다른 사람들이 주류 문화에 동화하는데 성공한 것을 알고 있는데, 코헛 가문 또한 이와 비슷한 목표를 가졌는지 궁금하다. (일반적으로 새로운 집단 안에서 개인의 창조성을 활짝 피우는 것은 일종의 자기 주장일 수 있다; 다시 말해, 그것은 이전의 정체성을 포기하는 것을 보상하기 위한 개인 존재의 뿌리, 포부와 이상의 표현이다.)

하인즈는 외아들이었다. 그는 나에게 자신이 또래 아이들과 어울릴 기회가 적어 사회화 경험이 부족했다는 불평을 한 적이 있다. 코헛은 학교에 가지 않고 집에서 가정교사의 교육을 받았다. 이런 환경에서 성장해서인지 그는 성인이 되어서도 사람이 많이 모인 곳을 불편해했다. 그는 내가 보기에 자신의 거북스러운 경험들은 무엇이든지 감출 수 있는 사람 같았다.

우리는 하인즈가 어린 시절에 경험했을 것으로 생각되는 기본적인 외상을 추측해 볼 수 있다. 오스트리아의 젊은이들이 점차 나치화되어 가면서, 그는 청소년기 후기와 청년기 초기 동안 비유태인 친구들로부터 고립되었고, 이로 인해 외상이 생겼을 것임을 쉽게 상상할 수 있다. 코헛이 오거스트 아이호른에게 분석을 받기 시작했을 당시, 그는 고통을 겪고 있던 젊은 청년이었음이 분명하다.

이 모든 요소들을 잠시 제쳐두고, 한 가지 궁금한 점은 무엇이 코헛으로 하여금 '전통적 정신분석학자'의 길을 버리고 자기심리학의 창시자가 되게 했을까하는 점이다. 이에 대해 코헛은 그의 환자들이 자신에게 가장 큰 영향을 끼쳤다고 밝혔다. 즉 그들은 코헛에게 오이디푸스 이론에 근거한 판에 박힌 해석은 그만두고, 그들이 무엇을 이야기하는가를 경청해 달라고 말했다. 그리고 그가 미국 정신분석학회 회장으로 재직할 때의 경험 역시 중요한 요인으로 작용하였다. 당시 그는 존경받는 위치에 있는 동료들이 자기 잇속만을 챙기며 정치적으로 움직이는 모습을 목격하였다. 그것은 그가 정치 영역 안에 있는 자기애에 관해 배우는 경험이었으며, 소위 명망있는 분석가들조차 분석되지 못한 자기애의 잔재를 갖고 있다는 사실을 깨닫고 그 문제에 대한 보다 나은 해결을 추구하게 만든 계기가 되었다.

나는 나 자신을 포함하여 게도, 골드버그, 바쉬, 폴과 애나 오른스타인, 폴과 마리안 톨핀 등 코헛을 따랐던 분석가들은, 그것이 무엇인지 분명히 규정할 수는 없지만, 코헛의 새로운 사고에 영향을 주었다고 생각한다. 그렇다고 코헛의 사상이 그의 추종자들인 우리들로부터 나왔다는 말은 아니다. 당시 그에게는 좀더 바람직하고 긍정적이며 조화로운 반향음을 내는 울림판(a sounding board)이 필요했던 것이다. 그런 의미에서 우리의 모임은 그가 개인적으로 선택한 집단으로서, 그의 연구 결과물이 나오면 그것을 읽고 그에 관한 코헛의 이야기를 경청하는 특권을 가지고 있었다. 그러나 주제에 따라 견해차가 있었기 때문에 그에 따른 토론이 불가피하였다. 우리 중 몇 사람은 코헛의 새로운 임상 내용에 관해 더 깊은 관심을 보였으나, 다른 사람들은 그의 혁신적인 이론에 더 많이 매료되었다. 때로 그의 생각이 회의적일 경우에도, 아무도 그의 생각을 드러내놓고 거부하지는 않았다. 왜냐하면, 놀랄 만큼 박식하고 임상자료를 재해석해내는 뛰어난 능력이 있으며 거의 이단적 사고를 거침없이 드러내는 코헛이라는 대가와 함께 앉아 있다는 사실이, 우리 각자에게는 아주 만족스럽고 흥미로운 경험이었기 때문이다. 우리는 모두 시카고 정신분석 연구소를 가장 우수한 성적으로 마친 졸업생들이었다. 우리들은 하인즈 코헛을 존경하였고, 그를 위해 그의 창조성을 향상시킬 만큼 좋은 자기대상 경험을 제공하였다.

II

과연 하인즈 코헛과 같은 대가가 정신분석학에 끼친 영향력에 대해 평가를 내리는 일이 가능하겠는가? 분명한 사실은 나 또한 편견으로부터 자유로울 수 없으며, 그럴 필요성도 느끼지 않는다. 요즘 정신분석학계에서 일고 있는 뜨거운 논쟁을 보면, 선입견에서 탈피하여 균형을 유지하는 것은 거의 불가능하다는 생각이 든다. 내가 가진 편견의 근원 중 하나는 나 자신이 의사로서 훈련을 받은 데서 기인한다: 나는 체계적인 이론의 형성보다는 치료에 보다 높은 가치를 둔다. 이 두 가지 중 어떤 것에 우선 순위를 두느냐라는 문제는 내가 많은 동료들과 프로이트의 이론에서 갈등을 느낀 점이었다. 프로이트는 의사에 머무르는 것을 싫어했으며, 정신분석학을 하나의 과학으로서 발전시키는 일을 치료적 포부보다 앞에 두었다. 내가 처음에 프로이트의 글을 읽고 나서 시카고 정신분석 연구소의 수련생이 되었을 때, 나는 다소 의식적으로 프로이트의 가치 체계를 선택하였다. 그러나 나는 내 분석 작업을 통해 얻은 치료 결과에 결코 만족하지 않았다. 내 환자는 대부분 증상이 호전되었다. 즉 삼분의 이 이상은 상당히 좋아졌다. 이 수치는 결코 나쁜 기록이 아니며, 다른 의료 전문가의 치료 결과와 비교하더라도 양호한 것이었다. 그럼에도 항상 내 머릿속에는 환자가 자신의 잠재적 능력을 실현시키지 못하는 이유를 환자의 '저항' 또는 '환자가 지닌 분석 불가능성의 문제' 때문이라고 그 원인을 돌리는 것은, 분석가가 자신의 의무를 너무 쉽게 저버리는 것이 아닐까라는 의문이 떠나지 않았다.

하인즈 코헛은 그렇게 쉽게 자신의 의무를 저버리지 않았다. 그가 오이디푸스적 병리를 갖고 있다고 생각했던 한 여자 환자는, 오이디푸스적 전이에 대한 그의 해석에 그가 기대했던 반응을 보이지 않았다. 코헛은 몇 번이고 같은 해석을 했으나 그녀는 그것을 거부했다. 이것이 저항인가? 자료와 이론은 서로 잘 들어맞았다. 그런데 왜 분석될 수 없는 것인가? 종국에 코헛은 그녀가 그에게 무엇을 말하는가를 경청하기로 마음먹었고, 마음을 열고 공감적인 태도로 이 환자가 자신 안에서 무엇을 경험하고 있는가를 경청하였다. 자기심리학은 이렇게 해서 탄생하게 되었다. 이를 통해 코헛은 다음과 같은 자신의 가치 체계를 형성하였다: '공감이 진실보다 더 높은 가치를 갖는다.' 내가 처음에 이 말을 들었을 때, 나는 커다란 충격을 받았다. 그리고 이 말의 진정한 의미를 이해하기까지는 오랜 시간이 걸렸다. 코헛은 결코 진실을 폄하하지도 않았고, 또한 수백 년에 걸친 학문적 성취를 경시하지도 않았다. 1973년 5월 자신의 60회 생일축하 모임에서 코헛이 연설한 내용을 들어보자:

> 이제 나는 기존의 것들을 뒤로하고, 내가 믿고 있는 바, 앞으로 정신분석학계에 불어올 가치 체계의 특별한 변화를 드러내 보이려고 합니다. 새로운 세대의 분석가들은 자신의 이상을 충분히 통합해냄으로써, 인간을 연구하는 모든 학문이 지닌 가치의 질서를 변화시키는 선도자 역할을 하게 될 것입니다. 그들은 사실-그리고-현실적 도덕성을 중시하던 것에서 공감을 더욱 중요시하는 방향으로 그 강조점을 옮기는 일, 즉 명확하고 결코 타협할 수 없는 합리성에 대한 자부심으로부터 자기의 확장과 공감에 대한 자부심으로 그 강조점을 옮기는 일을 하게 될 것입니다. 그리고 그렇게 함으로써, 다른 인간 존재를 향한 연결 고리의 확장과 강화를 지향하게 될 것입니다. 이것이 무엇보다 소중한 그들의 이상이 될 것입니다(Kohut 1973, 676-78쪽).

정신분석학은 항상 도덕적 우선 순위를 재편하려는 이런 혁명적인 프로그램을 가지고 있었다. 프로이트는 정신분석학의 자료 수집 방법에 관한 정의에서, 자료 수집에 기여하는 공감의 중요성을 매우 분명하게 인정한 것 같기도 하고 그렇지 않은 것 같기도 한 모습을 보인다. 프로이트는 전체 저술을 통해 공감이라는 단어를 열두 번 정도밖에 사용하지 않았다. 하지만 그는 '동일시로부터 모방을 거쳐 공감에 이르는 경로가 있으며, 그러한 기제를 통해서 우리는 다른 정신적 삶에 대해 어떤 태도를 취할 수 있게 된다'(Freud 1921, 110쪽 이하)고 말했다. 독일어로 된 원문에서는 그 의미가 더욱 분명히 드러난다: 공감이 없으면 다른 사람의 정신 생활에 대한 견해(Stellung-nahme)를 가질 수 없다. 이 각주는 프로이트가 공감의 가치를 인정한 유일한 부분이다. 이 공감이 코헛의 정신분석학적 방법의 중요한 요소가 되었던 반면, 프로이트에게서는 임상적 결론을 내리거나 임상적 해석을 하는데 '공감'이 갖는 역할이 분명히 드러나지 않았다. 코헛은 임상 자료 수집 과정에서 공감을 사용하는 것이 정신분석학적인 임상 자료의 필수 조건이라고 밝혔으며, 이는 '자기'를 인간의 내면 생활에 관한 모든 이론의 중심에 두는 것으로 인도했다. 코헛의 관점에서 볼 때, 이 공감이 곧 정신분석학이요 프로이트에 의해 시작된 정신분석 혁명을 이끈 요소이다. 이와 같은 공감에 대한 코헛의 입장은 나에게 아주 깊은 인상을 남겼으며, 나를 자기심리학자가 되게 한 가장 중요한 요인이었다.

자기심리학은 정신분석학에 어떤 영향을 끼쳤을까? 나는 코헛의 사상과 임상 실제가 주로 후기 프로이트 학파에서 발생한 왜곡을 바로잡는 역할을 했다고 본다. 후기 프로이트 학파는 인간다운 학문적 시도를 비인간적이고 기계적인 체계인 자아 심리학으로 변형시켰으며, 이것은 더 이상 현대의 학문과 철학에 어울리지 않게 되었다. 만약 우리의 논의를 미국정신분석학 협회에서 인증하는 자격을 부여받은 정신분석가들의 분석 활동에 국한시킨다면, 과연 우리는 그들의 기법에 끼친 코헛의 영향력을 어떻게 평가할 것인가? 대부분의 분석가들은 삼 사십 년 전에 사용되던 소위 표준 기법이라고 불리는 치료 방식을 더 이상 사용하지 않고 있다. 분석 중에 장시간 침묵을 지키거나 반응적이지 않거나(unresponsive) 적대적인(hostile) 개입을 하는 분석 기법들은, 내가 믿기로는, 대체적으로 과거의 것이 되었다. 그 당시에는 잘 알려지지 않았던 자기대상 전이에 대한 해석—거울 전이 또는 이상화 전이—은 현재 대부분의 분석가들이 필수적으로 사용하는 치료 기법이 되었다. 그러나 자기심리학에 대한 종합적인 이해는 미래의 분석가들이 성취해야 할 과제로 남아 있다. 리비도와 본능적 욕동 구조 이론 안에서 오랜 세월 동안 작업해온 습관, 즉 원본능, 자아, 초자아란 구조로 환원하여 생각하는 습관을 버리기란 매우 어려운 일이다. 대부분의 분석가들은 아직도 언어적 해석이 (환자의 통찰을 불러일으키기 위해) 정보를 전달하는 기능을 갖는 것이 아니라, 치료자와 환자의 분석 관계 안에 있는 치료적 잠재력을 경험하게 하는 기능을 갖고 있다는 사실을 깨닫지 못하고 있다. 이러한 경험이 때로는 환자가 언어로 개념화할 수 있는 인지적 측면을 수반할 수도 있다. 그러나 환자들 중에는 내면의 역동적 변화에 대한 적절한 언어를 배운 적이 없더라도 기능적인 측면에서 잘 분석된 사람들도 있다. 한편 환자들 중에는 의식적인 통찰을 많이 획득하지 않았으면서도 분석을 통해 치료된 사람들도 있다. 또 다른 환자들은 치료를 통해 아주 많은 통찰을 얻고, 자신들의 의식과 무의식의 역동성에 대해 자세히 말로 설명할 수 있을 정도로 많은 지식을 얻기는 했지만, 그들의 정신 기능은 개선되지 않은 경우도 있다. 과연 이런 사람들도 분석이 잘 되었다고 말할 수 있는가?

물론 고전적 분석기법을 사용하는 동료들은 필시 자기심리학적 분석기법이 진정한 의미의 정신분석이 아니라고 일축해 버릴 것이라는 점을 나는 잘 알고 있다. 하지만 나는 자기심리학적 분석을 좋은 심리치료라고 인정한다. 또는 이런 나의 판단은 고전적 접근법이 이제는 사용되지 않는 과거의 기법이라고 생각하는 나의 고정 관념에서 나온 것일 수도 있다. 고전적 분석에 대한 나의 이해가 요즘 다른 분석가들의 상담실에서 실제로 진행되고 있는 것에 대한 풍자를 나타내는 것일 수도 있다. 하인즈 코헛과 그의 이론을 접한 이후 내 상담실의 분위기가 어떻게 변해왔는지에 대해서 나는 잘 알고 있다. 나 역시 코헛처럼 정신분석학의 미래에 대해 아주 낙관적이다. 미국과 해외에서 열리는 자기심리학회와 세미나의 등록자들을 살펴보면, 자기심리학에 대한 흥미와 지식이 점차 증가하고 정교화되고 있다는 사실을 알 수 있다. 이 모든 것을 통해 내가 미래에 희망을 갖는 첫째 이유는, 미래의 정신분석학자들이 자기심리학을 포함한 광범위한 정신분석학적 사상에 관해 훈련받고 익숙해질 것이라고 보기 때문이다. 또 다른 이유는 정신분석학이 인간에 관해 연구하는 다양한 학문적 배경을 가진 모든 정신건강 전문가들의 기초 과학과 언어가 될 것이라고 보기 때문이다.

제 2 장

코헛 사상의 고전적 토대

코헛의 사상이 발전해 나온 과정을 충분히 이해하려면, 그의 이론의 기초가 된 고전적 프로이트 이론에 관한 이해가 선행되어야만 한다. 이를 위해 나는 코헛이 시카고 정신분석 연구소에서 강의했던 '프로이트 이론' 강좌에 관한 논의를 제시하려고 한다. 그의 강좌를 소개함에 있어서, 그의 카리스마와 박식함, 물 흐르듯 자연스러운 강의 분위기 등을 전하기란 어렵겠지만, 또 다른 측면인 교수로서의 그의 역량을 보여주는 명확하고, 논리 정연하며, 체계적인 강의 내용을 전할 수 있을 것이다.

이 장의 내용은 코헛과 2년 과정의 과목들을 함께 가르쳤던 필립 자이츠(Phillip Seitz)의 방대한 강의 교안에 근거한 것이다. 출판되지 않은 이 기록들은 시카고 정신분석 연구소의 코헛 자료실에 보관되어 있다(Kohut and Seitz, 1960의 '코헛의 미간행된 교과목'을 참고하라). 이 분야의 연구에 도움을 주기 위해 이 책 뒤에 용어 모음집을 덧붙였다.

교육과정: 첫해

서론

코헛은 1958년에서 60년대 후반까지 2년 과정의 강의를 개설했는데, 이 강의에서 정신분석학 이론이 발달해 나온 역사를 강조하였다. 코헛은 서론에서 프로이트의 작업에 대한 그의 논의는 프로이트 이후에 계속해서 발전해온 정신분석 사상의 영향을 받았다는 것을 강조하였다. 이러한 코헛의 발언은 프로이트 학설을 변하지 않을 것으로 믿고 있는 많은 북미 정신분석학자들의 교조적 입장에 대한 비판적 반응이었다. 당시 거의 모든 정신분석학 논문들은 서론에서 프로이트의 글을 인용하고 있었다. 이것은 논문의 공신력을 부여하려는 이도였다. 프로이트 학설의 변화를 시사하는 사상들은 빗나간 것으로 취급되었으며, 프로이트 사상에 대한 혁신을 제안한 논문은 그 논문을 쓴 사람의 무의식적 의도가 도마에 올랐다. 코헛이 가르치기 시작했을 때는 자신의 이론을 공식적으로 발전시키기 이전이었기 때문에, 이런 서론적 발언은 코헛 자신의 새로운 사상의 토대를 놓기 위한 시도가 아니었다. 다만 이것은 교수가 학생들에게 열린 마음으로 학문에 임할 것을 요구하는 주문이었다.

코헛이 주장하는 바, 정신분석 이론이란 정신분석학회에 속한 몇 사람이 시사하는 것처럼 고정된 것이 아니라 지속적으로 변화하는 것이다. 코헛은 프로이트 사상의 발전 과정을 정신분석학 이론의 진보적 특성을 보여주는 가장 대표적인 예로 인용하였으며, 프로이트가 오랜 기간에 걸쳐 마음에 관한 새로운 모델을 발전시켜 나갔으며, 이를 위하여 옛 모델을 폐기하곤 했다고 언급했다.

정신분석학의 역사

코헛은 그의 서론적 강의 이후에 정신분석학의 역사를 개괄하였다. 프로이트의 정신분석학 이론은 세 단계를 거쳐 발전하였다. 첫 단계는 1890년대로, 프로이트의 정신분석 환자였던 안나 오가 그의 동료였던 조셉 브로이어(Joseph Breuer)에게 치료를 받으러 온 때였다. 그때 안나와의 관계가 너무 부담스러웠던 브로이어가 더 이상 그녀를 만나는 것을 원하지 않게 되어, 그녀는 프로이트의 환자가 되었다. 안나 오는 자유 연상이라고 알려진 방법을 발견하는데 기여했다. 그녀는 프로이트에게 자신의 자연스런 생각의 흐름을 방해하지 말라고 요구하였다. 프로이트는 이 첫 단계 동안에 자신의 기본 사상을 발전시켰고 그것을 1920년대까지 확장시켰다. 코헛은 2년 과정의 첫해에는 정신분석학의 첫 단계 동안에 발달된 이론을 집중적으로 강의하였으며, 원본능의 주제인 무의식과 유아 성욕을 강조하였다. 이 기간 동안 코헛은 프로이트 사상의 기본 개념을 가르쳤다. 그는 두 번째 해에는 정신분석학의 두 번째와 세 번째 단계 동안에 발전된 주제를 강의하였다.

정신분석학 발전의 두 번째 단계(1920-37)는 구조적 관점에 관심이 집중된 시기였다. 이 시기 동안의 프로이트의 연구 결과는 "자아와 원본능"(1923)에서 주장하는 삼중구조 이론으로 나타났다. 즉 이 단계 동안에 프로이트는 원본능-자아-초자아와 이것들의 상호관계에 대해 연구하였다.

정신분석학 발전의 세 번째 단계(1937년 이후)는 프로이트가 자신의 이론을 확장시켜 자아에 관한 이론을 전개한 시기였다. 코헛은 이 시기에 정신분석학의 관심이 자아에 집중되게 되었다고 보았다. 이 시기는 자아 심리학의 시기로서, 이 기간 동안은 자아 그 자체가 구조로서 탐구되고 자아의 기능과 방어기제가 주된 관심의 대상이 되었다.

정신을 조직하는 원리들

정신분석학의 역사적 발전 과정을 개괄한 후, 코헛은 프로이트의 복잡한 심리학을 어떻게 가르칠 것인가라는 교육 방법에 관한 문제를 다루었다. 그는 프로이트가 복잡한 심리학적 자료를 조직화하기 위해 다섯 가지의 조직 원리들(ordering principles)을 어떻게 발전시켰는가를 다루었다. 우리는 코헛을 따라 프로이트의 다섯 가지 원리 중 네 가지 원리를 자세히 살펴볼 것이며, 따라서 프로이트뿐만 아니라 코헛의 수업에 참여한 학생들과 마찬가지로 우리가 만나게 되는 임상 자료를 조직하는 도구를 얻고자 한다. 프로이트의 다섯 가지 조직 원리는 다음과 같다.

1. 다양한 수준의 정신적 기능들을 위계화하는 원리
2. 역동적(dynamic) 관점
3. 지형론적 관점
4. 심리 경제적 관점
5. 발생론적 관점

코헛은 당시에 구조적 관점을 생략했다. 왜냐하면, 이 교과목을 가르치기 시작한 첫 해에는 프로이트가 아직 구조적 관점을 발전시키지 못했기 때문이다.

역동적 관점

코헛은 이러한 조직 원리에 관한 논의를 '역동적 관점'에서 다루었다. 그것은 역동적 관점이 프로이트 심리학의 중심 개념을 이해하고 논의하는데 유용하기 때문이다. 다시 말하면, 역동적 관점은 의식적 사고에서 인식되지 않는 마음의 부분 즉, 소망, 기억, 환상, 금지 등과 같은 정신적 현상들을 담고 있기 때문이다. 프로이트의 가설에 의하면, 이것들 중의 얼마는 강렬한 힘으로 대상(objects, 주로 사람을 말하는 프로이트 용어)을 지향한다. 프로이트는 자신이 도표로 제시한 모델에서, 내면의 힘을 묘사하기 위해 그리고 마음 안에서 갈등하는 세력들을 나타내기 위해 방향량(vectors)을 사용했다. 반대되는 세력들간의 충돌은 프로이트 이론에서 중요한 요소이다. 왜냐하면 프로이트는 마음이 갈등으로 향하는 내재적 경향성을 갖고 있다고 생각했기 때문이다.

코헛은 직접적으로 볼 수 없는 내면 세계를 개념화한 프로이트의 천재성을 찬양하였다. 그는 심리적 역동성은 의식적 사고를 통해 알 수 없다는 것이 프로이트 이론의 핵심이라고 강조하였다. 이것은 프로이트가 무의식 체계(the System Unconscious)라고 부른 마음의 영역 안에 담겨 있다. 무의식 체계 안에 담겨 있는 내용은 개인에게 욕동(drive)의 힘으로 경험된다. 사실, 프로이트는 정신의 내용들을 '욕동들'의 표출로 간주했다.

나는 코헛의 자료를 다루는 일에서 잠시 벗어나, '갈등' 개념에 대해 논의하려고 한다. 왜냐하면 코헛이 가르치고 훈련시켰던 당시의 북미 정신분석학자들에게는 갈등이 중심적인 개념이었기 때문이다. 갈등은 코헛이 그 안에서 자신의 사고를 형성해낸 개념적 맥락(conceptual context)이었다. 그리고 그것은 또한 코헛이 마침내 벗어나야 했던 개념이기도 했다.

갈등 개념의 근원을 이해하기 위해서는, 프로이트가 살았던 시대를 풍미한 과학 이론과 과학적 언어가 프로이트의 심리학적 은유(metaphor)에 미친 영향력을 알아야만 한다. 프로이트는 새롭고 혁신적인 자신의 이론에 학문적인 공신력을 부여하기 위해 이미 잘 확립된 생물학과 물리학의 용어와 개념을 빌려왔다. 그는 물리학에서 기계론과 수력학의 개념을 빌려왔다. 그는 마음이란 힘을 처리하는 기계적 장치라고 생각했다. 이런 힘들은 에너지를 갖고 있으며, 체계 안을 흐르는 액체와 유사하게 작용한다. 에너지의 흐름이 막히면, 그것을 풀려나게 하기 위한 압력이 생겨난다. 프로이트는 정신 장치가 이 에너지를 관리하는 정교한 방식들을 생각해냈다.

프로이트는 또한 에너지의 근원을 설명하기 위해서 생물학적 개념을 빌려왔다. 프로이트의 「꿈의 해석」(1900)이란 책이 나오기 41년 전인 1859년에, 다윈은 유기체는 자신과 종족의 종을 보존하길 추구한다고 가정하였다. 프로이트는 다윈의 생물학적 가설을 적용하여, 두 개의 본능이 인간 행위에 대한 에너지와 동기를 부여한다고 유추하였다. 프로이트에게 있어, 성적 본능은 종족을 보존케 하며, 공격 본능은 자신을 보존케 하는 것이었다.

코헛은 마침내 생물학적 원리를 정신분석학에 적용시킨 것을 비판하게 되었다(1959). 코헛은 다른 학문에서 빌려온 개념들은 정신분석학적 과제에는 부적절하며, 정신분석학을 인간 경험으로부터 동떨어진 것으로 만드는 것으로 보았다. 코헛은 그의 삶과 연구에서 이 점을 점점 더 강하게 강조했다.

프로이트는 본능이 인간 경험에 동기를 부여한다고 보았다. 따라서 그의 이론은 본능이론 또는 욕동이론이라고 불린다. 이 두 용어는 동의어로서 모두 동기에 대한 생물학적 근원을 암시한다. 프로이트는 욕동과 관련된 에너지를 개념화하기 위해 '리비도'

란 새로운 개념을 만들어냈다. 그는 두 가지 형태의 리비도, 곧 성적 리비도(어떤 때는 단순히 리비도라고 언급됨)와 공격적 리비도가 있다고 보았다. 프로이트는 욕동의 공개적 표출이 서구 문명의 유지에 위협이 된다고 주장했다. 프로이트는 「문명과 그 불만」(*Civilization and Its Discontents*, 1930)에서 어떻게 서구 문명이 성욕적, 공격적 충동의 표출을 금지했는지를 다뤘다. 이런 금지들이 사람들을 공존할 수 있도록 기여했지만, 사회적 조화를 얻기 위해 신경증적 고통의 대가를 지불해야 했다고 프로이트는 주장했다. 신경증적 고통은 표출하고자 하는 욕동과 내재화된 문명의 금지들 사이에서 생기는 갈등의 결과이다. 마음은 자체를 보호하기 위하여 금지된 욕동을 인식하기를 거부하는 방어기제를 확립한다. 이러한 욕동과 금지 사이의 갈등을 이해하는 것이 프로이트 심리학을 이해하는 핵심이다. 나는 이런 개념을 염두에 두면서 코헛의 강의 내용으로 되돌아가고자 한다.

지형론적 관점

프로이트가 인식한 무의식은 그를 그 다음 원리인 '지형론적 관점'—마음을 지형을 설명하듯이 서술하는 관점—에 관한 성찰로 이끌었다. 이 관점에서 프로이트는 마음이 그림 2.1에서 나타나는 것처럼 3개의 층을 이루고 있다고 보았다:

1. 의식 체계: 의식된 내용을 담고 있는 가장 외부의 층.
2. 전의식 체계: 위의 의식 층에 접근할 수 있으며 또한 아래의 무의식 층에도 접근할 수 있는 중간 층.
3. 무의식 체계: 의식이 접근할 수 없는 내용을 담고 있는 가장 깊은 층.

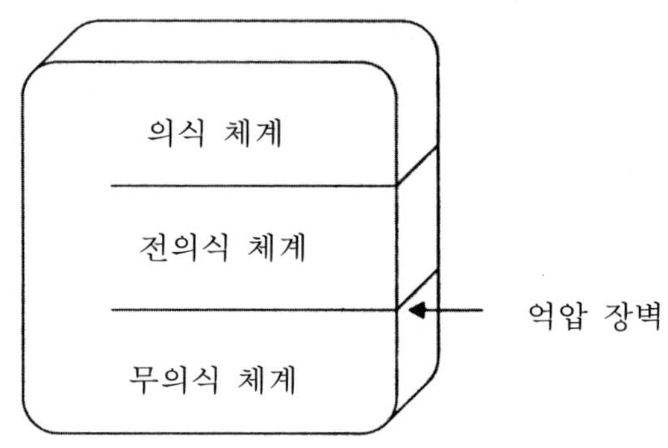

도표 2.1 프로이트가 본 마음의 지형학

프로이트는 이것을 지형학적 모델이리고 불렀고, 이 모델을 한 체계가 다른 체계에 영향을 주는 방식을 보여주는데 사용했다. 코헛은 이 모델이 역동적 특성을 지니고 있으며, 한 체계와 다른 체계와의 관계를 서술하는데 유용하다고 보았다. 예를 들면, 이 모델은 꿈이나 말의 실수, 망각이 하나의 체계, 즉 무의식 체계가 다른 체계, 즉 전의식 체계로 침입한 결과라고 설명한다. 프로이트는 무의식이 전의식 안으로 침입해 들어온 것을 '전이'라고 불렀다.

코헛은 전이란 용어가 매우 잘못 이해되고 잘못 사용되어 왔다고 강조한다. 시간이 지나면서, 전이는 환자가 심리치료자와 갖는 관계의 측면을 묘사하는 개념이 되었다. 코헛은 이것을 '기술적 전이'(technical transference)라고 불렀으며, 이 전이를 프로이트가 후에 발달시켰던(1905b) 전이 현상의 한 형태로 보았다. 코헛은 전이의 정의라는 점에서 프로이트가 내린 '무의식이 전의식 안으로 침입한 것'이라는 정확하고 독창적인 정의를 더 선호했다.

프로이트는 전의식 체계와 무의식 체계의 특성들을 서술하는 하나의 이론을 개발하였다. 그는 자신의 심리학을 '초심리학'(metapsychology)이라고 불렀는데, 그 이유는 자신의 심리학이 단순한 현상학적 서술에 그치고 있던 그 당시의 심리학을 넘어서는 것이었기 때문이다. 프로이트의 초심리학은 독특한 언어를 갖고 있으며, 코헛은 프로이트의 초심리학적 언어를 정확하게 소개하기 위해 노력했다. 코헛은 각 용어를 분명하게 정의하고, 이것을 적절한 상황에 반복적으로 사용했다. 그는 하나의 용어를 처음에는 하나의 관점에서 바라보았고, 그리고 나서 다른 관점에서 바라보았다. 마치 외국어 선생이 자신의 학생들이 새로운 용어의 핵심적 의미들을 확실하게 파악했다고 느껴질 때까지 반복하듯이, 그는 반복해서 가르쳤다.

코헛은 프로이트가 말하는 마음의 개념과 기능을 밝히기 위한 노력으로서 무의식 체계와 전의식 체계를 세밀하게 다루었다. 특히 그는 각 체계가 갖고 있는 기능을 검토했다. 그는 마치 엔진이 다른 부분과 어떻게 연결되는지, 또 각 부분이 어떻게 독자적으로 기능하는지를 알아보기 위해 엔진의 각 부분을 검사하듯이 프로이트 이론의 각 부분을 검사했다. 프로이트는 무의식 체계의 정신 과정을 '일차 과정,' 전의식 체계의 정신 과정을 '이차 과정'이라고 불렀다. 또한 그는 전의식 체계의 이차 과정 사고는 합리적이며, 깨어 있는 의식 상태에서 정리된 생각과 말에 해당되며, 이에 비해 일차 과정은 비합리적이고, 꿈에서 발견되는 생각들에 해당한다고 설명했다. 이 정신 과정에서는 낮 동안의 논리와 규칙이 적용되지 않는다. 여기에서는 하나가 다른 것을 대표할 수 있으며, 모든 것이 가능하고, 비일관성이 문제가 되지 않는다. 일차 과정은 무의식 체계 안에서 발생하기 때문에 의식되지 않고 오직 추론에 의해서만 알 수 있을 뿐이다. 이러한 추론은 일차 과정이 이차 과정으로 침투해 들어가서, 두 체계를 분리시켜주는 장벽을 혼란시킴으로써 가능해진다. 추론은 또한 아주 영리한 심리적 속임수가 분리 장벽을 '무력화시킴으로써' 가능해진다.

이런 속임수들 뒤에 있는 기제는 금지된 무의식적 소망들이 중요하지 않은 내용에 부착된다는 것과 관련되어 있다. 그 중요치 않은 내용들은 '낮 동안의 잔재'(day residues)를 가리키며, 그것들이 지닌 중요치 않은 특성이 낮 동안의 잔재들을 무의식과 전의식을 갈라놓고 있는 장벽 너머로 전이시키기에 가장 이상적인 요소로서 작용한다. 낮 동안의 잔재들은 트로이의 목마처럼 작용한다. 이것들은 전의식 안으로 침입하려는 위협적 소망들을 방어하는 감독자를 비보로 만든다. 프로이드는 감독자로시 기능하는 장벽을 '억압 장벽'이라고 불렀다.

도표 2.2는 일차 과정이 억압 장벽을 넘어 이차 과정으로 침입하는 것을 보여준다. 이 전이 기제는 말의 실수, 꿈, 신경증적 증상들의 원인이 된다.

코헛은 이러한 전이에 대한 정의를 여러 번 반복해서 강조한다. 이것이 그에게 그토록 중요했던 이유는 이 정의가 분석에서의 전이 상황과 다른 형태의 정신적 내용을 표현하는 전이를 구분할 수 있게 해주기 때문이다. 코헛은 전이에 관한 프로이트의 정의를 임상 상황에 그대로 적용한다. 그는 분석가가 매우 이상적인 전이 대상이라고 말한다. 왜냐하면 분석가는 환자의 삶에 '실제적인' 의미를 제공하는 대상이 아니기 때문이다. 그는 환자에게 있어서 분석가란 낮 동안의 잔재물과 같다고 간주하며, '분석가가 환자의 후원자, 조력자, 친구, 만족시켜 주는 사람이 된다

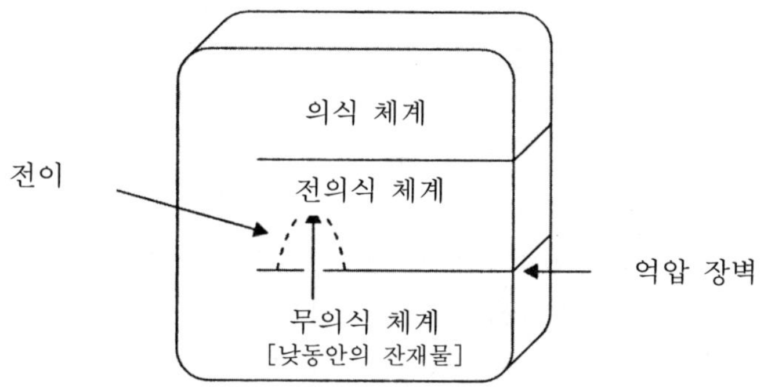

도표 2.2 무의식의 전의식 안으로 침입

면, 그는 전이의 대상으로 쉽게 사용될 수 없을 것이다'라고 말한다(1960, 14쪽).

코헛은 프로이트 사상을 설명하는데 지형론적 관점을 이용한다. 갈등을 이론의 중심 개념으로 삼았던 프로이트는, 갈등은 하나의 체계 안에서가 아니라 두 체계 사이에 존재한다고 보았다. 코헛은 무의식 체계 안에 존재하는 씨앗들이 내부 체계들 사이의 갈등을 초래한다고 설명한다. 그는 유아적 성욕(아이들이 점막의 자극을 통해서 느끼는 쾌감—성인의 성욕과는 같지 않은)이 그러한 씨앗들 중의 하나라고 지적한다. 프로이트에 따르면, 유아적 성욕은 원초적인 성적 본능에서 유래하며, 즉각적인 만족을 추구하는 소망으로 경험되는 강력한 욕동으로서 무의식 체계 안에 존재한다. 이러한 즉각적인 만족을 추구하는 경향성은 무의식 체계의 지배적인 원리로서, 프로이트는 이를 '쾌락 원리'라고 불렀다.

코헛은 일차 과정에 소망을 성취하려는 특성이 있음을 강조한다. 그는 이런 핵심적 개념의 종합적인 이해는 개인의 경험이 그의 심리적 세계의 중심을 구성하고 있음을 말해주며, 내적 경험이 심리적 현실의 규정자임을 확인해준다고 반복해서 강조한다. 코헛은 또한 두 체계의 역동적 관계를 강조하였으나, 무의식 체계의 특정 내용에 대해서는 다른 교과목에서 상세하게 다루었다. 그는 무의식의 내용을 총칭적으로 '무의식적 소망(wish), 욕동(drives), 그리고 충동(impulses)'이라고 언급하였다. 나는 우리의 논의를 위해 무의식 체계에 대한 가설을 간략하게 요약해보겠다.

프로이트 이론에서 성 본능과 공격 본능은 이성 부모와의 근친 상관적 관계를 원하는 아이의 소망과 경쟁 관계에 있는 동성의 부모를 살인하고픈 아이의 소망을 통해 표출된다. 이런 욕구의 인식은 강한 불안을 야기하는데, 그 이유는 이런 소망이 경쟁 관계의 부모로부터 보복 당할 것이라는 환상을 수반하기 때문이다. 무의식적 살인, 근친상간적 소망, 보복적 징벌에 대한 공포는 프로이트 이론의 핵심 내용인 오이디푸스 콤플렉스 이론의 중심 개념이다.

프로이트가 언급한 무의식 안에 존재하는 소망은 성욕과 공격적인 욕구를 말한다. 프로이트에게 있어 성욕과 공격적 소망이 갈등의 씨앗이다. 이미 언급한 것처럼, 이 두 소망은 공격의 대상이 된 부모에게서 징벌을 받을 것이라는 환상적 위협을 내포하고 있다. 소년에게 있어서 그 징벌은 아버지가 그를 거세하는 형태를 띨 것이며, (이 이론에 의하면, 그들 자신이 이미 거세를 경험하고 있는) 소녀에게 있어서 징벌은 어머니에게서 버림받을 것이란 공포로 나타날 것이다. 프로이트에 의하면, 징벌에 대한 불안이 몹시 두렵기 때문에, 무의식적 소망이 전의식으로 침투해 들어오지 못하게 하는 방어기제가 활성화된다. 그리고 외부 세계의 행동은 성 본능과 공격 본능에 무의식적으로 연결되기 때문에 위험한 것으로 경험된다. 또한 자기 주장은 심리적으로 위험한 것으로 느껴지기 때문에 반드시 금지되어야만 한다. 결과적으로 방어기제들은 외부 세계에서의 행동을 가로막는 폭넓은 금지의 형태를 띤다.

프로이트의 주장에 의하면, 모든 활동(걷기, 바라보기, 말하기, 생각하기, 쓰기)은 성 본능의 표현으로 시작된다. 금지되는 일없이 정상적으로 기능하기 위해서, 활동은 갈등을 포함하고 있는 성적 소망으로부터 자유로워야만 한다. 전의식 체계의 이차 과정이 이 활동들을 비성화된(desexualized) 것으로 유지해야 한다. 이런 활동이 다시 성화될 때, 그것들은 무의식적 소망의 파생물(derivatives)을 수반하며, 이것은 정신 장치로 하여금 방어기제를 세우게 만든다. 이것들은 종종 억제의 형태를 띤다. 이것을 보여주는 하나의 예로서, 성공이 눈앞에 보이는 작가가 갑자기 글을 쓸 수 없게 되는 현상을 들 수 있다. 프로이트가 지형학적 이론을 주로 사용하고 있던 시기에 그는 아직 금지된 소망에 대한 죄책감을 설명해주는 정신적 대리자(agency)라는 개념을 형성하지 못했다. 그는 「자아와 원본능」(1923)에서 '초자아 개념을 이야기할 때에야 비로소 이러한 대리자 개념을 사용할 수 있었다.

다음으로 코헛은 프로이트가 말하는 정서적 성숙 개념에 대해 언급한다. 프로이트에 의하면, 성숙해 가는 아이는 환각적 소망과 실제적인 만족을 구분하는 능력을 발달시키는 과제에 직면한다. 프로이트는 '최적의 좌절' 경험이 소망과 현실을 구별하게 한다고 주장했다. 최적의 좌절은 아이의 소망 충족이 지연되는 것을 말한다. 이런 욕구 충족의 지연을 통하여, 아이는 소망을 충족시키려면 적극적 조치가 취해져야 한다는 사실을 깨닫는다. 코헛에 의하면, 프로이트가 말하는 것은 심리적 외상을 줄 정도로 너무 강하지도 않고, 무의미할 정도로 약한 것이 아닌, 최적의 좌절을 통해서 소망이 현실과 구분될 수 있다는 것이다. 프로이트는 현실을 이해하고 욕구 충족을 지연시키는 능력을 '현실 원리'라고 불렀다. 이 원리는 이차 과정 사고의 특성을 나타낸다. 이차 과정은 전의식 체계 안에서 작동하며, 즉각적인 욕구의 해소를 추구하는 무의식 체계의 쾌락 원리인 일차 과정과 구별된다.

최적의 좌절에 대한 코헛의 논의는 자기애의 주제에 대한 그의 초기 감수성으로부터 온 것이었다. 그는 다음과 같이 말한다:

> 만약 아동이 너무 버릇이 없다면(최적의 좌절을 경험하지 못함으로 인해서), 그 아동은 비정상적 자기애 또는 전능감을 갖게 된다. 동시에 이 아동은 실제적인 기술이 부족하기 때문에 열등감을 느낀다. 반대로 좌절 경험이 너무 지나칠 경우, 무의식과 전의식을 구별하는 것이 어렵게 된다. 이러한 종류의 경험은 아동으로 하여금 자기애적 전능 환상을 부유하도록 만든다(Kohut and Seitz 1960, 20쪽).

이 시점에서 코헛은 이미 자기애를 발달적 관점에서 개념화하고 있다. 그는 "'버릇없는' 경향이 있는 사람에게서는 단순한 방어적 과대 보상이 아닌 고착된 일차 과정 사고인 전능 망상이 발견된다'고 주장한다(1960, 19쪽). 코헛은 자기애적 전능감을 발달적 결함에서 기인하는 것으로 보았고, 1950년대와 60년대에 풍미했던 정신분석학적 이해와는 구별되게, 자기애적 전능감을 방어기제로 보았다. 결국 코헛은 나중에 자기애에 대한 독특한 발달 과정을 개념화하게 된다.

프로이트의 심리학은 갈등 심리학이기 때문에, 그는 갈등 관계에 있는 두 체계를 서술하는 언어를 발전시켰다. 프로이트의 용어를 빌어, 코헛은 두 체계 각각의 성질과 특성들을 조심스럽게 분류하였다. 그의 가르침에 의하면, 일차 과정, 쾌락 원리, 소망 성취, 유아의 성욕, 유아의 공격성은 모두 무의식 체계의 부분들이고 무의식 체계와 동의어이다. 또한 이차 과정, 현실 원리, 합리적 사고는 전의식 체계의 부분들이며 전의식 체계와 동의어이다.

코헛은 갈등하는 두 체계의 관계를 다음과 같이 설명한다. '무의식과 전의식 사이에 연속성을 생각하는 사람이 있다면, 그는 일차 과정에서 이차 과정으로, 쾌락 원리에서 현실 원리에로 점진적 변화를 생각할지도 모른다'(1960, 20쪽). 그가 믿는 바대로 그는 무의식을 이해하는 열쇠를 다음과 같이 서술하고 있다:

쾌락 원리를 이해하는데 정서적으로 가장 힘든 것은, 프로이트처럼, 원초적 무의식이 오직 성취된 소망만을 담고 있다고 상상하는 것이다. 이 정신의 원초적 층에 내재하는 모든 것은 환각(hallucinations)이라고 보는 것이다(Kohut and Seitz 1960, 20쪽).

코헛은 지형론적 모델에 대한 자신의 이해를 다음과 같이 요약하고 있다.

정신 기능에는 전의식과 무의식이라는 두 부분이 있다. 이 것들은 서로 직접 연결되어 있지 않고, 그것들 사이에 장벽이 존재한다; … 최적의 좌절은 무의식과 전의식을, 일차 과정과 이차 과정을 가장 효과적으로 구별짓게 한다. 그리고 … 과도한 또는 너무 미약한 좌절은 무의식적—전능적—쾌락 원리적—유아의 성적-소망을 성취하고자 하는—일차 과정에의 고착을 가져온다(Kohut and Seitz 1960, 21쪽).

심리 경제적 관점

코헛은 다음으로 자신이 특별히 관심을 갖고 있는 심리 경제적 관점을 논한다. 나는 이 관점이 코헛이 생각하는 이론적인 개념과 임상 경험 사이를 연결해주는 다리 역할을 한다고 본다. 그는 강한 정서를 경험하더라도 손상되지 않는 정신의 능력에 주된 관심을 갖고 있다. 다시 말해, 감당할 수 없는 정서적 부담을 해소하는 정신의 경향성에 대해 커다란 관심을 보였다. 그의 예리한 통찰에 의하면, 이런 경향성은 상대적이며 다음과 같은 요소에 의해 영향을 받는다. 곧 외상(trauma)의 정서적 특성, 외상을 입은 시기의 발달 단계, 외상을 입은 당시 정신 건강의 정도, 그리고 외상을 입은 사람이 처한 환경 등이 그것이다. 심리 경제적 관점은 정서 관리와 긴장 조절의 문제를 다룬다. 이 관점은 특정한 무의식의 내용에 집중하기보다는 감정의 강도나 정서 상태의 본질에 초점을 맞춘다. 심리 경제적 관점의 중심 개념인 외상은 정서가 균형을 유지하는 정신의 역량을 압도할 때 발생한다. 코헛은 외상이란 사건 그 자체의 내용보다는 사건을 둘러싸고 있는 정서의 강도를 의미한다고 본다. 외상은 정신의 특성과 그 성숙 정도와 관계가 있다. 또한 외상적 경험의 시기가 특히 중요한 문제가 된다. 왜냐하면 외상의 강도는 아동기 또는 분석 과정같이 외상적 사건이 발생하는 시기에 형성되는 새로운 구조의 취약성의 정도에 달려있기 때문이다. 코헛은 이에 대해 다음과 같이 가르친다:

미숙하고 취약한 자아는 과도하게 자극을 받게 되고 나아가 외상을 입게 된다. 과도하게 자극을 받는 미숙하고 취약한 자아는 강렬한 생애 초기의 유아적 일차 사고 과정에 직면해서 초기의 많은 정서들을 차단하거나 억압한다. 외상은 항상 해당 시기의 자아의 (미)성숙 정도와 관계가 있다(Kohut and Seitz 1960, 22쪽)

그는 외상을 객관적으로 정의할 수 없다고 주장한다. 왜냐하면 이것은 개인의 경험과 관련되어 있기 때문이다. 이런 관점에서 볼 때, 외상은 오직 상처 입은 사람 자신의 보고를 통해서, 또는 외상의 상태 안으로 몰입해 들어가는 공감적인 관찰자를 통해서만 알려질 수 있다. 이런 맥락에서 공감에 대해 강조한 코헛의 견해—이 시점에서 분명해지는—는 후에 그의 임상적 탐구 방법의 기초가 된다(1959).

코헛은 프로이트의 지형론적 모델로 되돌아가, 지형론적 모델이 어떻게 작용하는지를 설명하기 위해 외상의 경험을 예로 사용한다. 그는 외상의 경험은 전의식 속으로 통합될 수 없다고 주장한다. 그 이유는 강렬한 외상은 감당될 수 없으므로 무의식 속에 차단되어야만 하기 때문이다. 감당될 수 없는 경험들을 무의식 안에(그 내용이 무엇이든지 간에) 차단하는 것을 '억압'이라 부른다.

코헛은 외상과 억압의 개념을 확장하기 위해 자신이 학생들에게 가르쳤던 언어를 사용한다. 그는 일차 과정과 이차 과정의 심리 경제론을 서술하고, 정상적 상황 아래에서 이차 과정이 일차 과정을 통제한다고 설명한다. 이차 과정은 적은 양의 에너지를 다루는데 비해, 일차 과정은 많은 양의 에너지를 다룬다. 많은 양의 에너지의 원천은 쾌락을 추구하는 유아적 소망의 잔재물—무의식 안에 담겨 있는—로서 즉각적인 욕구 충족을 위해 압력을 가한다. 외상의 본래적 성질 때문에, 유아의 성적 소망은 이차 과정으로 통합될 수 없다. 대신, 이것들은 억압에 의해 차단되어 무의식 속에 변형되지 않은 형태로 보존된다.

발생론적 관점

코헛은 특정한 정신의 형성 과정을 설명하는데 발생론적 관점을 사용하였다. 그는 이 관점이 정신분석학의 본질을 구체화시켰다고 느꼈다. 이 관점을 통해서 정신분석학은 개인의 삶 속에서 일어나는 행동 패턴의 원인을 추론하고, 독특한 정신의 형태와 내용이 어떻게 해서 역사적 상황 안에 자리잡게 되었는지를 규명할 수 있게 되었다.

코헛은 프로이트가 욕동을 정신 기구 안에 존재하는 동기의 유일한 원천으로 인식한 채, 정신에 영향을 미치는 환경에 전혀 관심을 두지 않았다고 비판했다. 코헛은 자신의 임상 경험을 통해, 환경이 아동의 발달과 능력에 영향을 미친다고 생각했다. 그러나 코헛의 이러한 관점은 북미 정신분석가들로부터 신랄한 비판을 받았다. 그들은 코헛이 환경에 관심을 기울이자, 그가 심리학자이기보다는 사회학자처럼 행동한다고 공격하였다. 비판가들은 정신분석가는 오직 무의식에 속한 내면의 문제에만 관심을 가져야 한다고 주장했다. 그러나 그런 비판은 코헛의 입장을 오해한 데서 비롯된 것이었다. 왜냐하면 코헛이 강조한 것은 환경이 아니라 환경에 대한 경험이었으며, 그리고 그 환경이 아동기의 정신 구조 발달에 미치는 효과에 대한 것(그것이 건강한가 또는 해로운가)이었다.

증상 형성

코헛은 수업에서 이 주제를 다룰 때, 프로이트의 초심리학적 언어를 명료화하고, 임상자료 분류에 도움이 되는 조직 원리들을 제시했다. 이런 작업을 기초로 해서 코헛은 프로이트 초기 접근법의 중심적인 문제인 증상 형성의 문제를 다루었다.

신경증 증상의 형성

코헛은 먼저 이 주제에 대한 프로이트의 이론으로부터 시작한다. 프로이트에게 있어서 신경증 증상이란 전이 현상이며, 무의식에 있는 어떤 것이 전의식에 침입한 결과로 나타나는 것이다. 신경증 증상은 꿈의 형성과 유사하다.

프로이트는 외부 세계가 무의식의 내용에 영향을 준다는 생각을 거부했으면서도, 신경증 증상의 형성은 현실에 근거한 좌절에서부터 시작된다고 주장했다. 즉 사랑의 실패, 과제의 실패, 사업의 실패, 심각한 질병 등과 같은 인생의 큰 사건들이 증상의 형성 과정을 야기한다는 것이다. 프로이트는 좌절 경험이 곧 신경증 증상을 야기하지는 않는다 하더라도, 증상 형성의 중요한 요인이 된다고 말한다. 그에 의하면, 이때 정신은 백일몽 같은 전의식적 활동의 증가로 좌절에 반응한다. 코헛은 이런 정신의 반응이 제한적이고 융통성이 있을 경우, 그것은 현실의 충격을 약화시키려는 건강한 시도로 보았다. 즉 백일몽은 고통스럽고 좌절감을 주는 현실에서 벗어나 환상 안에서 좌절 이전의 상태를 회복하려는 쪽으로 움직여 가는 것으로서, 이것은 자아가 제공하는 퇴행에 해당한다. 백일몽은 현실로 되돌아오기 전에 마음을 새롭게 하는 일종의 막간에 속하는 것이다. 프로이트는 이런 백일몽의 상태를 '드러난(manifest) 퇴행'이라고 불렀다. 그러나 신경증 증상의 형성에서는 이런 회복의 시도가 실패한 채, 프로이트가 '본 퇴행'(regression proper)이라고 부르는 심한 퇴행 과정이 진행된다.

리비도란 성적 및 공격적 본능에 속한 에너지이다. 본 퇴행—리비도가 성숙한 지점에서 이전의 초기 발달 지점으로 철수한 상태—을 설명하기 위해서, 프로이트는 작전 중인 군대를 분산 배치하는 것을 비유로 사용했다. 부대가 전진하면서 이전의 전투 지역에 적은 수의 군인을 남겨둔다고 한다. 만약 전투가 소규모였다면, 아주 적은 수만 남겨둔다; 그러나 전투가 대규모였다면, 취약한 지역을 방어하기 위해 더 많은 수를 남겨둔다. 결과적으로 부대는 점차 줄어들어 적은 인원으로 전진을 하다가, 감당할 수 없는 큰 무리의 적과 대치하게 되면, 이들은 대규모 아군을 남겨둔 지역으로 퇴각한다. 이와 비슷하게 프로이트는 리비도가 자신의 발달 과정을 따라 전진하면서, 리비도의 흔적들이 초기 고착 지점을 뒤에 남겨둔다고 말했다. 어린 시절의 발달 과정에서 외상을 경험한 사람들에게는 상당한 양의 리비도가 고착 지점에 남겨져 있다. 프로이트가 세운 가설에 의하면, 이런 사람들은 건강한 드러난 퇴행의 능력이 부족하여 쉽게 본 퇴행으로 후퇴한다.

본 퇴행 상태에서 리비도는 초기 고착 지점에로 황급히 후퇴하게 되고, 휴식 상태에 있던 어린 시절의 근친상간적 감정을 활성화시킨다. 그리고 현재 관계하고 있는 사람들과 현실에 대한 관심이 줄어들고, 아이 시절의 무의식적인 근친상간적 사랑에 대한 퇴행적 관심이 되살아난다. 좌절 경험 이전의 무의식적인 근친상간적 사랑은 억압에 의해 균형을 이루어왔다. 이러한 균형 상태 ⊹ 는 균형이 깨어진 상태 ⌂ 가 되고, 전의식 체계는 무의식 체계에서 나온 정신 내용의 침입으로 인해 위협을 받는다. 따라서 경제적 균형은 흔들리고, 이런 과정의 네 번째 단계—'억압된 대상 리비도'의 증가—가 시작된다. 프로이트는 이런 심리 경제적 불균형 상태를 '실제(actual) 신경증'이라 부르고, 이를 신경증의 핵심이라고 생각했다.

실제 신경증은 심리 경제적 개념이다. 이 신경증은 질서를 혼란시키는 불안과 함께 '이차 과정 체계,' 즉 전의식 체계를 위협하는 심리 경제적 불균형의 결과로 인해 생기는 것이다. 신경증 증상의 형성은 불안으로부터 전의식 체계를 보호하려는 정신의 시도이다. 만약 근원적인 갈등이 해소되지 않았는데 신경증 증상이 없어지게 된다면, 불안은 다시 나타날 것이다. 신경증 증상이 그 자리에 머물러 있다면, 불안은 또한 저만치 떨어져 있을 것이다.

증상 형성 과정의 마지막 단계는 타협의 과정이다. 프로이트는 한 가지 증상이 형성되는 것은 금지된 무의식의 욕동과 이에 반대하는 무의식의 힘 사이의 타협의 결과라고 보았다. 이 타협은 전의식 체계 안에서 일어나며, 실제 증상의 원인이 된다. 고전적인 억제의 성격을 띤 오이디푸스적 공포증은 타협 형성의 한 예이다. 도표 2.3은 신경증 증상 형성에 대한 프로이트의 도식을 보여준다.

정신증 증상의 형성

코헛에 의하면, 프로이트가 초기에는 주로 신경증 증상의 형성에 관심을 기울였다면, 후기에는 '더 깊은 층의 정신병리'에 더 많은 관심을 보였다. 이 주제에 대한 코헛의 독특한 감수성은 정신증 증상의 형성에 대한 그의 논의를 통해 드러나고 있다. 코헛

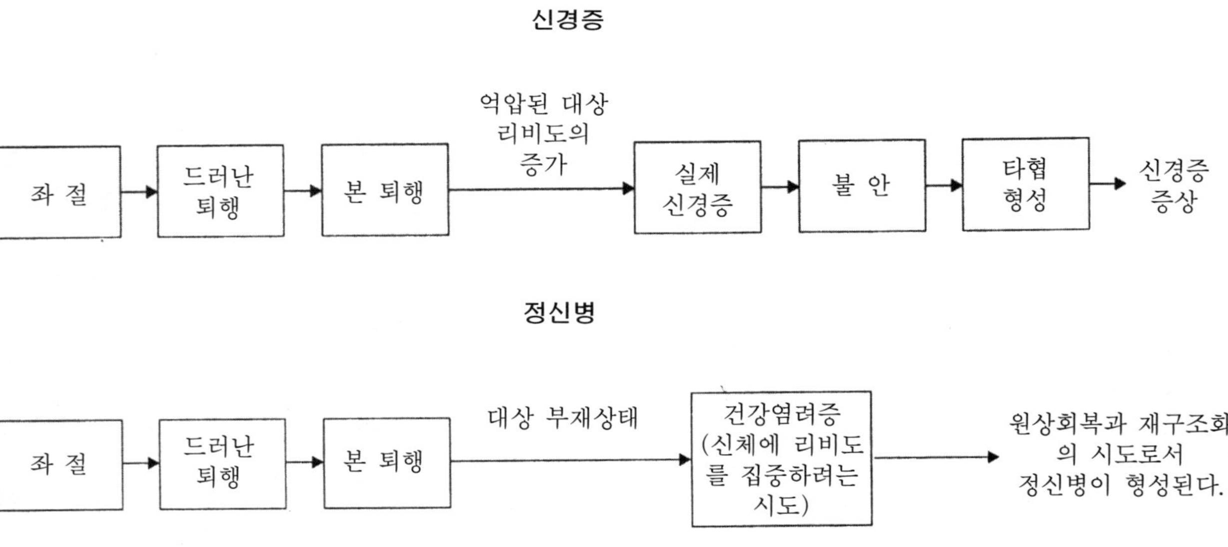

도표 2.3 프로이트가 보는 신경증과 정신병 증상 형성 도식

은 프로이트의 말을 인용하여, 정신증 증상의 형성시 나타나는 퇴행은 신경증 증상의 형성과 같은 순서로 진행된다고 주장한다. 이 과정은 좌절로 시작되어 드러난 퇴행이 뒤따른다. 그러나 정신증에서는 퇴행 과정이 본 퇴행 지점에서 (도표 2.3에서 볼 수 있듯이) 다른 모습을 보인다.

신경증의 특징인 유아기의 근친상간적 대상에게로 퇴행하는 것과는 다르게, 정신증의 퇴행 현상은 대상에 대한 리비도적 애착(attachment)이 없는 대상 확립 이전의 상태로 이동한다. 이 상태는 대상에 대한 무의식적 애착이 상실된 상태이다. 코헛은 대상 애착의 특성을 강조하면서, '현실을 벗어난 로빈슨 크루소조차도 그가 경험했던 대상에 대한 느낌을 통해서만 자기 자신에 대해 느낄 수 있다'라고 말한다. 왜냐하면 대상에 대한 경험은 근본적으로 내면의 경험이기 때문이라는 것이다(Kohut and Seitz 1960, 38쪽). 코헛은 대상 없는 고착 지점으로의 퇴행은 성격을 위협한다고 주장한다. 왜냐하면 내적 대상과 연결되지 않은 상태에서는 무가치감, 소멸감, 허공을 방황하는 표류감이 발생하기 때문이다.

프로이트는 이와 같은 심각한 퇴행은 건강 염려증(hypo-chondria)을 야기한다고 보았다. 이 증세는 대상을 추구하는 리비도가 아무 것도 찾을 수 없어서 자신의 몸을 대상으로 삼은 상태이다. 이런 정신증적 퇴행 상태에 있는 사람은 자신의 신체가 파편화되고 자신을 둘러싼 세계가 점점 사라져 버릴 것같이 여겨진다. 코헛의 관점에서 본다면, 상실된 것은 몸이나 외부 세계가 아니라, 내면의 중심 대상이다. 무의식적 대상의 상실은 대상 이전의, 자체 성애적, 자기애적 긴장을 야기한다. 몸이 사방으로 떨어져 나가거나, 세상의 종말이 왔다는 망상은 내면 세계가 붕괴되고 있다는 느낌을 표현한 것이다. 건강 염려증은 대상 부재

상태의 경험을 표현하는 개인의 정신증적인 시도이다. 코헛은 이런 정신증적 상태를 다음과 같이 묘사한다:

> 이러한 상태에서 개인은 매우 고통스럽다. 왜냐하면 자아의 나머지 건강한 부분이 자신의 평형상태, 조직, 내면의 대상들이 상실되는 것을 지켜봐야 하기 때문이다. 정신분열증을 경험한 사람들은 자신을 보호하기 위해서 스스로를 외부 세계로부터 차단한다. 그들은 자신들의 민감성을 인식하고 있으며, 만약 사람들과 접촉하여 상처를 받으면 대상 부재, 즉 자기애적인 자체 성애적 상태로 퇴행할 것이라는 사실을 알고 있다. 이것은 그들의 자아에게 몹시 고통스러운 일이다(Kohut and Seitz 1960, 39쪽).

정신증적인 개인은 감당하기 힘든 자기애적 긴장을 완화시키기 위해 무의식의 내적 대상과의 접촉을 시도한다. 이러한 회복을 위한 시도는 정신증적 증상 형성을 야기한다. 신조어(nelogism)의 창조는 회복을 위한 시도의 한 예이다. 그러나 이것은 이미 실패가 예정된 시도이다. 그 이유는 무의식의 대상들이 자신들의 리비도적 투자 대상을 한번 상실해 버리면, 무의식 체계(일차 과정)의 대상과 언어로 표현되는 전의식 체계(이차 과정)의 대상 표상과의 연결이 더 이상 존재하지 않기 때문이다. 그 결과 언어 그 자체가 대상으로 취해진다. 이것들은 더 이상 상징적 연결 기능을 갖지 못하고, 그 자체로서 유희와 애정 대상이 된다. 신조어는 무의식 대상이 전의식의 상징인 언어와 연결되지 못하고 실패한데 따른 결과이다.

코헛은 정신증 증상의 형성을 대상과의 접촉을 회복하려는 비교적 건강한 시도로 이해했다. 그는 이 증상을 압도적인 심리 경제적 불균형을 다루는 가장 효과적인 시도로 보았다. 그의 이런 관점은 정신병리에 대한 그의 이해에 약간의 변화가 있었음을 나타내며, 당시 북미 정신분석가들 대부분이 가지고 있던 관점과의 분명한 차이를 보여준다. 정신증적 증상을 일종의 회복 반응으로 간주함으로써, 코헛은 정신증적 증상이 무의식의 유아적 욕동과 그것들의 파생물을 드러내는데 장애물이 된다는 관점과는 다른 관점을 드러냈다.

공포증(phobias)

코헛이 정신증 다음으로 다루었던 증상은 공포증이다. 그는 오이디푸스 공포증이 신경증의 핵을 구성한다면, 전 오이디푸스기의 공포증은 정신증의 핵이라는 사실을 주목했다. 왜냐하면 전 오이디푸스기의 공포증에서 욕동에 대한 통제는 미숙하고 불안정한 상태이기 때문이다. 여기에서 그는 반복되는 주제인 새롭게 형성된 구조의 허약성(fragility)을 다루고 있다. 우리가 이미 살펴보았듯이, 코헛은 새로 형성된 구조들은 외상에 취약하다고 본다. 왜냐하면 이 구조들은 아직 안정적으로 확립되지 못했거나 정신 구조 안에 통합되지 못했기 때문이다. 외상의 정도는 정서를 관리하는 구조의 역량에 따라 상대적으로 나타난다.

코헛은 윙윙거리는 벌 소리에 겁에 질린 두 살 먹은 아이의 사례를 통해서 전 오이디푸스기의 공포증을 설명했다. 그는 그 아이가 느끼는 공포는 새로 획득된 방어기제를 뚫고 나온, 통제되지 않은 욕동의 위협 때문이라고 설명한다. 위협적인 욕동이 뚫고 나오게 된 것은 욕동을 통제하는 기술이 아직 확고하게 확립되지 않았기 때문이다. 이런 통제되지 못한 욕동은 바깥 세계로 투사되는데, 이 사례에서는 벌의 윙윙거리는 소리에 투사되었으며, 따라서 아이는 그것을 위험한 것으로 경험하게 되었다. 코헛은 '이런 경우, 아이에게는 자신을 안정시켜주고 욕동 통제가 보장된다는 확신을 느끼게 해줄 부모가 가까이 있는 것이 필요하다'고 주장하였다(Kohut and Seitz 1960, 43쪽). 프로이트는 오직 내면 세계에만 초점을 맞추었고, 자라나는 아이에게 미치는 환경의 영향을 배제시켰다. 그러나 코헛은 아이에게 부족한 심리적 기능을 부모가 제공한다고 보았다. 이러한 코헛의 이해는 후에 자기대상 개념으로 발전하게 되었다. 이 개념에 대한 논의는 4장과 5장에서 다룬다.

코헛은 겉으로 드러난 모습은 똑같으나, 발달 국면에 따라 의미가 달라지는 정신 현상을 비교하거나 대조시켜보는 것에 흥미를 가졌다. 그는 이 방식으로 신경증적 공포증과 정신증적 공포증을 다루었다. 신경증적 공포증에서는 금지된 욕동의 파생물들이 억압 장벽을 넘어 이동하는 현상이 발생하는 반면, 전 오이디푸스기의 공포증에서는 불안정하고 파편화되는 자아의 부분들이 투사되는 현상이 발생한다.

코헛은 증상 형성에 관한 논의를 다음과 같이 마무리한다; 첫째 정신증적 망상이란 대상 부재 상태를 경험한 개인에 관한 이론이다; 둘째 건강 염려증 증상이란 외상을 입고 고립된 사람의 몸에 대한 경험에 관한 이론이다; 셋째 아이의 전 오이디푸스기의 공포증은 아이의 방해받은 욕동에 관한 이론이다.

코헛과 그의 수업에 참여한 학생들은 첫해 수업의 나머지 시간을 프로이트의 「꿈의 해석」(1900) 7장을 공부하였다. 나는 코헛의 이론에 관해 더 이상 자세한 논의는 하지 않을 것이다. 왜냐하면 핵심적인 자료는 이미 다 다루었고, 그 이상의 부가적 자료들은 프로이트 이론의 이해와 코헛 사상의 발전을 평가하는데 별 도움이 되지 않을 것이라고 여겨지기 때문이다. 한번은 코헛이 수업 시간 중에 학생들의 질문에 대한 답변을 통해, 그가 후에 발전시키게 될 사상을 드러낸 적이 있었다. 코헛이 수업 시간에 쾌락 원리에 대해 강의하고 있었는데, 한 학생이 '순수한 쾌락 자아(purified plea-sure ego)란 무엇인가?' 라고 질문하였다. 코헛은 그 질문에 다음과 같이 대답하였다:

발달 과정에서, 정신이 자신을 방해하는 것으로부터 스스로를 보호하기 위해 사용하는 기제 중의 하나가 유쾌한 자기애적 상태 안에 머무르는 것이다. 이때 모든 불유쾌한 것은 그 원인이 외부로 돌려지며; 유쾌한 것은 어떤 것이든 그 원인이 자기에게로 돌려진다. 일단 이런 기제가 사용되면, 이미 정신은 자기와 자기가 아닌 것 사이를 구분하고 있는 것이다: 다시 말해, 자아는 유쾌한 모든 것은 자아의 일부분으로, 또 불유쾌한 것은 자기가 아닌 것이나 외부에 있는 것으로 간주하려고 한다. 이것은 아직 통제, 내 것으로 삼는 것(owning)과 존재에 대한 분화가 이루어지지 않은 상태이다. 이후에 자기애적 상태가 지속적인 방해를 받게 될 때, 아이는 부모에게 전능의 능력을 부여하게 될 것이다. 아이가 부모에게 투사한 이런 자기애의 일부를 나중에 자아-이상이라고 부르는 초자아의 영역을 형성하기 위해 계속해서 재-내재화하게 될 것이다(Kouht and Seitz 1960, 75쪽).

이러한 코헛의 답변은 나중에 그가 좀더 풍부하게 발전시켜 나간 자기심리학 이론의 씨앗을 담고 있다. 우리는 나중에 과대적 자기, 이상화의 발달 과정, 변형적 내재화를 통한 구조의 강화, 강화된 초자아 형성 등의 개념을 포함한 코헛의 학문적 노력의 결과들을 만나게 된다.

두 번째 해의 수업내용

　지형론적 모델이 정신분석학의 전반기에 주도적 위치를 차지했다면, 정신분석학의 후반기와 코헛 수업의 나머지 1년은 프로이트가 1923년에 발표한 구조 이론에 집중하고 있다. 이때 정신분석학의 구조이론에서는 정신을 자아, 원본능, 초자아의 구조로 구별하고 있다. 코헛은 프로이트가 구조 이론을 형성하게 된 것이 전이에 대한 관심보다 자기애(자기에게 리비도가 투자되는)와 정신증에 대한 관심이 더 높아지게 된 결과라고 보았다.

　코헛은 프로이트가 자기애적 병리와 정신증에서 자신의 세련된 지형론적 모델을 사용하여 제대로 설명할 수 없는 임상 현상들을 발견하였다고 보았다. 정신증에서 지형론적 모델로 설명이 가능한 전이가 일어날 수 있으나, 그러한 설명은 핵심적인 것이 되지 못한다. 코헛은 자기애와 정신증에 대한 프로이트의 관심이 "자기애에 대하여"(1914), "편집증 환자의 자서전적 글에 대한 정신분석학적 진술"(정신증적 편집증: 슈레버 사례, 1917), "애도와 우울증"(1917)을 저술하는 동기가 되었다고 본다. 이런 논문들은 프로이트가 퇴행을 자기애적, 대상 부재 상태로 이해하려고 했던 시도들이다. 코헛은 프로이트가 심각한 정신 병리를 연구하는 것을 통해서 자아의 기능을 고찰하게 됐고, 이것이 구조 이론의 발달로 이어졌다고 보았다.

　코헛은 자기애적 관점에서 본 정신증의 증상 형성에 대한 논의를 다시 시작하였다. 그것은 프로이트가 정신의 원초적(archaic) 상태에 대한 관심이 증가함에 따라 초기 지형론적 모델에서 삼중구조 모델로 옮아갔음을 보여주기 위해서였다. 코헛은 이 논의를 슈레버(1911) 사례—프로이트가 제시한 다섯 가지 사례 중의 하나—에 대한 논의로 시작하였다. 슈레버는 프로이트의 환자가 아니었으며, 정신증적 증상으로 고통을 겪은 판사로서 자신의 고통을 일기로 기록했다. 프로이트는 편집증적 망상 체계를 서술한 슈레버의 일기를 자료로 삼아 정신증의 진행 과정을 연구하였다. 프로이트는 슈레버의 중심적인 정신병리를 그가 대상에 대한 애착이 부재한 자기애적 상태로 퇴행한 것이라고 보았다. 프로이트는 대상 애착에 대한 발달의 연속선을 대상 부재의 자기애적 상태에서 시작해서 독특한 성격을 소유한 대상을 사랑하는 대상 사랑의 상태로 이동하는 과정으로 설명했다. 도표 2.4의 윗 그림이 이 과정 보여주고 있다.

프로이트의 모델에서 퇴행은 이 연속선을 따라가는 움직임이 역전될 때 일어난다. 프로이트에게 있어서, 동성애는 대상 사랑에서 자기애로 퇴행하는 길목에 존재하는 일종의 간이역(a way-station)이며, 그 대상이 자기와 같음에도 불구하고 다시 대상과 연결하려는 회복의 시도라고 생각했다. 정신증은 동성애보다 더 멀리 퇴행한 것으로서, 도표 2.4의 아래 그림이 보여주는 것과 같이, 자기애적 대상 부재의 상태로 이동해 갔음을 말해준다. 동성애적 관계는 정신증의 상태로부터 회복하고자 하는 에너지가 그 상태로부터 되돌아오면서 첫 번째로 재집중되는(recathected) 것을 가리키는데, 그것은 이 관계가 자기애적 상태와 가장 가깝기 때문이다. 여기서 코헛은 다른 이해를 추론해 내는데, 정신증의 증상 형성은 퇴행이 유아적 대상을 넘어 대상 추구가 아직 일어나지 않았던 초기의 자기애적 상태에로 이동할 때 일어난다고 말한다.

코헛은 모든 퇴행이 같은 것이 아니라고 보았다. 신경증과 정신증 둘 다 비슷한 증상 형성을 보이기 때문에, 그는 퇴행의 본질을 이해하기 위하여 특정한 퇴행의 잠재적 성질을 파악하는

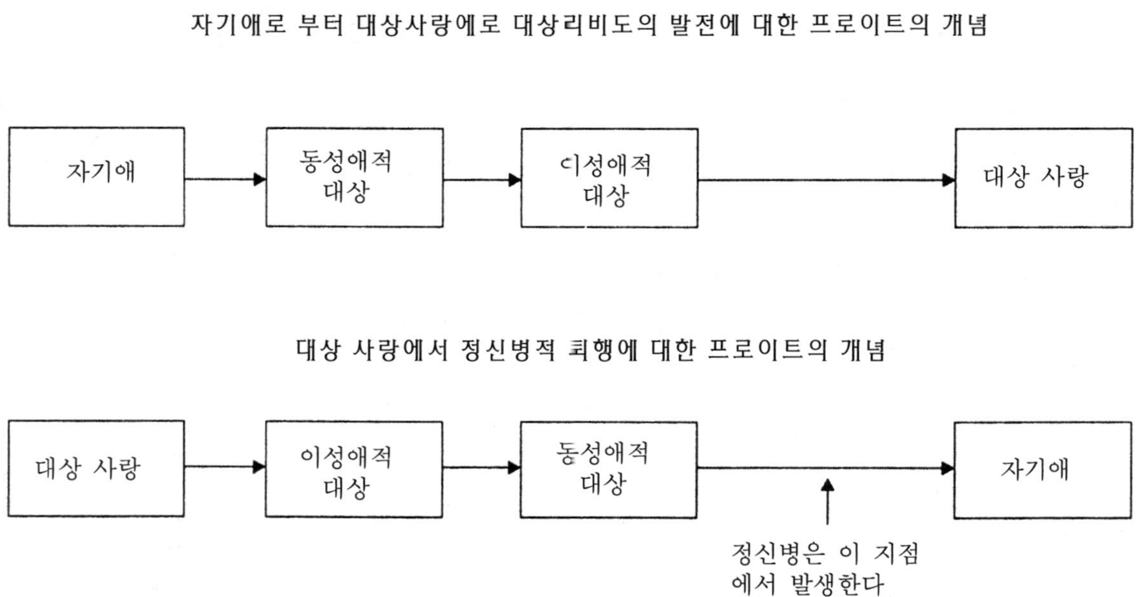

도표 2.4 대상 리비도의 진화와 퇴행

것이 핵심적인 문제라고 믿었다. 그는 퇴행 상태의 임상적 관리는 이와 같은 중요한 구별에 달려있다고 주장했다. 정신증을 신경증과 구별짓는 것은 행동의 본성이 아니라, 그 행동이 무엇을 보호하고 있는 것인가이다. 예를 들어, 강박적 증상이 대상-리비도의 추구를 보호하고 있다면 이것은 신경증 증상으로 볼 수 있지만, 대상 부재 상태로의 퇴행을 보호하고 있다면 이것은 정신증 증상으로 보아야 한다.

구조 이론과 삼중구조 모델

1923년 프로이트는 새롭게 발달해 나오는 자신의 생각들을 구조 이론으로 구체화시켰다. 그는 삼중구조 모델에서 새로운 개념인 세 개의 정신적 대리자들—자아, 원본능, 초자아—사이의 관계를 보여주었다. 코헛은 프로이트가 더 심층적이며 원초적인 정신병리에 대한 관심이 커지면서 그가 자아라고 불렀던 집행 기구에 관해 숙고하게 되었다고 생각했다. 이 새 모델에서 프로이트는 이전에는 억압 장벽에 부여했던 감독 기능을 초자아라는 구조에 부여했다. 도표 2.5는 프로이트의 삼중구조 모델에 대한 코헛의 이해를 보여주고 있다. 여기서 중요한 점은 코헛이 원본능의 공격적인 힘보다 자아의 억압적인 힘을 강조하고 있다는 것이다.

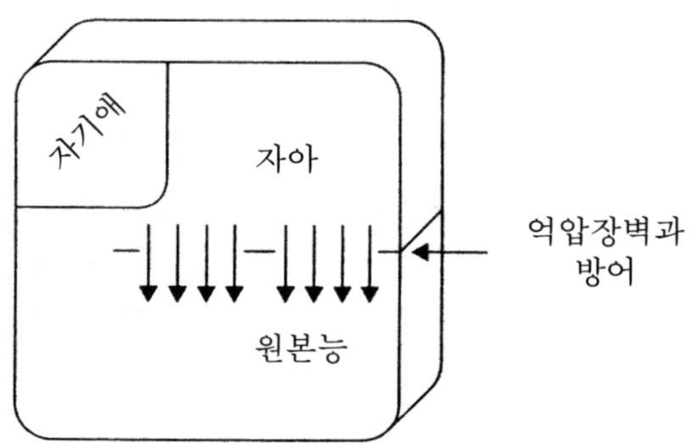

도표 2.5 코헛이 서술한 프로이트의 삼중 구조 모델

중립화된 비-전이(non-transference) 영역

이 시점에서 코헛은 중요한 관찰을 했다. 그는 프로이트의 삼
중구조 모델에는 원본능과 자아가 억압 장벽에 의해 분리되어
있지 않은 영역이 존재한다는 사실을 발견했다. 코헛은 프로이트
초기의 지형론적 모델의 용어를 사용하여 전의식과 무의식 사이
에 분리되지 않은 부분이 존재한다는 사실을 지적했다. 코헛은
전이란 무의식이 억압 장벽을 넘어서 전의식 속으로 침입한 것
으로 이해하는 전이에 대한 프로이트의 정의를 고수했다. 이를
통해 코헛은 삼중구조 모델이 비-전이 영역을 갖고 있다는 점을
관찰했다.

프로이트는 자신의 이론에서 비-전이 영역에 대해 주의를 기
울이지 않았던데 반해서, 코헛은 비-전이 영역이 갖는 잠재적 의
미에 대해 관심을 가졌다. 그는 프로이트의 사고를 확장시켰고,
이 비-전이 영역을 최적의 좌절(갈등이 없는 비성화된 구조와 기

술을 증가시키는데 필요한 경험)이 일어나는 정신의 영역으로 개념화한다. 이것을 설명하기 위해 코헛은 부모가 배설물을 뭉개면서 놀고 있는 아이를 처리하는 방법을 예로 든다. 그는, 부모가 배설물을 가지고 노는 아이에게 다른 대체물을 제공하고 부드러운 태도로 다른 행동 양태를 가르칠 때, 그 아이는 자신의 욕동을 탈성화하는 능력을 발달시키게 된다고 설명했다. 코헛은 이런 상황이 자녀에게 성장을 돕는, 감당할 수 있는 좌절 경험의 예가 될 수 있다고 말한다. 이것은 부모가 불유쾌한 행동을 뿌리뽑고 통제하기 위한 시도로 아이의 지저분한 배설물에 혹독하게 반응하는 상황과는 다르다. 혹독한 반응에 의한 좌절 경험은 최적의 것이라기보다는 외상이 된다. 코헛에 의하면, 이런 외상이 되는 좌절 경험은 욕동을 억압 장벽 아래로 억압하며, 이처럼 억압된 욕동은 정신병리의 증상을 위한 씨앗이 된다. 그는 자신의 교과과정을 가르치는 중에 이런 생각을 확충하여, 충동의 중립화나 탈성화는 부모가 아이의 공격성을 사랑스럽게 대해주었을 경우에 발생한다고 주장했다.

코헛에 의하면, 욕동을 자아의 조직으로 만드는 과정인, 중립화란 부모가 아이의 공격성을 사랑으로 처리하는 모습을 아이가 동일시함으로써 얻어진 결과이다. 아이는 동일시를 통하여 차츰 자신의 격노에 대해 부모가 했던 것처럼 확고하면서도 사랑스러운 양식으로 반응하게 된다. 만약 부모가 자녀의 격노에 반발적 격노로 대응할 경우, 그 자녀는 격노를 표출하는 방식으로 자신의 공격성을 사용함으로써 부모의 반응 양식과 동일시하게 된다. 이런 아이는 격노를 느낄 때 자신에 대해 혹독하고 가학적인 태도를 취한다. 억압이나 다른 방어기제는 결국 이런 역동성을 억압 장벽 아래로 밀어내어 중립화가 일어나는 영역인 비-전이 영역으로부터 멀어지도록 강요한다. 코헛은 프로이트와는 대조적으로 정신 구조의 형성에 미치는 환경의 영향을 인정하고 있다.

초자아

다음으로 코헛은 프로이트의 초자아 개념에 대해 설명한다. 프로이트에 의하면, 초자아는 아동이 좌절 경험을 주는 중요한 사람의 도덕적 측면을 내사(introjection) 또는 '받아들임'(taking in)으로써 형성된다. 대상이 상실에 이어 내사된다는 이 내사 개념은 프로이트와 코헛 모두에게 중요하다. 이 개념은 후에 코헛의 변형적 내재화(transmuting internalization)란 개념을 발달시키게 되는 기초가 된다(4장과 5장에서 다룬다).

자기애의 발달 과정

코헛은 프로이트의 삼중구조 모델 중 비-전이 영역에 대한 관심을 기초로 해서 자기애에 대한 생각을 발전시켰다. 코헛의 가설에 의하면, 자기애는 일차적 자기애에서 시작되어 프로이트가 주장한 대상 사랑이 아니라 초자아에 속한 자아-이상에서 절정에 이르는 발달 과정을 거친다. 코헛은 수업 시간에 자신의 생각을 내놓고 논의를 거친 후에, 프로이트 사상을 확장시킨 자신의 생각을 "자기애의 형태와 변형"(1966)이란 논문으로 발표했다.

코헛 사상의 발달 과정을 살펴보면, 자기애는 1960년에 이미 그의 관심 주제가 되고 있음을 알 수 있다. 그가 수업에서 다룬 생각 중 자기애 개념의 변천에 관계된 것을 살펴보자:

그 다음에 오는 발달 단계는 전능감이 부모에게 투사되는 단계이다; 아이가 이상화시킨 부모는 아이의 환상화된 전능감의 수용자로서 기능한다. 이 단계가 출현하게 되는 까닭은 결국 아이의 연약함이 현실적으로 더 이상 부인될 수 없기 때문이다. 그의 환상 속의 전능감을 유지하기 위해 아이는 자기애를 부모에게 투사하고, 그들을 신성시하며, 부모와 가까워짐으로써 자기애적 완전감의 느낌을 재획득하려고 시도한다.

그 다음에 부모에게 투사했던 자기애는 상실된다. 이러한 현상은 다시 한번 현실 경험에 의해 야기된다. 예를 들면, 아이가 처음으로 거짓말에 성공했을 경우, 아이는 부모가 자신의 거짓말을 알아채지 못한 것을 놀라워할 것이다. 이때 전지전능한 부모를 가지려던 아이의 소망이 좌절되며, (상실된) 완벽한 부모상은 (재)내사되고, 그것은 자아-이상이라 불리는 초자아의 한 부분이 된다.

자아 이상은 좌절에 대한 반응으로서 발달한다: '완전한' 부모의 상실을 피하기 위해, '완전한' 부모의 이미지가 자아-이상으로 내사되는 것이다. 즉 아이가 부모에게 본래적 자기애를 투사함으로써 자아-이상은 긍정적인 정서적 요소를 갖게 된다(Kohut and Seitz 1960, 95-6쪽).

코헛의 사상이 혁신적인 내용을 담고 있기는 하나, 그는 여전히 욕동-방어 이론의 모델과 용어를 사용하고 있었다. 이것은 그가 자신의 생각을 진전시켜감에 따라 보다 분명해졌다:

본래의 자기애(the original narcissism)는 아이가 소망하는 전능감과 연관되어 있다. 그러나 후기 국면에서, 욕동을 금지하는 부모는 전능한 모습으로 비쳐진다. 따라서 이제는 자기애적 균형이 성공적인 소망의 성취가 아니라, 욕동의 성공적인 억제에 달려 있게 된다. 만약 아이가 욕동을 억제하라는 부모의 요구를 잘 따르면, 그 아이는 부모의 '선한 은혜' 가운데 머물게 된다: 다시 말하면, 그는 부모의 모든 막강함에 참여하게 되고, 그럼으로써 긍정적인 자기애적 균형을 유지하거나 획득하게 된다. 도덕적으로 완전한 부모가 재-내사된 후에, 자아와 자아-이상과의 관계에서는 같은 갈등들이 지속된다(Kohut and Seitz 1960, 96-7쪽).

코헛의 결론에 의하면, 자아-이상이 갖고 있는 고양된 특성은 아이가 가졌던 최초의 자기애가 재투사되는 데서 기인한다. 아이는 최초의 자기애를 부모에게 투사한 후에 그것을 수정하여 내사함으로써 자아-이상을 구성한다:

그러나 이상의 막강함 또는 이상의 도덕적 '완전함'은 투사되고 재-내사된 자기애의 표현이다. 자아-이상은 '부모를 통한 경로'(passage through the parents)라는 특별한 방식을 따라 수정된 자기애라고 말할 수 있다 ··· .

중립화된 초자아 구조의 발달은 아이의 자기애가 부모를 통한 경로를 거치는데 달려 있다. 만약 부모의 요구가 타당하다면, 아이가 자신의 자기애를 재-내사할 때 그 자기애는 전보다 더 중립화되어 되돌아올 것이다. 만약 부모의 자아-이상이 대체로 중립화되지 못한 구조로 형성되어 있다면, 부모를 통한 경로를 거치면서 아이의 자기애가 중립화되지 못할 것이며, 수정되지 않은 형태로 재-내사될 것이다. 이 수정되지 않은 자아-이상은 통제할 수 없는 구강기적 욕구

를 드러내고, 타협을 모르는 완벽주의적 태도를 갖게 된다
(Kohut and Seitz 1960, 96-7, 99-100쪽).

코헛은 이런 식으로 '부모를 통한 경로'란 용어를 강의 중에
처음으로 사용했다. 이 용어는 그가 나중에 소개하게 될 변형적
내재화란 개념을 미리 예시한 개념이다; 그는 "정신분석학의 개
념과 이론"이라는 논문(1963)에서 이 용어를 다루었다.

코헛은 이후에 변화된 불안의 의미, 이중 본능 이론, 자아의 자
율성 등에 관한 프로이트 이론들을 다루고 나서 강의를 마무리
했다. 이 개념들은 코헛 이론의 발전 과정을 평가하는 것과 직접
적인 관련이 없기 때문에, 이에 대한 논의를 생략하고자 한다. 대
신, 자기심리학을 더욱 풍부하게 만든 사상의 씨앗을 담고 있는
코헛의 초기 논문으로 돌아가려고 한다.

제 3 장

초기 논문들:
출현하는 새로운 무늬의 천

지금까지 살펴본 바와 같이, 코헛은 프로이트를 충실히 따르는 제자였으며, 그의 강의와 초기 논문들은 그의 후기 작업들이 고전적 기초 위에 세워져 있음을 보여주고 있다. 비유컨대, 이러한 고전적인 이론에 기초를 둔 미세하고 다양한 색상의 실들이 코헛의 초기 논문 안에서 얽히고 짜여져서 종국에는 자기심리학이란 새로운 천으로 나타난 것이다. 그는 초기 논문에서 다음과 같은 주제를 반복해서 다루었다. 그는 첫째 발생론적, 역동적, 심리 경제적 관점에 초점이 맞춰진 프로이트의 초심리학에 관해 다루었으며, 둘째 자기애적 문제를 다루었다. 이것은 상처받기 쉬운 사람들이 자신의 갈등을 조절하고 심리적 응집성을 유지하기 위한 노력에 대한 관심으로 드러났다. 셋째 그는 분석 상황에서 자료를 수집하는 방법에 관해 논의했다. 나는 이 세 가지 주제, 즉 초심리학, 자기애, 탐구 방법이 코헛의 심리학을 구성하고 있는 주된 내용이라고 본다.

폴 오른스타인은 「자기의 탐구」(The Search for the Self, 1990)에서 코헛의 초기 논문을 응용 정신분석학, 심리 경제적 관점과 방법, 임상이론과 초심리학이라는 세 가지 분야로 구분하였다. 나는 이 세 가지 주제가 코헛의 서로 다른 관심 영역을 보여준다기보다는 심리학 영역으로 들어가는 그의 특징적인 방식을 보여준다고 생각한다.

첫 논문: 도래할 사상들의 예고

코헛의 첫 논문은 "토마스 만(Thomas Mann)의 작품을 분석한 「베니스에서의 죽음: 예술적 승화의 해체에 관한 이야기」"(1957a)이다. 코헛은 34세 때인 1948년에 이 논문을 완성하였지만, 토마스 만의 사후까지 출판을 보류하였다. 1957년에야 발표된 이 논문에서, 코헛은 만의 소설 속에 등장하는 주인공인 인기 작가 아쉔바흐가 경험한 정서적 타락을 다루었다. 마치 오페라의 전주곡처럼, 이 논문에는 코헛 자신이 앞으로 발전시킬 주제가 암시되어 있다. 만은 원작에서 타락의 원인을 진술하지 않았지만, 코헛은 자신의 논문에서 주인공의 타락을 설명하면서 그것이 고전적 오이디푸스의 핵심을 담고 있는 것으로 해석하였다. 그는 아쉔바흐가 과도하게 폭력을 휘두르는 그의 아버지와의 관계에서 경험하는 내적 갈등에 초점을 맞추었으며, 이 갈등의 결과로 파괴적이고 강렬한 거세 불안이 나타난 것으로 보았다. 아쉔바흐는 무의식적으로 타지오라는 14세 소년에게 맹목적으로 빠져

드는 것을 통해서, 타락에 빠지는 것으로부터 자신을 보호하려고 하였다. 아쉔바흐는 그후로 그 소년과 강렬한 관계에 빠지게 되었다. 만은 이러한 강렬한 관계를 이야기의 중심 줄거리로 삼았는데, 그는 코헛이 그랬듯이 대상에 대한 이상화를 통한 강한 열망이 회복적(restitutive) 성격을 갖고 있음을 인식하고 있었던 것 같다.

만의 이야기에서 아쉔바흐는 소년 타지오에게 매혹되어 사랑에 빠지게 되었음에도 불구하고, 이상화 요소를 통합하려는 그의 무의식적 시도는 결국 실패했고, 그는 예술과 취미에 관해 글을 쓰는 예술적 승화라는 방어를 통해 그 자신을 보호하려고 하였다. 아쉔바흐의 이런 방어 행위에 대해 코헛은 어떻게 설명하고 있는가? 프로이트의 고전적 이론에서는 불안이란 억압 장벽을 뚫고 전의식 체계로 침입하려고 위협하는, 무의식에 존재하는 욕동의 산물이라고 설명한다. 그리고 불안을 통제하기 위해 무의식의 방어기제가 활성화된다고 말한다. 아쉔바흐의 경우에는 저술 행위가 그러한 방어기제였다. 이런 지적 행위를 통해서, 그는 욕동이나 정서보다는 관념과 언어에 관심을 기울였다. 그러나 만의 이야기에서는 이런 방어기제 역시 실패했고, 아쉔바흐는 계속해서 퇴보의 길을 걸었다. 그리고 이야기가 결말에 이를 즈음, 아쉔바흐는 질서가 무너져 내리고 혼돈에 빠지는 꿈을 꾸게 된다. 코헛은 이 꿈을 자신의 응집성을 유지할 수 없는, 통합되지 않은 자아에 대한 무의식적 표현으로 이해했다. 이 꿈은 코헛이 나중에 자기-상태를 나타내는 꿈으로서 인식한 첫 사례가 되었다.

아쉔바흐 이야기에 대한 코헛의 이해는 오이디푸스적 구성물을 중심 주제로 다루고 있지만, 그는 일차적으로 아쉔바흐의 자기애적 취약성과 정서적 퇴화 경험에 관심을 기울였다. 코헛이 나중에 '자기대상 유대'라고 부르게 되는 이런 현상에 대한 코헛의 초기 인식은 계속 이어지는 아쉬벤바흐의 타락에 대해 논의한 각주에 나타나 있다. 코헛은 아쉬벤바흐가 '현실에 대한 대상-리비도적 유대를 형성하지 못했다고 지적했다. 이것이 만에게는 일종의 위안이 되었을 것이다. 왜냐하면 당시 덧없는 외로움을 느끼고 있던 만은 아쉬벤바흐처럼 되는 운명으로부터 자신을 지키기 위해서 자신의 가족에 대해 충분한 정서적 친밀감을 갖고 있다고 믿고 있었기 때문이다'(1957a, 210쪽). 자기대상 개념은 코헛의 첫 정신분석학적 논문인 이 글에서 이미 시작되고 있다. 이 개념은 앞으로 그의 후기 작품들을 다룰 때 자세히 논의할 것이다. 이 용어에 대한 정의는 이 책 뒤의 용어 모음집에 실려 있다. 코헛은 자신의 초기 사상을 그 당시에 유행했던 욕동-방어 심리학의 언어로 설명했으며, 후에 자신의 사상을 새로운 개념으로 설명했다.

자기애적 상처에서 비롯된 격노에 대한 코헛의 예리한 통찰은 아쉬벤바흐가 타지오를 향해 파괴적 충동을 지녔는가의 여부를 고찰할 때 명확히 드러나고 있다. 아쉬벤바흐는 그 자신이 아버지의 사랑을 바랬던 것처럼, 타지오를 사랑했다. 코헛은 다음과 같이 말한다. '타지오를 향한 아쉬벤바흐의 파괴적 충동은 이차적인 것으로서, 그것은 그 소년과의 자기애적인 동일시 상태에서만 발동하였으며, 그러한 사랑을 대리자를 사용해서 즐기는 것은 완전히 성공하지 못했다'(1957a, 222쪽).

코헛은 이 논문에서 또 하나의 주요 개념인 파편화(fragmentation)에 대해 다루었다. 그는 초기 저술에서 이 개념을 욕동-방어 언어로 설명하였다. 코헛은 아쉬벤바흐의 파편화에 대해 다음과 같이 말하고 있다: 그것은 독자들에게 '이성이 훨씬 더 강력한 비이성적 힘에 무기력하게 굴복한다는 인상을 주었다'

(1957a, 211쪽). '그의 도덕적이고 합리적 방어들이 무너지는 상황에서, 그의 진정한 동기에 대해 그 자신을 속일 필요도 그럴 가능성도 … 없었다'(1957a, 214쪽).

코헛은 만의 소설을 자신의 첫 정신분석학적 논문의 주제로 선택함으로써, 자신의 초기 관심을 분명하게 보여주었다. 이 논문은 나중에 코헛이 다루게 될, 자기대상, 회복을 가져오는 이상화, 자기애적 격노, 자기-상태의 꿈, 파편화 상태와 자기-응집성과 같은 개념들을 보여준다는 점에서 주목할 만하다.

음악에 관해서:
심리적 붕괴와 회복에 관한 초기 사상들

코헛은 지그문트 레바리(Sigmund Levarie)와 함께 두 번째 논문인 "음악을 감상하는 즐거움에 대하여"(1950)를 썼다. 레바리는 1930년 시카고로 이민 온 음악학자로서 코헛과는 젊었을 때부터 친구였다. 코헛이 시카고로 오게된 것도 레바리 때문이었다. 그 논문에서 코헛은 응용 정신분석학의 영역에서 음악 청취자에게 기쁨을 주는 음악의 질적인 요소에 대해 고찰하였다.

코헛과 레버리는 1950년대의 고전적 정신분석학의 입장에서, 음악 청취의 기쁨은 '음악적 과제의 숙달(mastery)을 통해 풀려나는 에너지'로부터 온다고 주장했다(1950, 77쪽). 이들은 '음악적 과제'를 숙달로 정의한다. 곧 음악의 구조를 인지하지 못하면 그것은 혼란스런 소음에 지나지 않지만, 그 구조를 깨닫게 될 때 숙달이 이루어지고 따라서 음악이 된다는 것이다. 그들이 느끼기에, 청중이 음악의 구조에 대해 인식할 때, 그들이 여러 음들을 알아듣지 못할 때 일어나는 일시적 혼란이 완화된다. 그리고 그들은 작곡가가 직관적으로 청중이 혼란스러워하거나 안도하는 경험을 인식하고 있다고 본다. 그들은 작곡가가 의도적으로 화음에서 불협화음으로 이동하여 음악을 긴장을 불러일으키고, 그리고 나서 다시 화음으로 되돌아와 긴장을 해소한다고 주장한다.

코헛이 1950년대의 '에너지' 언어를 사용하여 음악 청취에서 오는 즐거움에 대해 논하고 있지만, 그의 주된 관심은 에너지의 풀려남에 있다기보다는 혼란스런 경험의 숙달에 집중되고 있다. 코헛은 심리적 혼란과 복구라는 양면을 모두 포함하는 회복적 기제가 음악을 청취하는 즐거움의 핵심에 자리잡고 있다고 시사한다. 음악 청취자는 긴장이 해소되는 기쁨을 경험하기 위하여, 자발적으로 자신을 불협화음이라는 일시적인 긴장에 노출시킨다. 코헛은 음악 청취자의 이러한 경험과 아이의 경험 사이에 유사한 점이 있음을 지적한다. 즉 아이는 '엄마의 부재가 주는 고통스런 경험을 극복하려는 노력으로 어떤 것이 시야에서 "사라져버리는" 놀이를 즐긴다'(Kohut and Levarie 1950, 81쪽).

이 논문에서 코헛은 심리 혼란의 경험과 회복의 욕구에 관련된 정서를 경제적 관점에서 다루고 있다. 그의 개념화 작업이 경험과 거리가 먼 언어(experience-distant language)를 사용하던 시대에 이루어졌지만, 그는 이미 그 논문에서 정서의 관리와 갈등의 조절이라는 경험에 가까운 주제(experience-near issues)를 다루고 있다.

전이에 대한 초기 고찰: 방어 대 욕구

코헛은 새뮤얼 립톤(Samuel Lipton)이 쓴 "치료과정에서 분석가가 갖는 기능"이란 논문에 대한 논평에서, 경계선 환자의 전이 문제를 다루었다. 그는 '이런 환자들이 보이는 즉각적인 반응을 전이로 볼 것인가?'라는 질문을 던졌다(1951, 162쪽). 이에 대한 답변에서 코헛은 프로이트의 초심리학에 대한 깊은 이해와 기존의 이론으로 해명되지 못했던 문제들을 창조적으로 사고하는 능력을 보여주고 있다:

임상적으로 말해서, 경계선 환자들은 자아의 심각한 결함과 매우 방어적인 이차적 자기애가 결합되어 있는 모습을 보인다. 그들이 분석가와의 관계에서 즉각적으로 갈등을 느끼는 것 역시 그들의 자기애적 특성의 결과이다. 이런 갈등은 오래되고, 반복되는 것으로서 본래의 대상으로부터 지금 새로운 대상에게로 옮겨져서 재활성화된 정서적 태도임이 분명하다. 그러나 모든 전이가 반복되는 것이라고 해서, 모든 반복적인 행위가 전이인 것은 아니다 … 자기애적 경계선 환자가 드러내는 증상은 전이와 몇 가지 공통 요소를 갖고 있다. 그것은 반복된다는 것과 옛 대상과 새로운 대상 사이를 혼동한다는 것이다. 그러나 여기에는 중요한 차이점이 있다. 전이는 억압된 욕동인 원본능이 만족을 추구하는 것이라면, 경계선 환자는 상처 입은 자기애적 자아가 위안(reassurance)을 추구하는 것이다 … [그 환자는] 현재의 삶에서 중요한 모든 사람에게 그렇듯이 분석가에게도 반동적으로 반응한다. 왜냐하면 그의 모든 심리적 작용은 자존감의 불균형을 회복하거나 유지하는 것에 집중되어 있기 때문이다; 관심은 대상이 아닌 그 자신에게, 즉 자신의 상처받은 자아에게 자기애적으로 집중되어 있다(Kohut 1951, 162-164쪽).

여기에서 코헛은 그가 평생 관심을 가졌던 세 가지 주제 중 두 번째 주제인 자기애를 자신의 연구 작업에 도입하고 있다. 그는 자기애를 길들여져야 할 공격적인 세력이라기보다는 상처입은 자아가 외부적 근원에서 위안을 얻음으로써 회복에 도달하고자 하는 시도로 보았다. 이 초기 논의에서 코헛은 방어를 표현하는 전이와 욕구를 표현하는 전이 비슷한 경험(a transference-like experience)을 구분하였으며, 점차로 후자의 개념을 확장시켜 나갔다.

코헛의 탐구 방법

과학적 태도

프로이트의 이론이 도그마로 취급되는 북미 정신분석학계에서, 코헛은 프로이트 이론에 대해 과학적 태도로 보완하는 예외적인 입장을 견지했다. 코헛의 이런 태도는 1954년에 이에이고 골드스톤(Iago Goldston)이 프로이트의 죽음 본능에 대해 쓴 논문(1955년 출판됨)에 대한 토론에서 잘 나타나고 있다. 코헛 자신은 죽음 본능이라는 생각을 받아들이지 않았으나, 프로이트가 작업 가설로서 추상적 개념들을 창조하였으며, 그는 필요하다고 생각되면 언제든 그 개념을 수정할 준비가 되어 있는 사람이었다고 믿었다. 코헛은 다음과 같은 프로이트의 말을 인용하여 이를 강조하였다. '이런 추상적 개념들은 모든 것들의 근거가 되는 과학의 토대가 아니다: 토대가 되는 것은 오직 관찰된 것일 뿐이다. 이 개념들은 구조의 토대가 아닌 상층부에 속하며, 언제든지 구조를 훼손시키지 않으면서 대체되거나 폐기될 수 있다'(1914, 77쪽). 이런 진술은 코헛의 세 번째 관심 영역인 정신분석학의 탐구방법과 관계가 있다.

심리적 영역을 정의하는 요소로서의 공감

1957년에 집필하여 1958년에 출판한 논문 "성찰, 공감, 정신분석학: 관찰과 이론의 관계에 대한 검증"(1959)에서, 코헛은 정신분석학의 방법론에 대한 논의를 계속하고 있다. 이 고전적 논문에서, 그는 무엇이 심리적 탐구 영역으로 간주될 수 있는가를 정의하면서, 모든 심리학적 자료는 오직 공감과 성찰을 통해서 얻을 수 있는 자료로 한정되어야 한다고 주장한다.

과학자들은 물리적 세계를 감각 기관과 실험 기구들 등, 여러 과학의 도구들을 사용하여 연구한다. 그렇다면 '우리는 어떻게 내면의 세계를 탐구하는가?'라고 코헛은 질문한다. 그는 생각, 소망, 느낌, 환상들이 우리가 추구하는 자료들인데, 이것들은 공간을 차지하지 않으며 감각 기관을 통해 관찰되지 않을 수도 있다고 본다. 그럼에도 불구하고, 내면 세계의 내용은 실재하고 있으며, 성찰을 통해서 알려질 수 있다. 공감에 대한 코헛의 정의인 대리적 성찰(vicarious introspection)은 다른 사람의 내적 체험에 대해 배울 수 있는 방법이다. 코헛은 공감이 정신분석학의 유일한 자료-수집 도구이며, 경험이나 행위가 성찰과 공감을 통해 관찰될 때에만 그것이 비로소 심리학적인 것으로 간주될 수 있다고 주장한다. 그와는 달리, 다른 모든 관찰 방식은 물리적 영역에 속한다.

코헛은 서로 다른 관찰 방식에 근거한 이론들을 뒤섞는 것에 대해 경고한다. 그는 특별히 공감적 몰입을 통해 얻은 정보에 근거한 심리학 이론과 외부 세계의 관찰에 근거한 생물학이나 사회학 이론을 혼합하는 것에 반대한다.

자유 연상이 심리 내용을 드러낸다는 주장에 대해, 코헛은 자유 연상이란 성찰과 공감적 관찰 방식을 돕는 하나의 도구라고 본다. 즉 자유 연상과 저항의 분석은 내면의 자료들을 떠오르게 하는 정신분석학의 도구이지, 관찰 방법은 아니라는 것이다. 공감은 심리적 정보를 수집하는 도구이며, 모든 경험 과학에 있어서 관찰에 사용되는 도구들이 연구되는 대상의 내용과 한계를 결정한다고 코헛은 덧붙인다. 같은 방식으로, 연구 대상의 내용과 한계가 특정 영역에 유용한 이론을 결정한다고 본다.

이 시기에 쓴 논문에서, 코헛은 고전적 정신분석학 이론을 벗어나고 있음을 보여주었다. 그는 초기 정신 구조의 문제에 관심을 기울였고, 공감적 탐구 방식을 이 연구에 적용하였다. 코헛은 '소망'이나 '갈등'과 같은 용어를 사용하여 초기 정신 상태를 서술하는 이론에 대해 경고했는데, 그 이유는 이런 용어들이 인생의 후기 심리에 적용된다고 믿었기 때문이다. 초기 정신 구조를 언급할 때에, 코헛은 '소망'보다는 긴장에 대해 그리고 '소망 성취'보다는 갈등의 감소에 대해 말할 것을 제안한다. 코헛은 정신분석학의 영역이 초기 정신 상태의 연구로 확장되면서, 정신분석가들은 원초적 정신 구조를 이해해야 하는 과제, 곧 프로이트가 했던 정신 신경증의 탐구와는 다른 과제에 직면하고 있다고 주장한다.

프로이트의 성찰 방법은 무의식이 추구하는 유아적인 힘과, 이 것과 균형을 이루려고 하는 반대 세력에 대한 인식을 지향한다. 프로이트 모델에서 분석가는 일종의 '낮 동안의 잔재물'이며, 무 의식적 세력을 억압 장벽 너머의 전의식에로 옮겨놓는 역할을 한다. 이에 비해 코헛은 성찰과 공감을 통해 얻은 새로운 자료는 자기애적 상태와 경계선 상태에 관한 새로운 이론적, 기술적 시 사점을 내포하고 있다고 제안한다. 그는 이 자료가, 매우 빈약하 게 구조화된 정신은 온전한 심리 상태를 유지하기 위한 노력으 로서 원초적 대상과 접촉을 유지하거나, 대상으로부터 분리하지 않으려고 고투하고 있음을 보여준다고 한다. 따라서 그는, 정신분 석가는 이런 사람들의 전이가 투사되는 화면의 역할을 수행하는 것이 아니라, 거절 받기나 또는 다른 해로운 경험으로 인해 믿을 만한 심리 구조로 변형되지 못한 어린 시절의 경험을 재경험할 수 있게 해주는 역할을 수행한다고 지적한다.

코헛은 자기애적 환자가 분석가를 초기 관계의 틀 안에서 경 험한다고 본다. 다시 말해, 분석가는 환자가 접촉을 유지하고자 노력했던 옛 대상으로서, 그리고 그로부터 환자가 약간의 내적 구조를 얻고자 했던 옛 대상으로 경험된다. 자기애적 환자들에게 서는 원초적 관계가 중심적인 심리적 자리를 차지하는데, 이것은 정신 신경증 환자에게서 갈등이 핵심적 위치를 차지하는 것과 상응한다.

정신 병리를 이해하는데 있어서, 공감적-성찰적 탐구 방법과 고전적 정신분석학 방법 사이의 차이점을 보여주기 위해서 코헛 은 심리 구조에 결함이 있는 환자의 심리적인 의존 현상을 진술 했다. 그는 마약 중독 환자를 예로 들어 설명했다. 이 환자는 자신을 달래 주는 능력도 평안하게 잠을 잘 능력도 없는 사람이었다. 코헛은 이 환자가 어린 시절 잠드는 경험을 신뢰할 만한 심리 구조로 변형시킬 수 없었던 사람으로서, 그가 마약에 중독된 것은 마약을 상실한 갈등 조절 능력의 대체물로서 선택했기 때문으로 보았다. 또한 이와 비슷한 방식으로, 중독자는 심리치료자에게 의존하면서 심리치료 상황에 중독될 수 있다고 보았다. 코헛은 이런 의존성을 고전적 의미의 전이와 혼동해서는 안 된다고 경고한다. 이런 의존성은 환자의 내면에 존재하는 전이 구조를 심리치료자에게 투사한 것이라기보다는 내부 구조의 결핍에 기인한 환자의 달램을 받고 싶은 욕구를 나타내는 것이라고 본다. 그러므로 이러한 욕구는 고전적 정신분석학의 치료 기법인 통찰에 의해 감소되지 않는다. 따라서 코헛은 환자로 하여금 그런 욕구에 대한 부인을 포기하고 자신의 의존성을 인식하도록 돕는 것이 주된 치료적 과제라고 생각했다. 환자가 일시적으로 자신을 지지해주었던 과대적 환상을 다른 것으로 대체하기 위해서는 누군가의 도움을 필요로 한다. (여기에서 우리는 앞으로 등장하게 될 과대 자기 개념의 전조를 볼 수 있다.) 코헛은 여기에서 나중에 그가 발전시킨 또 다른 개념을 다음과 같이 암시하고 있다. 치료자에 대한 환자의 의존은 '치료자를 투사된 자기애적 환상의 수령자요 전능하고 마음좋은 대상으로 인식하게 하는데, 이것을 통해 환자는 자기 자신을 보호한다' (1959, 223-4쪽). 여기에서 우리는 이상화된 부모 원상의 초기 개념을 발견하게 된다.

심리 구조에 대한 관심

코헛은 "음악의 심리적 기능에 대한 고찰"(1957b)이란 논문에서 다시 음악에 관해 다루었다. 그는 이 논문에서 음악에 대한 관심과 그가 '불안정한 정신 상태'라고 부른 심리 구조에 대한 관심을 통합시키고자 했다. 코헛은 불안정한 심리와 음악의 관련성에 대해 논술했다. 이 논문의 명목상의 주제는 음악의 심리적 기능이지만, 사실상 이 논문은 원초적 자아 조직에 대한 그의 이해를 담고 있다. 맨 처음 코헛은 음악을 원본능, 자아, 초자아 구성요소라는 용어를 사용하여 진술했다. 그러나 그는 음악의 심리적 기능에 관한 논의에서 벗어나, 원초적 자아 조직을 갖고 있는 환자들의 문제에 관심을 기울이게 되었다. 코헛은 이런 환자들이 정서적 응집성을 유지하기 위해 분투하고 있으면서도 명확하게 정의된 신경증이나 정신증적인 증상을 보이지는 않는다고 서술하였다. 그는 다음과 말한다:

심리 경제적으로, 신경증 또는 정신증적 증상 형성과 관련되지 않은 다른 형태의 정신병리가 있다. 이런 사례들을 연구한 바에 의하면, 불충분한 자아 체계는 모든 갈등에 대해 대처할 수 있는 능력이 전혀 없다(Kohut 1957b, 245쪽).

코헛은 성격 구조의 문제를 가진 환자를 치료하기 위해 고안된 고전적 치료 기법이 원초적인 자아 조직을 가진 환자의 치료에는 별 도움이 되지 않는다고 주장하였다. 이런 환자들에게 고전적 치료 기법은 '대부분의 경우에 심리치료자가 친밀감을 형성함으로써 달래주거나 혹은 위로해줌으로써 간접적인 도움을 줄 수는 있다. 고전적 치료 기법의 말을 통한 접촉(예를 들면, 문제에 대한 설명)은 그 자체로는 별 효과가 없다'(1957b, 245쪽).

코헛이 발표한 일련의 초기 논문들 가운데 마지막 임상 논문은 루이스 린(Louis Linn)이 1957년 북미 정신분석학 연례 학회에서 발표한 논문인 "영향을 미치는 기계의 근원에 대한 몇 가지 논평들"(1958년 출판)에 관한 그의 언급이었다. 여기에서 코헛은 빅터 타우스크(Victor Tausk, 1919)가 쓴 정신증에 관한 고전적 논문인 "정신분열증에 '영향을 미치는 정신 기계'의 근원에 대하여"를 언급했다. 그는 타우스크가 특정한 편집증적 망상을 내적으로 죽은 상태에 대한 상징적 표현으로 이해했으며, 그 당시에 보편적인 해석 방식이었던 오이디푸스 갈등의 표현으로 보지 않았다고 주장했다. 코헛은 분석가들이 정신증을 역동적-구조적 갈등의 관점에서 보거나 혹은 구조를 갖기 이전에 존재하는 심리 조직에 대한 심리 경제적 관점에서 보는 경향이 있다고 보았다. 코헛은 프로이트나 타우스크가 이 두 관점을 모두 적용하고 있다고 하면서, 자신은 다음의 글을 통해 후자의 관점을 더 선호한다고 주장하였다:

이 [심리 경제적] 접근법이 내용 자체에 대한 초점, 예를 들면, 자위 충동에 대한 갈등에 강조점을 두는 것보다 더 효과적이며, 타우스크의 논지에 더 부합된다.

… 자기애적으로 퇴행된 정신 안에서, 대상 리비도의 환상이 쉽게 자극될 수 없으므로, 나는 환자의 꿈에 나타나는 '로봇'의 남근적 성질, '기계적 인간,' '시가 담배 가게의 인디언'을 강조하기보다는, 이런 인물들이 지니는 생명력 없음, 인간다운 따뜻함의 결핍과 낯설음을 더 강조하는 경향이 있다(Kohut 1957d, 260쪽).

　　여기에서 우리는 코헛이 이미 모든 환자를 바라볼 때 갈등 이론을 기본적인 틀로 삼지 않고 있다는 증거를 볼 수 있다. 그 대신 그는 보다 열린 태도로 심리 영역에 접근하고 있으며, 자신의 진단적 가설 형성에 필요한 정보를 얻기 위한 도구로서 '공감'을 사용하고 있다. 코헛은 상징적 진술의 의미를 파악하기 위해 자기 자신을 환자의 정서적 경험 속으로 침잠해 들어갔다. 코헛은 이 접근법을 통해 타우스크의 환자가 느낀 죽음을 이해할 수 있었다.

응용 정신분석학의 방법

　　1960년에 코헛은 '기본 규칙(Basic Rule)의 틀을 넘어서' 라는 논문을 발표하였다. 이 논문은 그의 임상 논문인 "성찰, 공감, 정신분석학"(1959)과 함께 응용 정신분석학에 해당하는 것이다. 그는 이 논문에서 응용 정신분석학에 대한 개념 정의를 시도하였으며, 탐구 목표뿐만 아니라 이 영역의 자료 수집 방법에 관해 논의하였다. 여기서 '기본 규칙'이란 분석받는 환자의 자유 연상에 대한 프로이트의 견해를 가리키는데, 그것은 환자가 마음속에 있는 모든 것을 억제하지 말고 마음에 떠오르는 대로 보고해야 한다는 것이다. 코헛은 이러한 프로이트의 견해에 대해, 분석가는 정신분석학의 원리를 다른 영역에 적용하는 것과 마찬가지로, '기본 규칙을 넘어설' 수 있어야 한다고 말한다.

　　코헛은 이 논문에서 응용 정신분석학의 세 가지 문제를 다루었다. 첫 번째 문제는 응용 정신분석학에 관심이 있는 분석가는 반드시 정신분석학과 자신의 연구 영역에 관한 튼튼한 기초를 갖고 있어야 한다는 것이다. 두 번째 문제는 응용 정신분석학의 연구 방법의 문제이다. 코헛은 예술가의 작품에 정신분석학적 이해를 적용하는 것에는 심각한 어려움이 따른다고 느낀다. 그의 관찰에 의하면, 분석가가 예술 작품을 꿈이나 자유연상의 대응물로 간주할 수 있음에도 불구하고, 이러한 연구 방법에서는 분석가의 해석과 환자의 반응 사이의 상호교류가 빠져 있다. 예술가의 작품을 이해하기 위한 시도에 포함된 또 다른 문제는 예술가가 거짓 자기를 위해 자신의 작품을 이용할 수 있다는 것이다. 예술가의 작품은 예술가가 진실된 그러나 상처입기 쉬운 자기의 핵을 보호하기 위한 방어적 가면일 수도 있다. 그러므로 예술가에 대한 이해가 배제된 예술 작품의 분석은 이 점을 놓칠 수도 있다.

세 번째 문제는 응용심리학의 일반적 목표에 관한 것이다. 코헛은 이 분야의 연구가 너무 자주 정신분석학의 중요성을 드러내기 위한 일종의 은박지로 사용되어왔다고 보았다. 이런 상황에서 정신분석학적 탐구는 자기 봉사에 그치게 되며, 이차적인 탐구 영역에 거의 기여하지 못하고, 이러한 탐구 자체를 환원주의적 비판에 노출시키게 된다.

이와 같은 환원주의의 위험을 설명하기 위하여, 코헛은 에드워드 히치만(Edward Hitschman)의 「위대한 인간들: 정신분석학 연구」(1956)에서 다루었던 알버트 슈바이처의 성격에 대한 정신분석학적 해석을 인용한다. 히치만은 자신이 연구 대상으로 삼은 인물들을 이해하는데 오이디푸스 콤플렉스의 변천을 반복적으로 적용하였는데, 슈바이처가 그와 같이 행동한 동기는 반동 형성이었다고 제안하고 있다. 히치만은 슈바이처의 말을 인용하여 자신의 견해를 뒷받침하였다. '나는 내 주변에 아주 많은 사람들이 희생당하고 고통 당하는 것을 보면서도, 내가 아주 행복한 삶을 살고 있다는 사실을 이해할 수 없었고, 그것은 내게 충격으로 다가왔다.' 히치만은 이 진술을 다음과 같이 해석했다: '이런 그의 느낌은 일반적인 것이 아니기 때문에, 유년기에서 유래한 무의식적 죄책감이 퇴행적으로 재활성화된 것으로 추정된다.' 코헛은 이러한 히치만의 해석에 대해 다음과 같이 논평했다:

> 정상적 태도에서 벗어난 이탈을 반동 형성이라는 측면에서 본 근저의 가정이 옳을 수도 있겠지만, 이 세계의 재난을 인식하는 예민한 통찰력과 고통 당하는 이들에게 헌신하는 삶을 살겠다는 결단은 성숙한 자아의 자율적인 태도에 속한다. 차라리 이 물음을 다음과 같이 바꾸어야 할 것이다. 이 사람은 어떻게 자신의 어린 시절의 위기를 극복하고 그의 이상을 유지할 수 있었을까? 그렇게 함으로써 기독교 문명이 심각한 위기를 맞은 이 시대에, 그의 존재만으로도 아주 많은 사람에게 영적 지원을 제공할 수 있었을까?(Kohut 1960, 289쪽).

코헛의 초기 작업을 보면, 그가 깊은 관심을 갖고 있는 주제들이 드러난다: 초심리학, 자기애, 정신분석학의 탐구 방법이 그것이다. 이런 주제들은 최종적으로 안정적인 자기의 형성과 유지라는 주제로 모아진다. 우리는 코헛 사상의 발전 과정을 따라가면서, 처음에는 초기 형태를 띠지만 차츰 시간이 흐르면서 강화되어 가는 중심적 구성물로서의 자기 개념에 대한 그의 확신을 증언할 것이다.

제 4 장
자기심리학을 향하여

    코헛에게 있어서 1960년대는 자신의 생각들을 종합하고 통합해내면서 점점 더 확신에 도달하는 시기였다. 그는 자신의 관심사인 세 가지 주제들: 초심리학, 자기애, 정신분석학의 탐구 방법을 정교하게 다듬었다. 그리고 이것들은 예전에 이해했던 것들을 새롭게 바라보는 렌즈가 되었다. 1960년도에 그는 새로운 관점을 보여주는 세 편의 논문을 썼다: "정신분석학의 개념과 이론"(Kohut and Seitz 1963), "자기애의 형태와 변형"(Kohut 1966), "자기애적 성격 장애의 정신분석적 치료: 체계적 접근을 위한 개요"(Kohut 1968). 이 장에서는 이 논문들과 코헛의 창조적인 저서인 「자기의 분석」(1971)의 서론을 다룬다. 내가 서론 부분을 여기에 포함시킨 이유는 이 부분이 세 편의 논문과 5장에서 다루게 될 「자기의 분석」(1971)의 나머지 부분들을 연결시키는 다리 역할을 하기 때문이다.

정신분석학의 개념과 이론

코헛은 1963년에 동료인 필립 자이츠와 함께 "정신분석학의 개념과 이론"(1963)을 발표하였다. 이 논문은 코헛이 이 교과목에서 처음으로 가르친 내용인 전이, 외상, 삼중구조 모델에 대한 혁신적 사상을 담고 있다.

전이: 프로이트가 내린 최초의 정의

전이와 관련해서, 코헛은 프로이트가 자신이 내린 정의에서 벗어나 방황하면서 정확한 개념을 유지하지 못했다고 보았다. 프로이트는 처음에 전이란 무의식이 전의식으로 침입한 것으로 정의하였다. 이 정의는 전이를 사람 사이의 관계에서 일어나는 과정이기보다는 심리내적 과정임을 강조한다. 코헛에 의하면, 프로이트의 전이는 분석가의 성격과 관련이 없으며 또한 분석가와 환자 사이의 관계에서 나온 것도 아니다. 아동기에서부터 유래된 무의식의 감정이 재생되어 분석가에게 투사된 것이라는 프로이트의 전이 개념은 후에 수정된 것이다. 코헛은 이것을 '임상적 전이'라고 부르며, 프로이트가 초기에 정의한 전이 개념과 구별한다. 이처럼 코헛은 개념의 정확성을 중요하게 여기는데, 그 까닭은 이런 개념을 정확하게 정의함으로써, 무의식이 전의식 속으로 침입하는 전이와 이와는 다른 '전이와 비슷한' 경험을 구별할 수 있기 때문이었다. 코헛이 후자를 전이와 비슷한 경험이라고 부른 것은, 이것이 프로이트 본래의 정의에 적합하지 않기 때문이며, 이것은 분석가와의 관계로 인해 환자의 내부에서 경험된 어떤 것을 나타낸다고 보았기 때문이다. 이와 같이 코헛은 개념을 정확하게 구별함으로써, 종국에는 '자기애적 전이'(1968)를 개념화할 수 있었으며, 후에는 이를 '자기대상 전이'(1971)라고 부르게 되었다.

코헛과 자이츠는 외상을 정신병리를 발달시키는 핵으로 서술하고 있다. 어린 시절의 외상은 아이의 정신이 분화된 전의식 속으로 통합시킬 수 없었던 정서적 사건을 가리킨다. 그 이유는 정서적 요구의 강도는 엄청나게 강한 반면, 아이가 지니고 있는 심리 구조는 너무 미성숙하거나 또는 아이의 심리가 너무 민감하기 때문이다. 코헛에게 외상은 정서의 강도를 의미하는 심리 경제적 개념이지, 상처의 내용을 의미하는 것은 아니다. 외상은 과도한 자극이다. 외상이 생기는 시기는 매우 중요한 요소가 된다. 아이는 외상에 항상 민감함에도 불구하고, 그 민감성은 급성장을 거친 이후 새로운 균형이 확립되는 시기에 가장 극대화된다.

외상은 유아의 정신적 수용 능력이 좌절을 감당할 수 없거나 만족을 예상할 수 없을 경우에 발생하며, 유아의 욕동과 이와 관련된 기억들은 연관된 불안과 절망 때문에 무의식 속에 갇혀버린다. 이 욕동과 기억은 새로운 경험에 의해 영향받지 않으며, 따라서 변화될 수 없다. 이것들은 일차 과정의 법칙을 따르며 즉각적인 만족을 강요한다.

코헛의 견해에 의하면, 아동기의 좌절은 치료 상황에서 활성화될 수 있으며, 그 상황에서 조금씩 다룸으로써 외상은 치료될 수 있다. 구조 형성을 통한 변화는 좌절을 점진적으로 신진대사함으로써 이루어진다. 정신분석의 궁극적 목표는 외상 경험에 대한 무의식적인 기억을 치료적으로 재생시키고 회복시키는데 있다.

구조 이론과 마음의 삼중구조 모델

이 논문에서 코헛과 자이츠는 자신들이 서술하는 정신분석학 이론에 부연하여 다음과 같이 제안한다:

> 우리는 특별히 다음의 사실에 초점을 맞추려고 한다. 정신의 구조 모델을 설명한 프로이트의 도표에 암시되어 있듯이(1923, 24쪽)—개념적으로 충분히 설명되지는 않았지만—, 방어 장벽은 오직 유아의 심층 심리의 작은 부분을 성숙한 심리적 기능 영역으로부터 분리시키고 있다. 도표의 나머지 부분에서 볼 수 있는 것처럼, 심층의 무의식적 활동들은 표면의 전의식 층과 방해받지 않고 폭넓게 접촉하고 있다 (Kohut and Seitz 1963, 367-8쪽).

코헛이 그의 이론 수업 과목에서 이 방해받지 않은 영역에 대해 처음으로 논의했던 것과 이 부분을 '점진적인 중립화가 이루어지는 영역'이라고 부른 것을 기억하라(도표 4.1 참고). 그는 이것을 억압 장벽 아래의 영역을 포함하는 전이와 구별하며, 다음과 같이 설명하고 있다:

> 도표의 오른쪽이 전이의 영역을 나타낸다. 곧 이곳에서 외상이 될 정도로 좌절을 겪은 유아의 충동은 그것의 영향력을 방어 장벽 너머에로 발휘하며, 자아의 전의식 내용과(일차 과정과 이차 과정 사이의) 타협을 형성하도록 한다. 도표의 왼쪽 영역은 점진적인 중립화가 이루어지는 영역을 나타낸다. 이 영역에서 최적의 좌절을 겪은 유아적 충동이 점진적으로 중립화된 정신 활동으로 변형된다(Kohut and Seitz 1963, 368-9쪽).

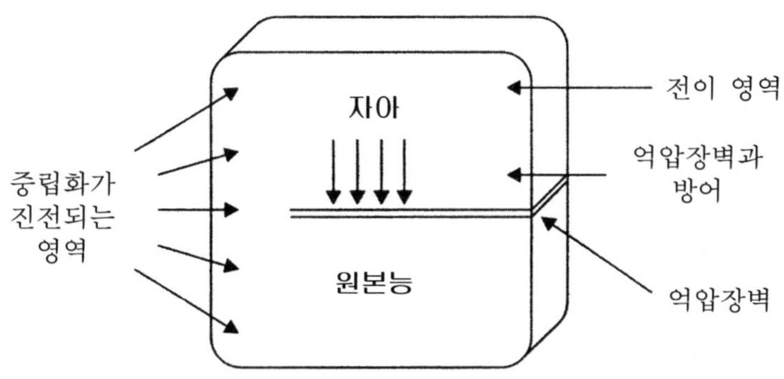

도표 4.1 중립화가 진전되는 영역

중립화가 진전되는 영역은 최적의 좌절을 경험하는 상황에서 내재화 과정을 통해 형성되며, 방어 장벽은 외상적 좌절 경험과 금지의 결과로서 형성된다. 프로이트는 환경이 아동의 정신에 미치는 영향에 대해서는 거의 다루지 않았다. 그러나 코헛과 자이츠는 환경이 발달하는 정신에 중요한 영향을 끼치는 것으로 보았으며, 특히 부모의 성격을 매개로 한 환경의 영향에 대해 강조하고 있다. 그들은 다음과 같이 말한다:

아동에게 외상이 되는 좌절 경험과 최적의 좌절 경험의 차이는 강도의 차이이다. 이것은 어머니가 엄격하게 '절대 안 돼!'라고 말하는 것과 부드럽게 '안 돼'라고 말하는 것의 차이를 말한다. 전자가 겁을 먹게 하는 금지라면 후자는 교육적 경험이다. 이것은 아버지가 울화통을 터뜨리는 아이에게 똑같이 버럭 화를 내는 것과, 아이를 번쩍 안아들고서 단호하되 공격적이지 않고, 사랑스럽게 그러나 유혹하지 않으면서 아이를 다독거리는 것의 차이를 말한다. 이것은 아동이 절대 해서는 안되고 또는 할 수 없는 것을 강조하여 타협할 수 없게 금지시키는 것과, 금지된 대상이나 활동을 대신할 만한 대체물을 제공하는 것과의 차이를 드러낸다(Kohut and Seitz 1963, 369-70쪽).

아이는 욕동을 억제하는 부모의 태도를 내면에 복제한다. 만약 부모의 태도가 아이에게 외상을 주지 않는다면, 아이는 자신의 욕동에 대해 공격성으로 반응하기보다는 애정이 깃든 달래는 태도로 반응할 수 있다. 이같이 외상이 되지 않는 경험은 방어기제의 장벽 아래로 억압되지 않고 다른 정신 영역의 형성에 기여한다[중립화 영역: 역주]. 코헛과 자이츠는 이런 경험에 대해서 다음과 같이 말한다:

그러므로 최적의 좌절 경험은 욕동을 억제(중립화)하는 구조를 형성하게 한다. 이 구조는 중립화된 기억의 흔적으로 구성되어 있고, 중립화된 심리내적(endopsychic) 힘에 의해 작동한다 …

그러나 잘 기능하는 심리 구조의 가장 중요한 원천은 부모의 성격인데, 특별히 아이의 욕동 요구에 적대적이지 않으면서 단호하고 유혹적이지 않은 애정으로 반응하는 부모의 능력이 중요하다 … 만약 아이의 요구에 대해 부모가 만성적으로 미성숙하고 적대적이며 유혹적인 반응을 보이게 되면, 이로 인해 아이는 강한 불안이나 과도한 자극에 노출되고, 결과적으로 아이의 정신은 쇠약해진다. 그 이유는 아이에게 속한 아주 많은 욕동 장비들(equipments)이 억압되며, 이렇게 됨으로써 이것들이 정신 발달에 기여할 수 없기 때문이다(Kohut and Seitz 1963, 370-1쪽).

자기애의 형태와 변형

코헛은 "자기애의 형태와 변형"(1966)에서 자기애의 주제로 되돌아갔다. 그는 이 논문에서 자기애 개념을 좀더 명료화시키고 있다. 그의 주장에 의하면, 자기애는 독특한 형태와 발달의 목표를 갖는 발달 과정을 거친다. 이러한 성숙한 자기애의 목표는 프로이트의 대상 사랑의 개념과 다르다.

이러한 코헛의 생각은 중요한 의미를 갖는다. 왜냐하면 자기애는 비난받아야 할 것도 아니고 병적인 것도 아니라는 점을 암시하기 때문이다. 대상 사랑을 위하여 자기애를 포기하는 것이 프로이트가 보는 치료의 목표인데 비해, 코헛의 견해는 치료적으로 새로운 관점을 보여주고 있다. 이것이 암시하는 바는, 혼동 상태의 자기애적 구조는 성격 안에 다시 정돈되고 통합될 필요가 있다는 것이다. 도표 4.2는 코헛이 보는 자기애의 발달 과정을 서술하고 있다.

코헛의 정의에 의하면, 자기애란 자기에게 리비도가 투자되는 것이다. 정신분석학계에서는 이것에 대한 두 가지 견해가 존재한다: 이론적으로 자기애는 중립적으로 다뤄져야 하나, 비공식적으로 자기애는 조롱거리로 취급되고 있다. 이런 가치 판단적 태도는 서구 세계의 가치가 정신분석학에 내재하고 있음을 반영하는 것이라고 코헛은 논박한다. 그는 자기애를 대상 사랑으로 대치하려는 시도는 이 정신 영역을 약화시킨다고 주장한다. 왜냐하면 이런 시도는 정신분석학이 환자에게 봉사하기보다는 사회를 위해 봉사하는 도구로 만들기 때문이다. 다음과 같은 평이 있다. 디킨스는 빈곤의 퇴치를 위해서 일했지만,[1] 코헛은 자기애 치료를 위해서 일했다: 코헛은 자기애를 정당한 것으로 만들었다.

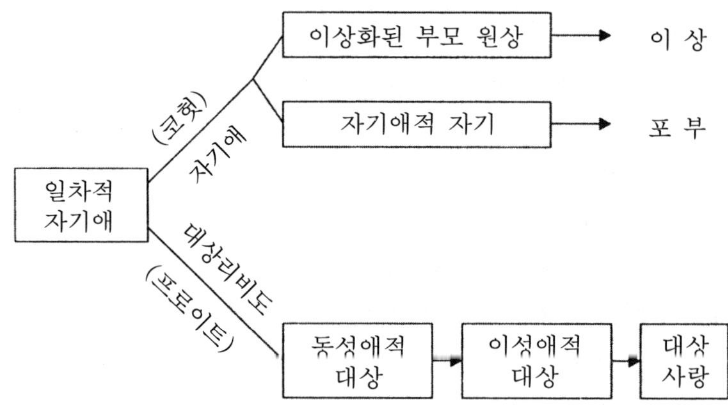

도표 4.2 프로이트의 발달 과정에 대한 코헛의 확장

---

1 역주: 찰스 디킨스(Charles Dickens)는 쉐익스피어와 함께 19세기 영국이 낳은 뛰어난 소설가로서 기억되는 작가이다. 그는 청소년기 시절 아버지의 사치로 인해 궁핍하게 살았고, 학교 교육도 제대로 받을 수 없는 지경에 이르는 등 가난한 이들의 삶과 고통을 몸으로 체험하였다. 그래서 그의 소설에서 상실과 억압 아래에서 방황하는 이미지가 반복되어 나타난다. 브리태니커 세계대백과사전 제5권, (서울 브리태니커 동아일보, 1993): 482-485쪽

자기애의 형태

코헛은 "자기애의 형태와 변형"(1966)의 첫 머리에서, 자기애의 성숙과 그 발달 형태에 대한 자신의 생각을 드러냈다. 그가 추정하는 바에 의하면, 자기애적 경험은 아기가 아주 행복한 상태에 있다가, 엄마가 아기를 제대로 돌보지 못함으로 인해 불가피하게 야기된 아기의 상한 감정에서 시작된다. 아기는 잃어버린 행복을 회복하기 위해 자기애적으로 온전한 두 개의 체계를 새롭게 창조한다. 첫 체계는 완전한 자기를 창조하려는 시도인데, 이 발달 단계에서는 좋고 유쾌하고 완전한 것은 모두 자신의 내면에 속한 것으로, 나쁜 것은 모두 외부에 속해 있는 것으로 경험된다. 프로이트는 이것을 '순수한 쾌락 자아'(1915, 135쪽)라고 불렀다. 코헛은 이것을 '자기애적 자기'의 구성물이라고 불렀다.

두 번째 체계는 상실된 행복을 회복하기 위해 외부의 '타자'에게 절대 권력과 완벽함을 부여한다. 완벽한 '타자'에게 소속되는 것은 아이에게 온전감과 행복감을 회복시켜준다. 코헛은 이런 자기애적 구성물을 '이상화된 부모 원상'이라고 불렀다. 이런 두 가지 자기애적 구성물인 이상화된 부모 원상과 자기애적 자기는 모두 일차적 자기애가 붕괴되는데서 유래한다. 이 두 체계는 각각 독특한 발달 경로를 갖고 있다.

이상화된 부모 원상에 대한 이상화는 아기가 초기에 경험하는 행복, 힘, 완벽함을 부모에게 투사함으로써 형성된다. 그러나 여기에서 이상화 그 자체가 목표는 아니다. 왜냐하면 그것은 종국에는 회수되거나 내재화되어야만 하기 때문이다. 코헛은 이 과정을 이해하기 위하여, 그의 발달 이론의 핵심 개념인 내재화란 개념을 논의한다.

코헛에 따르면, 프로이트가 "애도와 우울"(1917)에서 설명했던 것처럼, 내재화의 과정은 대상 상실의 경험과 관련되어 있다. 프로이트는 그의 논문에서 정신은 대상을 빼앗기더라도 상실한 대상을 포기하지 않는다고 말한다. 대신 상실한 대상은 기억으로 내면에 받아들여져서, 대상이 이전에 행했던 기능을 담당하는 정신 구조의 한 부분이 된다.

코헛에 의하면, 아이에게 상실이란 대상을 잃어버려 엄청난 충격을 주는 실제적 상실에서부터 대상의 주변 상황으로 인해 피할 수 없는 실망의 결과로 생기는 작고 견딜 만한 상실까지 모두를 포함한다. 예를 들어 아이가 거짓말을 했을 때, 모든 것을 다 안다고 믿었던 부모에게 들키지 않고 지나가면, 아이는 이상화된 부모 원상, 곧 모든 것을 다 안다고 여긴 부모에게 부과된 능력의 작은 부분을 상실하게 된다. 아이의 정신은 상실된 부모의 특성을 보존하기 위해 모든 부모들이 갖고 있는 이러한 결점을 회복하려고 시도한다. 부모가 아이의 거짓말을 알아채지 못하고 넘어가는 것과 같은 외상이 되지 않는 실망으로 인해, 예전에 부모에게 투사되었던 이상화는 회수된다. 그리고 이상화는 내재화의 과정을 통해 초자아 안에 있는 자아 이상(ego ideal) 영역의 한 부분이 된다. 그런데, 이러한 이상들이 귀하게 여겨지는 것은 가치 그 자체의 내용 때문이라기보다는, 이것이 자기애 성숙 과정의 경로로 사용되기 때문이다.

초기의 행복한 상태를 회복하기 위한 두 번째 시도는 완전한 자기, 곧 '자기애적 자기'의 창조를 통해 이루어 간다. 코헛은 후에 이 용어를 '과대 자기'(1968)로 바꿨다. 코헛의 고찰에 의하면, 자기애적 자기에게 있어서 자기애는 '타자'에게 투자되지 않고, 자기에게 투자되기 위해 보존된다. '타자'를 과대 평가하는 것이 자기애의 성숙 과정에 적절한 국면인 것처럼, 자기를 과대 평가하는 것도 자기애의 성숙에 똑같이 적용된다. 이상화된 부모 원상이 이상화 대상을 경외의 눈길로 바라보는데 비해, 자기애적 자기는 자신을 경외와 감탄스러운 눈길로 바라봐 주길 소망한다. 이상화된 부모 원상이 자아 이상의 형성에 기여하는 반면, 자기애적 자기는 욕동으로 인한 긴장을 조절하는 능력과 밀접하게 관련되어 있다. 이상화된 부모 원상은 이상의 형성에 기여한다; 또한 자기애적 자기는 포부의 형성에 기여한다. 경험적으로 인간은 이상에 의해 이끌리고, 포부에 의해 앞으로 전진한다고 코헛은 제안한다. 이 말은 코헛이 후에 '이중 축의 자기'(1977)를 진술하는 단초가 되었다.

코헛에게 포부는 아이의 과대적 환상 체계에서 유래한다. 이 환상은 항상 자기의 위대함과 완벽함을 증언할 중요한 '타자'를 추구한다. 이 '타자'는 아이의 위대함과 완벽함에 참여하는 한에 있어서만 의미가 있다; 즉 이 타자는 그 자체로서는 아무런 의미를 갖지 않는다. 코헛은 이런 발달 욕구에 대해 다음과 같이 말한다. '자기애적 리비도 에너지 … 즉 다양한 발달 단계들의 기능과 활동과 관련되는 이 자기애적 에너지가 넘치도록 풍부한 상태를 유지하기 위해서 아이는 자랑스럽게 보아주는 엄마의 눈빛을 필요로 한다'(1966, 252쪽).

과시주의(exhibitionism)는 아이의 자기애적 자기가 느끼는 정상적인 경험이다. 아이는 다른 사람이 자신을 향해 감탄하기를 갈망한다. 그러나 자기애적 자기의 관념적 내용은 과대적 환상이다. 코헛에 의하면, 과대적 환상이 건강이나 질병 중 어느 쪽에 기여하는가의 여부는 과대적 환상이 자아의 현실적 목표에 어떻게 통합되느냐에 달려 있다. 만약 '강하고 위대하다는 초기 자기애적 환상이 갑작스런 실망으로 인해 발생한 외상에 의해 공격받지 않고, 점차적으로 자아의 현실-지향적 조직으로 통합된다면'(1966, 253쪽), 자아는 그 힘을 삶에서의 적응을 위해 사용할 수 있게 될 것이다. 이런 과대감은 결국 자아 안으로 통합되어 자신감 있는 건강한 활동과 성공을 즐길 수 있는 능력이 된다.

자기애의 변형

1966년 논문의 후반부에서, 코헛은 자기애가 창의성, 유한성의 수용, 공감, 유머, 지혜의 특성으로 변형된다는 사실을 다룬다. 이런 자기애의 변형은 초기의 자기애가 성숙됨으로로써 이루어진다. 그는 이 특성들을 다음과 같이 기술한다:

1. 창의성: 창의성이 있는 개인은 자신의 주변 환경과 놀이할 수 있는 아이 같은 상상력을 지니고 있다. 왜냐하면 그런 사람은 심리적으로 주변 상황과 덜 분리되는 경향이 있기 때문이다. 곧 창의적 작업이 그의 자기의 일부분이 된다. 엄마가 태어나지 않은 태아를 이상화하는 것처럼, 자기애의 변형 과정에 있는 창의적인 사람은 이상화를 자신이 하는 일에까지 확장시킨다.
2. 공감: 타자의 감정에 대한 첫 인식은 세계가 자기 자신의 확장이란 생각에서 온다. 이것은 타인의 내면 체험이 자신의 것과 유사하다는 자각을 갖게 해준다. 공감, 곧 자신의 경험과 유사하다는 자각은 사람들이 서로에 대한 심리적 정보를 수집하는 방법이기도 하다. 코헛은 공감의 원천을 발달하는 자기의 경험 속에 엄마의 느낌과 행동을 새겨두는 것에서 찾는다.
3. 유한성의 수용: 코헛은 인간이 이룰 수 있는 가장 위대한 심리적 성취는 자신이 죽을 운명임을 수용하는 것이라고 본

다. 개인이 이런 성취를 이루려면, 자신이 전능하지 않으며 영원하지 않다는 것을 인정하는 자세가 필요하다. 이와 같은 성취는 종종 더 높은 수준의 자기애 형태, 즉 자신은 대중들이 갖지 못한 지식을 소유하고 있다는 숨겨진 자부심과 심지어는 우월성을 담고 있는 자기애를 수반할 수도 있다.

4. 유머: 코헛이 말하는 유머는 자기애의 변형과 단순한 부정의 표현이 아닌 것으로서, 인생이 유한하다는 사실을 인정함으로써 사용될 수 있는 유머이다. 유머는 고요한 내면의 승리감을 담고 있으며, 파편화되거나 또는 방어적 과대감과 의기양양한 모습과는 구별되는, 부인할 수 없는 우울증을 어느 정도 그 안에 담고 있다.

5. 지혜: 코헛에게 있어서 지혜의 핵심은 자기애적 망상에서 해방되고 죽음의 불가피성을 수용하는 것이다. 인생의 후반기에 나타나는 가치인 지혜는 인생과 세계에 대한 안정된 태도가 포함된 일종의 혼합물이다. 지혜는 인생을 살아감으로써 나타나는 결과이다. 곧 지혜는 젊은 시절에 에너지를 쏟았던 이상, 성숙 과정에서 형성되는 유머, 인생의 후반기의 과제인 인생의 유한성을 수용하는 것들을 포함하고 있다. 이것은 궁극적으로 자신의 힘이 쇠퇴해가고 모든 것의 끝이 다가오는 것에 대한 이해를 포함하고 있다.

코헛은 이 역사적인 논문을 다음과 같이 마무리하고 있다:

내가 말하고 싶은 것은, 이런 개념화가 정신분석학적 치료를 위한 가치를 갖고 있다는 나의 확신이 점점 더 강해지고 있다는 사실이다 … 많은 예에서 볼 수 있듯이, 환자의 자기애적 구조의 재형성과 이것들을 성격으로 통합하는 것―이상의 강화, 그리고 유머, 창조성, 공감, 지혜와 같은 전반적인 자기애의 변형을 어느 정도까지 성취하는 것―은 환자의 자기애를 대상 사랑으로 변화시키라는 요구에 불안정하게 순응하는 것보다 더 진실되고 유용한 치료 결과로 평가되어야만 한다(Kohut 1966, 270쪽).

자기애적 성격 장애의 정신분석적 치료

세 번째 주제를 다룬 코헛의 마지막 논문은 "자기애적 성격 장애의 정신분석적 치료: 체계적 접근을 위한 개요"(1968)이다. 코헛은 이 논문에서 자기애에 대한 새로운 이해가 지닌 치료적 함축을 다루었다. 그에 의하면, 자기애적 자기의 구조 그리고 이상화된 부모 원상은 자기애적 성격 장애를 가진 환자들의 분석 과정에서 활성화된다. 그는 이 논문에서 '자기애적 자기'란 용어를 '과대 자기'란 용어로 바꾸었는데, 그것은 안나 프로이트와 토론한 후였다(Cocks 1994). 그러나 불행히도 '과대'란 용어는 일반적으로 부정적인 의미를 갖고 있다. 그로 인해 '과대 자기'와 '과대 환상'이란 용어는 자주 오해되었다.

코헛은 과대 자기와 이상화된 부모 원상의 발달 과정에 대해서는 초기의 견해(1966)를 유지했다. 그가 여기에서 강조하는 바는, 심각한 외상의 영향 아래에서 이 두 구조는 성격에 통합되지 않으며, 이때 과대 자기의 원초적 요구가 영속화되고, 자신의 긴장-조절을 담당해주는 이상화된 부모 원상을 추구하는 결과를 낳게 된다는 것이다. 외상으로 인해 방해받은 이런 자기애적 구성물은 상대적으로 안정적인 형태를 띠지만 치료 관계 안에서 전이와 비슷한 경험으로 재활성화될 수 있다. 코헛은 자기애적 구성물의 임상적 재활성화를 '자기애적 전이'라고 이름지었다. 그는 '거울 전이'란 용어를 사용하여 과대 자기의 활성화에 대해 설명했고, '이상화 전이'라는 용어로는 이상화된 부모 원상의 활성화에 대해 설명했다. 그는 이 논문을 「자기의 분석」(1971)에서 제공한 '폭넓은 연구를 요약하는 개론'(1968, 508쪽)으로 생각했다.

자기의 분석: 서론

코헛의 주요 저서인 「자기의 분석」(1971)은 그가 토마스 만의 소설 「베니스에서의 죽음」에 나오는 주인공 아쉔바흐의 성격에 대한 고찰에서 처음으로 자기애적 취약성에 대해 관심을 표명한지 23년의 세월이 지난 후에 출판되었다. 정신분석학에 대한 코헛의 연구는 고전적 이론을 토대로 하여 정신분석학, 초심리학, 자기애의 탐구방법이라는 영역으로 발전하였으며, 마침내 자기심리학의 발달에서 정점을 이루었다. 코헛은 23년이란 긴 세월 동안 논문, 토론, 강의를 통해 자신의 이론을 발전시킨 끝에 「자기의 분석」이라는 그의 대표적인 역작을 탄생시켰다; 이 책은 자기애에 대해 당시 유행하던 가치-지향적인 정신분석학적 사고에 도전한 훌륭한 학술 논문이다.

코헛은 정신분석학 이론을 정적인 지식 체계로 보지 않고 진화하는 지식 체계로 보았다. 그래서 그는 자신의 이론으로 프로이트 이론을 대치하는 것이 아니라 확장시킨다는 생각을 갖고 있었다. 미국 정신분석학회의 회장을 역임했던 그는 정신분석학계의 경직성을 잘 알고 있었기 때문에 당시에 유행하던 고전적 정신분석학 이론의 맥락과 언어를 사용해서 자신의 새로운 이론을 조심스럽게 세워나갔다. 그는 이 작업을 위해 리비도 대상과 그것들의 무의식적 표상을 자신이 새롭게 형성한 자기애적 대상에 대한 이해와 그것들의 무의식적 표상과 거듭해서 비교하고 대조하였다. 그는 그의 책「자기의 분석」에서 이 작업을 잘 수행했으며, 따라서 이 책은 리비도 대상과 욕동-방어 심리학의 연구에 관심이 있는 사람에게 크게 도움이 되는 책이기도 하다.

개관

코헛은 자기애를 '자기에게 리비도가 집중된 것'(1971, xiii쪽)으로 보았던 하트만의 정의를 수용하였다. 그도 하트만처럼, 자기를 자아와 다른 것으로 보았으며, 그것을 자아, 원본능, 또는 초자아처럼 마음의 기구로 인식해서는 안 된다고 생각했다. 대신, 자기는 마음속에 존재하는 구조이며, 대상 표상과 비슷하며, 자체 안에 서로 다르고 심지어 서로 상반되는 특성을 포함하고 있는 것으로 그는 보았다.

코헛은 자기애적 장애를 분명하게 정의하는 것과, 그러한 장애를 정신증 그리고 경계선 상태와 구별함으로써 자신의 이론이 오해받지 않도록 주의하는 것을 중요하게 생각했다. 따라서 그는 이런 상태들을 구별하여 진단해야 한다고 강조했으며, 자기애적 장애 환자들의 분석 과정에서 정신증과 경계선 환자들에게서 발견되는 증상으로 퇴행하는 일이 자주 발생한다고 주장했다. 코헛은 정신증적 그리고 경계선 환자와 구분되는 자기애적 성격장애 환자의 심리적 특성들을 개괄했다. 자기애적 성격장애 환자는 발달이 방해받음으로 해서 불안정한 상태의 자기를 갖고 있기는 하나 비교적 응집적인 자기를 갖고 있으며, 또한 그러한 자기에 해당하는 안정된 내적 대상들을 갖고 있다. 이렇게 방해받은 내적 대상은 치료과정에서 파편화에 대한 위험 없이 특정하고 비교적 안정된 자기애적 전이의 형태로 재활성화되고 표출된다. 코헛은 자기애적 전이들 중에 하나가 자발적으로 발생하는 것을 긍정적인 표시라고 주장하면서, 자기애적 성격장애 환자를 정신증이나 경계선 상태의 환자와 구분하였다.

코헛은 그의 감별 진단에 대한 고찰에서, 자기애적 성격장애를 고전적 전이 신경증과 비교한다. 후자에서는 대상들이 잘 구분되고 병리가 자기의 영역 안에 존재하지 않는다. 전이 신경증의 병리는 어린 시절의 대상을 향한 근친상간적인 충동에 대한 갈등으로 인해 발생한다. 그에 수반되는 불안은 처벌이나 신체가 잘려나갈 것이라는 위협과 관련된다.

이와는 대조적으로, 자기애적 성격장애 환자의 불안은 자기의 취약성과 파편화 경향성에 대한 자기의 인식과 관련되어 있다. 병리의 핵심적인 원인은 자기애적 구성물의 발달 과정이 정지된 데 있다. 이렇게 된 것은 자기에게 신뢰할 만하고 응집적인 자기애의 원천이 결핍되어 있고, 따라서 정상적인 수준에서 자존감을 유지하고 조절할 수 없게 되었기 때문이다.

자기애의 발달 노선

「자기의 분석」 서문에서 코헛은 자기애의 발달에 관한 가설과, 과대적 자기와 이상화된 부모 원상이라는 무의식적인 자기애적 구성물(unconscious narcissistic configurations)에 관해 서술한다. 나는 여기에서 코헛의 저술에 관한 논의에서 벗어나, 무의식적 구성물에 대한 개념을 간략하게 논의할 것이다.

무의식적 구성물은 무의식 안에 존재하는 욕구, 소망, 느낌, 환상과 기억들로 이루어진 복합체이다. 아이 시절의 오이디푸스 이야기는 그러한 구성물에 해당한다. 오이디푸스 구성물은 무의식 속에 담고 있는 소망, 느낌, 두려움, 환상들의 복합체를 가리키며, 내면 생활과 외부 세계에서 이것들을 표현하게 하는 동기로써 작용한다. 물론 개념적으로 다른 구성물을 갖는 것도 가능하다. 코헛은 이러한 과대 자기와 이상화된 부모 원상이 무의식 속에 존재하는 오이디푸스 구성물과 비슷한 것이라고 보았다. 코헛에게 있어서 이런 구성물은 성격 속에 존재하는 자기애적 영역의 핵심을 구성하고 있다. 이것들은 정신 안의 중심적 구조들이다. '구조'의 '구성물'이란 용어는 코헛에게 동의어에 해당하며, 그는 이 용어들을 번갈아 가며 사용한다.

무엇보다도 자기애적 구성물들의 특성과 본질을 파악하는 것이 중요하다. 왜냐하면 그것은 코헛이 말하는 심리 기능을 이해하는데 필수적이기 때문이다. 과대 자기의 구성물은 완벽한 자기에 대한 환상에서 발생한다. 내가 전에 언급했던 것처럼, '과대 자기'는 이 구성물의 이름으로 적절하지 않다고 간주된다. 그것은 이 이름이 부정적인 인상을 주기 때문인데, 차라리 '팽창된(expansive) 자기'가 더 좋은 용어일지도 모른다. 그런가 하면, 과대 환상은 과대 자기의 관념적 내용이며, 전지 전능함을 담고 있다. 예를 들면, 연재 만화에 나오는 초인적 영웅의 뛰어난 능력을 생각해볼 수 있다. 이런 영웅들의 과장된 초능력은 과대 자기의 힘을 의미한다. 무엇이든 할 수 있는 이런 영웅들의 이야기가 인기 있는 것은 과대 자기를 구성하고 있는 환상들이 아이는 물론 성인에게조차 매력이 있기 때문이다. 그들은 인간의 한계를 뛰어넘어 모든 것을 성취할 수 있다. 이런 인물들은 한번에 높은 건물을 뛰어넘고, 산을 움직이며, 사람의 마음을 읽기도 한다. 이런 과대 환상에는 날아다니는 환상뿐만 아니라 무한대의 신체적 및 지적 능력에 대한 환상들도 많다. 끝없이 팽창할 수 있다는 느낌은 이런 환상의 일부이다. 하찮은 존재가 아닌 무한한 능력을 갖고 있는 뛰어난 존재로 보이고, 존경받고 찬사를 받고자 하는 과시주의적 소망은 과대 자기가 느끼는 속성이다. 우리는 두 살 먹은 아이가 미숙한 자신의 무의식적 구성물을 표현하는 것을 관찰할 수 있다. 즉 그는 과감한 행동을 보이고, 무엇이든 닥치는 대로 해보려 하고, 모든 것을 알고 있으며, '나를 보라'는 과대 자기의 모습을 보인다.

어린 시절의 오이디푸스 이야기는 외부 세계에 대한 느낌과 행위에 영향을 미치는 무의식적인 소망, 두려움, 기억들에 대한 복합체인 것처럼, 과대 자기도 무한한 능력과 이러한 과시적 소망이 담긴 이야기의 복합체이다. 개념적으로 보면, 이것은 무의식 속에 존재하며, 행동 조절, 자존감 그리고 종국에는 포부에도 영향을 준다.

또 다른 자기애적 구성물인 이상화된 부모 원상은 완벽한 타자와의 융합을 추구하는 환상을 담고 있다. 전능한 존재와의 융합은 만족, 강함, 온전감을 가져다준다. 이상화된 부모 원상의 이야기는 지혜, 친절, 방대한 지식, 지치지 않는 체력, 정서를 달래주고 안정시키며 정서의 균형을 유지하도록 도와주는 능력을 소유한 완벽한 타자와 융합되고픈 소망에 관한 이야기이다. 융합은 온전감을 가져다준다; 이에 반해 모든 분리는 파편화 되는 느낌을 가져다준다. 이상화된 부모 원상은 무의식적인 소망, 두려움의 복합체이고, 이들은 긴장 조절에 영향을 미치며, 궁극적으로는 자신이 소중히 여기는 이상의 일부분이 된다.

코헛은 과대 자기와 이상화된 부모 원상을 '원초적인 자기애적 구성물'로 언급한다. 왜냐하면 이것들은 본래의 완벽함을 보존하기 위한 초기의 무의식적 시도에서 발생하기 때문이다. 이것들의 중심 기제는 다음과 같이 진술될 수 있다: '나는 완벽하다=과대 자기; '너는 완벽하며, 나는 너의 일부이다'=이상화된 부모 원상.

코헛의 주장에 의하면, 이 두 구성물은 공존하며, 생애 초기부터 존재하고, 서로 독립된 발달 과정을 거친다. 원초적 과대 자기는 종국엔 순화되고 성인의 성격에로 통합되어, '자아-동조적인 포부와 목표를 세우고, 활동을 즐기며, 자존감을 위한 연료'(1971, 27쪽)를 공급한다. 도표 4.3은 코헛이 자기애의 발달 경로를 확대하여, 과대 자기에서 시작해서 포부의 형성으로 완결되는 과시주의적 자기애의 성숙 과정을 보여준다. 또한 이상화된 부모 인상도 심리 조직의 구성 요소가 되어, 이상적인 것에 대한 내적 지도력을 통해 영향력을 행사한다(Kohut 1971, 28쪽). 이상화하는 자기애의 성숙은 이상화된 부모 원상에서 유래하여 이상을 형성함으로써 정점에 이르며, 그 과정은 도표 4.3과 비슷하다.

자기애 발달의 정지

코헛은 외상이 자기애적 구성물의 발달에 미치는 영향에 관해 간략하게 서술한 바 있는데, 나중에 「자기의 분석」에서 이 서술을 확장했다. 그는 과대 자기와 관련해서, '만약 아이가 심각한 자기애적 외상에 노출되면, 과대 자기는 적절한 자아 내용으로 융합되지 못하고, 변형되지 않은 형태로 머물면서, 과대 자기의

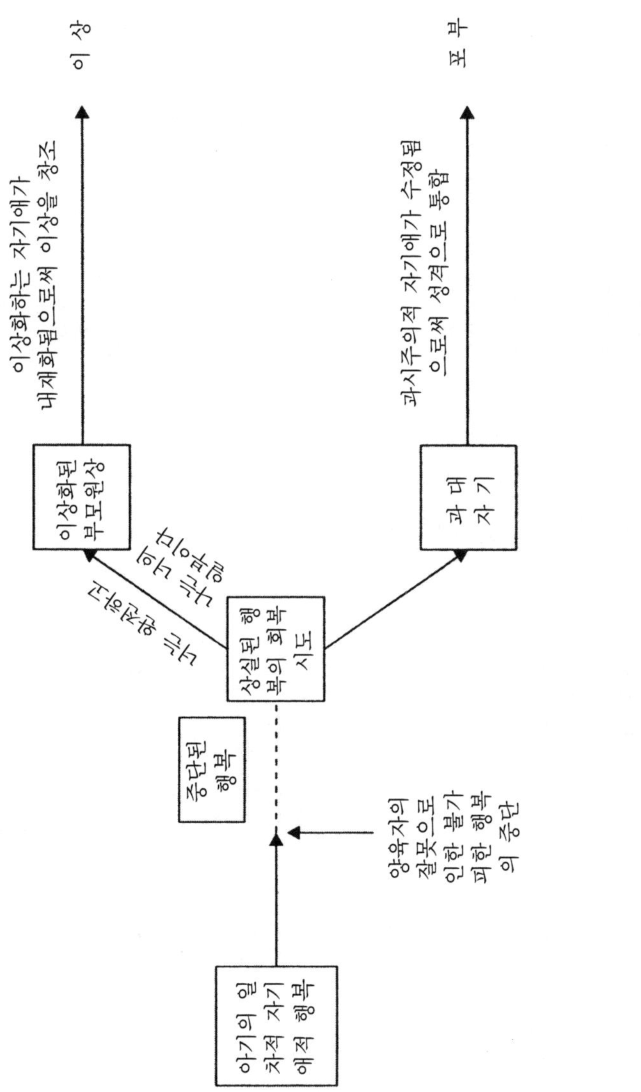

도표 4.3 자기애의 발달 노선

원초적인 목표 성취를 추구하게 된다'고 서술했다(1971, 28쪽). 도표 4.4는 외상이 심각할 경우, 과대 자기가 어떻게 개인의 발달을 완성할 기회를 박탈하는가를 보여준다. 도표 4.5는 외상의 상황이 이상화된 부모 원상의 발달에 어떻게 영향을 끼치는가를 보여준다. 이에 대해 코헛은 다음과 같이 말한다:

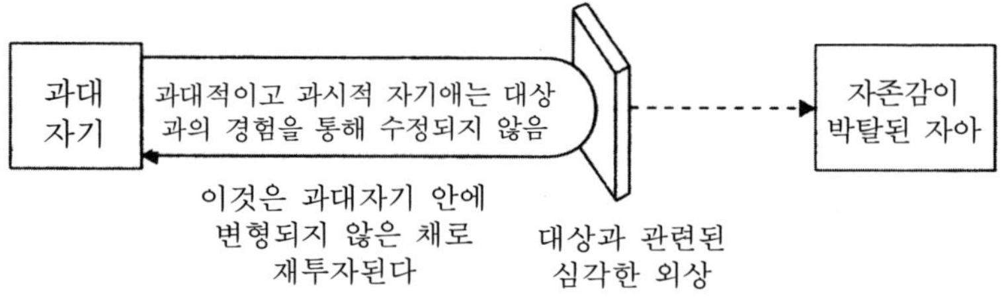

도표 4.4 외상이 과대 자기의 발달에 끼치는 영향

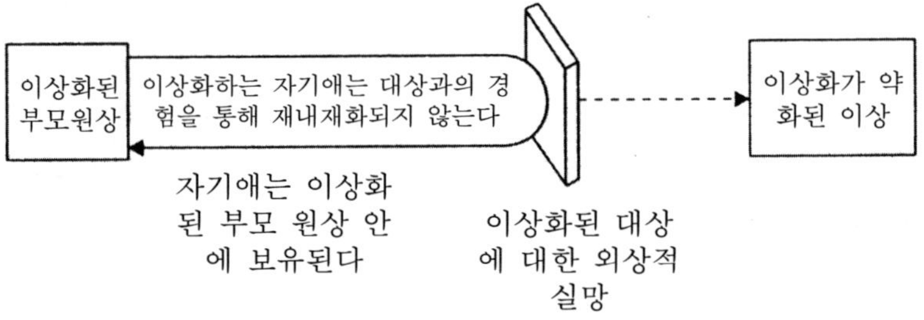

도표 4.5 외상이 이상화된 부모 원상의 발달에 끼치는 역할

만약 아이가 존경하는 어른에게서 외상이 되는 실망을 경험한다면, 이상화된 부모 원상은 변형되지 않은 채로 존재하게 되며, 긴장을 조절하는 구조로 변형되지 못한다. 그리

고 이 원상은 접근 가능한 내사물의 상태를 획득하지 못하
고, 자기애적 항상성의 유지를 위해 요구되는 원초적이고 불
안정한 자기-대상으로 머물러 있게 된다(Kohut 1971, 28쪽).

위 그림은 자기애적 구성물의 발달이 정지된 상황을 간략하고
개괄적으로 보여주는 도표이다. 코헛의 주장에 의하면, 오이디푸
스적 구성물이 특정 전이로 표현되는 것과 같이, 자기애적 전이
도 마찬가지로 특정 전이로 표현된다. 5장과 6장에서 계속 다루
게 될 「자기의 분석」(1971)에 담긴 내용은 자기애의 생성 및 변
천과 관련된 발달적, 전이적, 기법적 쟁점에 관한 것이다.

제 5 장

자기의 분석 I :
이상화된 부모 원상

5장과 6장에서는 이상화된 부모 원상과 과대적 자기에 대한 코헛의 개념 정의와, 이 두 구성물이 치료 상황에서 활성화되는 임상 전이들을 다룰 것이다. 이에 덧붙여, 이러한 개념들을 정신분석학적 심리치료 실제에 적용한 임상 사례를 제공할 것이다.

코헛은 성인 환자의 분석 과정에서 조금씩 수집된 정보를 토대로 재구성한 어린 시절의 정신 내용을 자기애적 구성물을 설명하는 자료로 사용하였다. 그러나 그는 공감적인 몰입을 통해 성인의 정서적 삶 속에서 초기 경험을 재구성하는데 어려움이 따른다고 경고하고 있다:

초기 경험을 정신분석학적으로 재구성하는 것은 그 나름대로 어려움과 위험을 내포하고 있다. 정신분석학적 관찰의 주된 도구인 치료자의 공감에 대한 신뢰도는 관찰자가 피

관찰자와 다르다고 느끼면 느낄수록 감소된다. 따라서 초기 정신발달 단계들은 특별히 우리 자신이 스스로를 공감할 수 있는 능력에 대한 일종의 도전으로 다가온다(Kohut 1971, 37쪽).

이상화된 부모 원상

이러한 주장과 함께, 코헛은 정신분석 중에 재생되는 자기애적 구성물의 이상화 요소가 '정신 발달의 초기 단계에서 나타났던 두 가지 측면의 하나라고 서술한다(Kohut 1971, 37쪽). 과대 자기가 두 번째 측면이다. 이 두 구성물은 초기 발달에서 동시적으로 드러나기 시작하는데, 이는 초기에 경험했던 가장 완전하고 행복했던 상태를 회복하려는 아기의 시도이다. 이상화된 부모 원상의 측면에서 정신은 '원초적이고 미발달된 불안정한 자기-대상'을 완벽하다고 여긴다(Kohut 1971, 37쪽).

아이는 온전하고 살아 있음을 느끼기 위한 노력으로, 그가 갖고 있는 모든 힘이 (그가 지속적으로 융합 상태를 추구하는) 이상화된 대상 안에 존재하고 있다고 여긴다. 그러나 아이는 결국 이상화된 대상을 되찾아야 하며, 그렇지 않을 때 그는 온전한 상태를 느끼기 위해 이상화된 대상을 끊임없이 필요로 하게 된다. 코헛의 이론에 의하면, 영구적인 심리 구조는 여러 과정들을 통해서 생성되며, 이상화하는 자기애의 재-내재화를 통해 만들어진다. 이런 일련의 과정에서 이상화 요소는 부모가 갖고 있는 현실적이고 실제적인 한계들에 대한 아이의 경험을 통해 점차적으로 수정된다. 코헛은 1963년에 이 과정을 처음으로 서술하면서, 이를 '대상을 통한 경로'(passage through the object)라고 불렀다. 이상화가 감소함에 따라, 아이는 대상을 통한 경로를 통과하면서 부모의 정서적 태도와 반응들에 기초한 몇 가지 특정한 특질들을 내재화하게 된다.

'변형적 내재화'(transmuting internalization)는 또 다른 구조 형성 과정으로서, 프로이트가 1917년에 서술한 애도 과정과 유사하다. 프로이트에 의하면, 심리 구조는 상실 경험에 뒤이어 발달한다. 곧 이 구조는 상실된 대상에 투자된 리비도가 철수하고 무의식에 속한 기억의 형태로 내재화될 때에 발달한다. 상실된 대상은 기억 속에 저장되고, 상실된 대상의 특질이 성격의 한 부분이 된다.

코헛은 심리 구조가 발달하는 것은 양육자에 대한 이상화가 점진적으로 철회되는 것을 통해서 이루어진다고 보았다. 이런 내재화는 전에 이상화된 대상—대상의 개인적 특질이 결여된—이 수행하던 심리 기능을 떠맡게 되는 새로운 구조를 창조한다. 조금씩 이루어지는 이상화의 철회는 아이의 실망이 점진적이고 스스로 처리할 수 있는 정도로 발생함으로써 이루어진다. 코헛은 이런 점차적 환멸을 '최적의 좌절'이라고 불렀다. 갑작스럽게 엄청난 환멸을 느끼는 상황에서 일어나는 좌절은 최적의 좌절이 아니며, 따라서 변형적 내재화는 일어나지 않는다.

대상의 유형들:
자기-대상, 실제 대상 그리고 심리 구조

코헛은 자기애적 장애를 이해하는 열쇠는 아이가 심리적 기능을 수행하는 대상들을 그들이 수행하는 심리적 기능으로 경험할 뿐 그들을 인격적 존재로 경험하지 않는다는 점을 이해하는데 있다고 강조한다. 즉 아이는 그 대상들을 심리 구조로서의 자기의 일부로 경험한다. 따라서 대상이 자신의 기능을 제대로 수행할 경우, 대상을 자신의 손과 발처럼 또는 몸의 한 부분처럼 여긴다. 대상이 자신의 기능을 수행하지 못할 경우, 그 존재가 주목을 받게 된다. 코헛은 자기의 부분으로 경험되는 이러한 대상들을 '자기-대상'이라고 이름 붙였다. 그 대상들은 심리적 기능으로서 존재하며, 현실적으로 독립된 대상으로서 경험되지 않는다. 1978년 코헛은 이 용어에서 하이픈(-)을 떼어 '자기대상'이라고 했는데, 이것은 기능을 제공하는 대상이 자기와 분리된 존재로서 경험되지 않는다는 생각을 나타내기 위해서였다. 코헛은 이 변화를 그 이전 한 해 동안 죽 생각해오다, 1978년 10월 29일 어니스트와 이라 월프(Ira Wolf, 1996)의 집에서 이에 대한 최종적인 결론을 내리고는 축하 모임을 가졌다. 하이픈(-)이 없는 '자기대상' 개념은 처음으로 그해 말 발간된 공동 저작에 등장하였다(Kohut and Wolf 1978).

자기-대상과 비교하여, 실제 대상은 심리적으로 자기와 분리된 별개의 존재이다. 실제 대상은 '원초적 대상과 구별되며, 자율적 구조를 갖고 있고, 다른 사람의 독자적인 동기와 반응을 인식하며, 상호성의 개념을 파악하고, 사랑을 받기도 하고 미움을 받기도 한다'(Kohut 1971, 51쪽).

다른 한편으로 심리 구조는 전에 자기-대상들이 수행하던 기능들, 즉 마음을 달래주고, 긴장-조절과 적응을 담당하는 기능들이 내재화된 것이다. 심리 구조는 이상화된 옛 대상에게 투자되었던 자기애가 점차적으로 철회된 결과로서 발달하며, 자기-대상이 부재하더라도 계속해서 심리적 기능을 수행한다.

이상화 전이

아이가 이상화된 부모의 상실로 인해 외상을 경험할 경우에는 최적의 내재화가 일어날 수 없다고 코헛은 말한다(도표 4.5를 참조). 이때 필수적인 심리 구조는 발달하지 않으며, 아이는 부재한 심리 구조를 메우기 위해 자기-대상과의 전이 관계에 의존하게 된다. 코헛은 다음과 같이 말한다:

이런 아이는 필요한 내적 구조를 형성하지 못하며, 아이의 정신은 강렬한 대상 갈망의 형태로 나타나는 원초적 자기-대상들에게 고착된다. 이런 대상들에 대한 강렬한 추구와 의존은 그 대상들이 심리 구조의 상실된 부분에 대한 대체물로서 추구되기 때문이다. 이 대상들은 심리적 대상이 아니다. 왜냐하면 아이의 정신은 대상 그 자체의 속성 때문에 대상을 사랑하고 갈망하는 것이 아니라, 아동기에 형성하지 못했던 정신 기구의 부분적인 기능을 갈망하는 것이기 때문이다. 아이는 그 대상의 성격과 행동의 실제적인 특징들을 단지 희미하게 인식할 뿐 대상의 속성을 인식하지 못한다(Kohut 1971, 45-6쪽).

코헛은 이상화된 부모 원상의 장애 유형을 세 집단으로 나누고 있다. 이것은 도표 5.1에서 보듯이, 외상을 입은 시기에 따라 서로 다른 장애의 특징을 드러낸다. 첫 번째 집단은 전 오이디푸스기 초기에 발생한 외상과 관련되어 있다. 이 시기의 외상은 정신이 자기애적 균형을 스스로 유지하거나 재확립하는 기본적인 정신 능력의 발달을 저해한다. 이와 같은 아주 생애 초기의 상처는 심각한 문제를 야기하며, 이는 대체로 양육자의 비공감적인

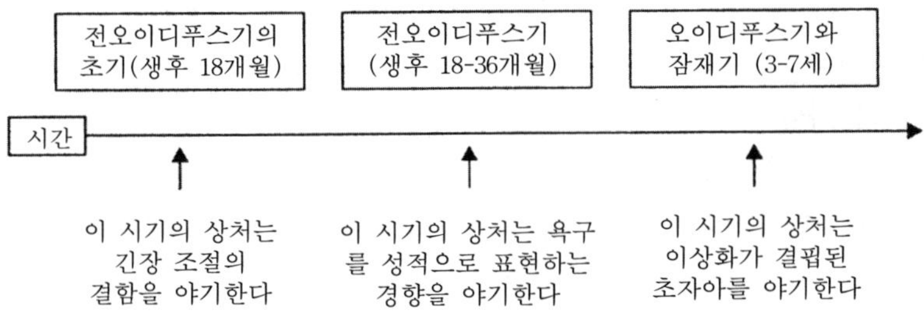

도표 5.1 발달 단계에서 일어나는 외상의 결과들

성격의 결과로서 생긴다. 유아기에 아이의 정서적 욕구에 대한 공감이 부족하게 되면, 아이에게 자극 장벽, 긴장 조절, 최적의 자극의 제공과 같은 모성적 기능이 결핍되게 된다. 유아기에 이런 외상을 겪은 사람들은 중독에 빠지는 경우가 자주 있는데, 그 이유는 그들에게는 긴장 조절과 자기를 달래주는 기능이 결핍되어 있으며, 따라서 그들은 결핍된 내적 구조를 대체하기 위해 중독성 물질을 사용하는 경향이 있기 때문이다.

두 번째 집단은 전 오이디푸스 후기에 경험한 상처와 관련되어 있다. 코헛은 이 집단에 속한 사람들은 욕동을 통제하고 중립화하는 '자아의 기본 구조'를 제대로 형성하지 못한 사람들이라고 보았다. 이 시기의 외상은 자기애적 욕구를 성적으로 표현하는 경향성으로 이끌며, 따라서 성인이 되었을 때 그의 자기애적 욕구는 성적인 행동의 형태로 표현된다. 코헛은 이런 성적인 행동을 자기애적으로 상처 입은 자기를 달래주고 안정시키려는 시도로서 이해한다.

세 번째 집단은 (초자아가 아직 완성되지 못한 상태에서) 오이디푸스 시기 또는 잠재기 초기에 생긴 외상의 결과와 관련되어 있다. 오이디푸스 후기나 잠재기 초기에 상처를 경험한 성인은 나름대로 가치와 기준을 갖고 있는 초자아를 지니게 된다. 그러나 이 사람은 '외부의 이상적인 대상을 끊임없이 추구할 것이며, 이 외부 대상에게서(충분히 이상화되지 못한) 자신의 초자아가 제공해 줄 수 없는 인정(approval)과 지도력을 얻고자 할 것이다' (Kohut 1971, 49쪽).

코헛의 주장에 의하면, 이상화된 부모 원상에 대한 고착으로부터 오는 위와 같은 종류의 이상화 전이들은 자기애적 성격 장애의 특징을 나타낸다. 자기애적 성격 장애를 가진 환자들의 분석에서 위에 제시된 세 종류의 이상화 전이들을 만나게 된다.

임상 사례

이상화된 부모 원상과 이에 상응하는 전이를 둘러싼 임상적 특징을 설명하기 위해, 코헛은 A씨의 사례를 소개하고 있다. 이 환자는 27세로서, 막연한 우울감과 동성애적 환상에 시달리고 있으며, 삶의 열정이 감퇴되고 일에서 창의성을 잃어버렸다고 호소하면서, 이런 증상을 치료하기 위해 찾아왔다. A씨의 증상은 그가 중요한 대상이라고 생각했던 직장 상사들이 그에게 관심을 보이지 않는다고 느낄 때마다 나타났다. 그들이 자신을 인정하지 않는다고 인식하게 되면, 그는 우울증과 무기력증에 빠져들었고, 그때마다 격노하면서 냉혹하고 교만한 기분에 사로잡히면서 고립되었고, 창의성도 감소하게 되었다. A씨의 삶에 대한 열정은 그가 상사들에게 인정받는다고 느낄 때 다시 회복되었다.

A씨가 상사들에게 인정받고자 하는 욕구를 갖게 된 것은 성공한 사업가인 아버지와의 경험에서부터 시작되었다. 잠재기 시절에 A씨는 사업이 번창했던 아버지를 이상화했다. 그러나 그의

아버지는 독일 점령 기간에 사업에 실패하였다. 그의 가족은 새로운 나라로 이민을 떠났고, 그곳에서 그의 아버지는 원기를 회복하여 다시 사업을 일으켰다. 그러나 이 사업도 독일군의 침공으로 인해 실패로 돌아가게 되자 그의 아버지는 우울증에 빠졌다. A씨에게 아버지의 우울증은 외상이 되었다. 그는 처음에 아버지가 독일군의 침공으로 인해 사업에 실패했을 때 상처를 받지 않았기 때문에 두 번째도 그럴 거라고 믿고 있었다. 코헛의 설명에 의하면, A씨에게 나타난 후기의 취약성은 변형적 내재화 과정이 붕괴된 결과로서, A씨의 아버지가 우울하고 무능력해졌을 때 그런 아버지에 대한 엄청난 실망으로 인해 이상화가 깨짐으로써 촉진되었다. 이런 붕괴로 인해 A씨는 불충분하게 이상화된 초자아를 갖게 되었다. 그는 아버지의 가치들을 내재화했기에 초자아를 갖고 있었고, 그 초자아는 도덕적 명령으로써 기능하고 있었다. 그러나 A씨에게 필수적인 점진적인 내재화 과정이 상실되었기 때문에, 그의 초자아는 충분히 고양되지 못했고, 실제로 도덕적 가치를 실천했을 때에도 A씨의 자존감은 높아질 수 없었다. A씨의 자존감은 오직 직장 상사가 그와 그 자신이 한 일을 칭찬해줄 때만 유지될 수 있었다.

코헛은 A씨가 지닌 자기애적 장애의 구성 요소를 세 가지로 진술하였다:

1. 마음에 동요가 일어날 때 긴장을 관리하고 자기 자신을 달래지 못하는 일반적인 취약성.

A씨의 삶에서 외상이 된 사건들이 잠재기에 발생했음에도 불구하고, 취약성의 씨앗은 전 오이디푸스기 초기에 어머니가 A씨에게 조율해주지 못하고 그의 욕구에 공감적으로 반응해주지 못

함으로써 생겨났다. A씨가 삶의 초기에 경험한 외상적 사건은 단 한번의 사건 때문이 아니라 어머니의 성격 때문이었다. 이런 관점에서 코헛은 아주 어린 시절에 어머니의 적절한 공감은 아이를 달래줄 뿐만 아니라, 아이가 어머니의 긴장-조절 능력을 내재화하도록 촉진시킨다고 주장한다. 공감적인 어머니와 함께 아이는 어머니의 달래주고 조절하는 기능을 내재화함으로써 자신 안에 긴장을 조절하는 심리 구조를 건설한다. 그러나 어머니가 지나치게 공감적이거나 또는 비공감적일 경우, 구조를 건설하는 내재화는 발생하지 않는다. 이런 경우 아이는 자신을 달래주는 것과 긴장을 조절하는 것을 외부의 요소에 의존하게 된다.

A씨와 같은 상황, 곧 어머니와의 공감적 조율이 어긋날 경우, 아이는 보통 그에 대한 보상으로 아버지에게로 향한다. 만약 아버지가 아이에게 그 자신을 이상화하도록 허용해주고, 점진적으로 그리고 아이가 심리적으로 감당할 수 있을 때 자신에 대한 이상화에서 벗어날 수 있도록 허용해준다면, 아이의 중요한 심리 구조는 건설될 수 있다. A씨의 경우처럼 아버지에 대한 엄청난 실망으로 인해 이상화가 깨질 경우, 구조 건설의 두 번째 기회는 상실되며, 그때 아이는 광범위한 취약성에 노출되게 된다.

2. 자기-진정 능력과 긴장 조절 능력의 성욕화.

A씨는 이상화된 인물이 자신에게 주는 칭찬의 상실로 말미암아 우울증에 빠지게 될 때, 건장한 신체를 가진 남자들을 굴복시키고 그들을 수음하는 환상에 빠지곤 했다. 분석 작업을 통해서, 코헛은 실제로 행동화되지는 않은 이러한 A씨의 환상들은 이상화된 인물이 가진 힘을 얻으려는 소망이 성적인 형태로 표현된 것이라는 사실을 깨달았다. 그에 따르면, 이런 환상은 상실된 활

력을 되찾으려는 회복의 시도였다.

3. 자기애적 상처에 대한 반응인 과대적 자기의 활성화.

이 점에 대해서는 과대적 자기와 거울 전이에 대한 코헛의 견해에 대한 논의에서 자세히 다룰 것이다. 반동적 과대 자기는 상처에 대한 반응으로 나타나는 방어적 과대주의의 표현으로서 가장 잘 이해될 수 있다. 이는 '네가 나를 파면시키기 전에 내가 먼저 사직하겠다'는 말에서 가장 잘 드러난다. 이 때의 반동적 과대주의는 A씨가 상처를 입은 후에 보여준, 거만하며, 냉정하고, 고립된 태도의 원인이었다.

이상화 전이의 임상적 측면과 치료적 측면

코헛은 자기애적 원천을 지닌 이상화 전이를 다른 이상화 형태로부터 구별하였다. 예를 들면, 오이디푸스기에 이상화되는 대상은 자기와 구별되고 또 대상 스스로 독자적인 주도권을 지닌 분리된 존재로서 경험된다. 오이디푸스 대상과의 관계는 상호 교류적 요소를 가지고 있다. 자기대상의 이상화에서는 대상이 분리된 존재로 경험되지 않고, 상호 교류는 존재하지 않는다.

또 다른 이상화는 분석가의 분석 기능에 대한 이상화로서, 일종의 긍정적 전이에 해당되는 것이다. 이 이상화는 모든 심리치료 과정에서 일어나며, 분석 작업을 가능케 하는 요인이기도 하다. 코헛은 분석 기능의 이상화가 분석 작업을 진전시키는 본질적인 요소이기는 하지만, 그것은 보조적 전이에 지나지 않으며, 분석 작업의 핵심 내용은 아니라고 본다. 이와 비교하여, 이상화된 부모 원상이 치료적으로 재활성화됨으로써 나타나는 이상화 전이는 환자가 결핍하고 있는 심리 구조의 중심에 해당하는 것이며, 이 전이에 대한 작업은 분석 작업의 핵심에 속한다.

코헛은 이상화 전이의 여러 유형을 밝히면서, 외상을 경험하는 시기가 특정 전이의 형태를 결정하는데 중요한 역할을 한다는 점에 주목하였다. 초기에 외상을 경험한 사람들은 자기애적 상처로 인해 광범위한 취약성 때문에 고통받는 경향이 있다. 이들은 자존감이 훼손될 경우, 균형을 회복하는데 어려움을 겪게 되고, 자신들에게 결핍된 위로해주고 긴장을 조절해주는 기능을 이상화된 분석가가 제공해주길 기대한다. 코헛은 이런 이상화 전이는 생애 초기에 양육자가 과도한 또는 너무 적은 자극으로부터 아이를 보호해주며, 기분이 엉망일 때 달래주고, 긴장을 조절해주는 능력에 결함이 있었음을 반영한다고 보았다.

후기의 외상에서 유래하는 이상화 전이는 인식하기가 더 쉽다. A씨처럼, 이 전이는 이상화된 대상의 상실이나 질병으로 인해 갑작스럽게 이상화가 깨질 때 일어난다. 이런 상황에서 전능한 대상(이상화된 부모 원상을 대표하는)과 애착관계를 유지하려는 갈망은 숨겨진 상태에 머물러 있게 되고, 수평 분리(억압 장벽) 아래에 억압되어 있거나, 수직 분리(6장에서 다루게 될) 아래에 부정된 채로 존재한다. 따라서 대상에 대한 이상화에서 점차적으로 벗어날 수 있는 기회가 상실되고, 변형적 내재화가 일어나지 않으며, 초자아 안에는 이상화 요소가 부족하게 된다. 이런 상태는 이상화된 대상과 끊임없이 융합하려는 추구를 만들어 낸다.

코헛은 자기애적 장애자와 분석을 시작하고 유지하는데 필수적인 몇 가지 기법과, 자신이 당시(1971년)에 치료 과정의 정수라고 여겼던 내용을 보여주었다. 13년 후에 그는 「자기의 치료」

(1984)란 책에서 치료 과정에 대한 개념을 확장시켰다.

코헛은 고전적인 전이 신경증에 대한 분석 작업과 비슷한 방식으로, 자기애적 장애의 임상 작업을 전이가 일어나는 시기와 전이가 일어난 후 이를 극복하는 시기로 구분하였다. 첫 번째 기간에는 꿈이나 다른 연상들에서 볼 수 있듯이, 이상화 전이가 활성화되는데 대한 저항, 전이가 활성화되는 것에 대한 두려움 등이 많이 나타난다. 그 중 얼마는 이상화된 초기 대상의 성격이 냉담하고 신뢰할 수 없고 예측할 수 없었던 사실에서, 그리고 외상적 경험에 또 다시 노출될 것에 대한 환자 자신의 두려움에서 기인한다. 저항을 일으키는 또 다른 두려움은 이상화된 대상과 융합하고픈 소망이 생기면서 자신의 성격을 상실할지 모른다는 환자의 불안에서 기인한다.

코헛은 다음과 같은 기법을 제안하였다:

> 분석가는 이와 같은 여러 저항들이 있다는 것을 인정하고, 이를 따뜻하게 이해해주고 환자에게 저항에 대해 해석해 주어야만 한다. 그러나 일반적으로 분석가는 환자에게 확신(reassurance)을 제공해주는 것 외에는 아무 것도 할 필요가 없다. 대체로 분석가가 조급하게 전이를 해석하거나 … 혹은 다른 해로운 행동으로 방해하지만 않는다면, 환자의 퇴행은 자발적으로 일어나게 될 것이다. 프로이트가 전이 신경증을 분석할 때 분석가의 적절한 태도라고 주장했던 것은 대체로 자기애적 성격 장애의 분석에도 적용될 수 있다 …
>
> 여기에서 내가 강조하고 싶은 것은, 때때로 분석가가 환자에게 지나친 친절을 베푸는 행동을 치료적 동맹 관계를 형성하기 위한 것이라고 정당화하지만, 이것은 전이 신경증

의 분석에서 그렇듯이 자기애적 성격 장애의 분석에서도 권장할 만한 것이 아니다. 전자의 경우에, 환자는 그 행동을 유혹적인 것으로 받아들이기 쉬우며, 이것은 또한 전이가 만들어내는 허구물이 되기 쉽다; 자기애적 성격 장애의 경우, 예민한 환자는 유별나게 친절한 분석가의 행위를 생색내는 행위로 여기기 쉽다. 이때 환자는 자존심을 상하게 되며, 점점 더 고립되고, 의심(원초적 형태의 과대적 자기로 후퇴하는 환자의 성향을 증가시키는)이 깊어지며, 이에 따라 환자의 자발적이고 특정한 퇴행 과정이 방해받는다 (Kohut 1971, 130쪽 이하, 88-9쪽).

고전적 분석 기법을 사용하는 비판가들은 코헛이 환자들에게 지나치게 친절한 태도를 보여준다고 자주 비판하였다. 코헛이 그러한 태도를 보여줌으로써 환자의 무의식적 소망을 만족시켜주려 했다고 한다는 것이다. 이런 비판은 코헛의 기법에 대한 오해에서 유래한 것으로서, 그들이 분석가의 인간적인 반응과 무의식에 존재하는 리비도적 소망 충족을 혼동하고 있음을 보여준다. 이미 보았듯이, 코헛이 제안한 새로운 기법은 기본적으로 전이 신경증과 자기애적 장애의 치료에 모두 적용할 수 있는 것이다.

코헛은 자기애적 장애의 극복 과정이 어떻게 시작되는가를 서술한다. 이 과정은 오직 병리적 특성을 지닌 자기애적 전이가 일어나고, 이상화 대상과의 융합에 근거한 자기애적 평형이 성취된 뒤에 일어난다. 이상화된 자기대상인 분석가와의 유대가 흔들리지 않을 때, 환자는 스스로를 온전하고, 만족스럽고, 매력적이고, 창조적인 존재로 느낀다. 극복 과정은 둘 사이의 유대가 방해받게 되면서 시작된다. 이와 같은 장애는 분석가와 환자 사이의 유대를 방해하는 사건에서 비롯된 것이지, 전이 신경증의 사례에서

처럼 분석가에게 향한 공격적 소망에 대한 무의식적 반응에서 비롯된 것이 아니다.

분석가와의 자기애적 유대가 붕괴될 경우, 환자는 실망하고 분노하면서 차가워지고 냉담해진다. 이때 환자가 경험하는 실망감은 질병이나 사고로 인해 자신의 신체에 대한 통제를 잃어버렸을 때 경험하는 것과 유사하다. 유대의 붕괴가 일어나기 전, 환자는 자기대상인 분석가를 자신의 신체를 통제하듯이 완전히 통제하고 있다고 믿는다. 환자는 유대가 깨어질 때 자기대상인 분석가를 통제할 수 없다는 사실을 절실히 깨닫게 된다. 이상화 전이에서 일어나는 퇴행에서, 환자는 분석가를 분리되고 독립된 인간으로 경험하지 못한다. 따라서 환자가 분리를 경험하게 될 때, 의기소침해지거나 격노와 같은 반응이 촉발된다. 여기에는 분석가의 휴가, 분석가의 태도가 냉담하게 느껴질 때, 즉각적인 이해가 부족할 때, 면담 일정의 변경, 주말 기간의 이별, 지각 또는 심지어는 환자에게 유리한 일정 조정 등이 포함된다.

만약 심리치료가가 이러한 전이의 발달적 성질을 이해한다면, 관찰자에게는 아무리 그것이 경미한 것으로 보일지라도, 유대의 붕괴에 대한 환자의 불만을 인식할 수 있을 것이다. 전이의 원초적 특성은 분석가와의 유대가 붕괴될 때 느끼는 환자의 경험을 설명해준다. 자기애적 장애를 효과적으로 치료하기 위해서, 치료자는 환자의 자기애적 애착의 수준에 맞추어 환자에게 공감해줄 필요가 있다.

자기심리학의 치료에서는 분석가와의 유대 붕괴에 따른 환자의 반응이 중심적인 문제로 다루어진다. 유대의 붕괴가 일어났을 때 코헛이 권하는 기법은 이런 붕괴를 촉진시킨 외부의 사건을 가능한 한 정확하고 자세히 조사하고 나서, 문제를 발생시킨 특정한 상호 작용의 심리적 의미를 탐구하는 것이다. 코헛은 G씨의 분석 과정에서 일어난 짧은 이야기를 통해서 그가 제시하는 기법을 설명한다. 여기에서 그는 환자가 자기애적 상처에 민감하다는 사실을 이해하는데 필요한 공감의 수준을 보여주고 있다. 한번은 면담 중에 코헛이 일주일 동안 다녀올 데가 있다고 말하자, G씨는 화를 내며 냉담하고 무관심한 태도로 반응했다. G씨의 반응을 이해하려는 시도로서, 코헛은 다가오는 이별에 초점을 맞추어 탐색하고 해석했으나, 그것은 효과가 없었다. 결국 코헛은 그가 무엇 때문에 기분이 상했는지 그 이유를 그에게 설명하는 실수를 저질렀다. 코헛은 G씨에게 다가올 이별에 대해 통보할 때, 이전의 경험에 근거해서 G씨가 자주 전화를 하는 등 강한 반응을 할 것이라고 예상했다. 환자가 이별에 대한 통보에 반동적으로 반응할 것을 예상하며 마음을 단단히 먹고 있었고, 따라서 '이제 또 다시 치료를 쉬게 됐다'고 긴장된 말투로 이야기했는데, G씨는 코헛의 말투에서 이전에 자신이 경험했던 무한히 공감해주던 대상을 상실했다는 느낌이 들었다. 분석 과정에서 그들의 관계가 불편해진 정확한 이유를 발견했을 때, G씨는 마음의 평정을 되찾았으며, 이상화된 자기대상과의 애착을 재확립하게 되었다.

코헛이 자기애적 장애를 가진 환자의 치료 과정에서 본질적인 내용에 해당된다고 믿는 '비교적 간단한 몇 가지 원리들'(1971, 94쪽)은 다음과 같다:

전이 신경증의 분석에서 보편적으로 드러나는 상황과는 대조적으로, 자기애적 성격 장애의 분석에서 드러나는 주요한 극복 과정(working through)은 억압을 해체시키기 위하여 자아와 초자아의 저항을 극복하는 것이 아니다. 비록 여기서도 그러한 저항이 일어나긴 하지만 … 이 극복 과정의 본질적인 부분은 자기애적으로 경험된 대상 상실에 대한 자아의 반응과 관계가 있다 … 그러나 이상화 전이의 핵심적인 극복 과정은 자기애적인 정신 에너지가 투자된 최초의 대상에게서 자기애적 리비도를 점진적으로 철수시키는 것을 목표로 한다: 이렇게 함으로써 리비도의 집중이 대상의 표상과 그 활동에서 정신 기구와 그 기능으로 옮겨지게 되고, 따라서 새로운 심리 구조와 기능이 형성되게 된다(Kohut 1971, 95-6쪽).

1971년에 코헛은 자기애적 성격 장애 환자에 대한 분석적 치료의 핵심이 극복 과정을 구성하는 특정한 요소에 있다고 간주했다. 이 특정한 요소는 분석가와의 유대에서 감당할 만한 정도의 실망이 발생하며, 이상화된 자기대상에 투자했던 자기애적 에너지의 철수가 뒤따르고, 변형적 내재화의 과정을 통해 심리 구조가 건설되는 것을 가리킨다.

극복 과정을 촉진시키는 치료적 반응은 이상화된 분석가와의 유대가 깨질 때마다 분석가와 환자 사이에서 발생하는 상호작용을 신중하면서도 세밀하게 탐구할 때 나타난다. G씨의 사례에서처럼, 유대가 깨지게 된 이유를 정확하고 올바르게 이해해야만, 이상화 전이가 재확립되고, 환자는 유대가 붕괴되게 된 심리적 역동을 이해하는데 빛을 던져주는 기억을 되살려낼 것이다. 이런 극복 과정은 심리 구조의 형성을 도와주며, 분석가의 부재로 인해 발생하는 긴장을 감당할 수 있는 능력을 증진시킨다. 시간이 지나면서 이상화된 자기대상이 점차적으로 포기될 때, 이상화가 서서히 깨지면서 변형적 내재화로 인도하는 과정이 진행된다.

코헛은 이상화 전이에 대한 역전이 반응을 경고한다. 그는 '만약 분석가가 자신의 과대 자기를 해소하지 않는다면, 분석가는 자신의 무의식 속에 존재하는 과대적 환상을 강하게 자극하는 이상화에 반응하게 된다'(1971, 267쪽)고 말한다. 이때 치료자는 당혹감, 수치감, 자기 몰두에 빠지고, 환자의 이상화에 방어적으로 반응하게 된다. 치료자는 당황스러운 이상화를 차단하기 위한 노력의 일환으로, 그런 전이에 대해 조급한 해석을 할 수도 있고, 과거의 이상화된 대상에게로 관심을 돌리거나, 또는 이상화를 적의에 대한 방어로 해석할 수도 있다. 치료자 편에서 나타나는 이와 같은 방어적 반응은 심각한 결과를 가져온다. 이런 반응은 이상화의 발생을 막으며, 이상화된 부모 원상의 활성화를 좌절시키고, 자기애적 성격 장애를 치료하는 분석 과정의 진전을 방해한다.

코헛은 환자의 이상화로 인해 치료자의 교정되지 않은 과대주의가 자극되는 역전이 반응에 대해서는 서술하지 않았다. 만약 치료자가 어린 시절에 '놀라움에 빛나는 어머니의 눈길'에 대한 욕구를 충분하게 충족하지 못했다면, 그 치료자는 자기를 고양시키는 이상화의 요소에 병리적으로 집착할 수 있을 것이다. 만약 이런 반응이 인식되지 않는다면, 심리치료에 심각한 문제가 생길 수 있다.

임상 사례

심각한 병리적 형태들은 임상 사례로서 유용하게 사용될 수 있다. 한 예로서 나의 환자인 존의 사례를 제시하겠다. 23세의 백인 남자인 이 환자는 어떤 착취적인 남자에 대한 이상화 전이에 사로잡혀 있었다. 나는 두 가지 이유로 이 환자의 사례를 제시하게 되었다. 하나는 이 사례를 통해서 이상화된 부모 원상의 발달 정지란 개념을 좀더 다뤄보기 위한 것이며, 다른 하나는 자기심리학적 지향을 가진 정신역동적 심리치료가 어떻게 상처 입은 자기를 원래의 발달 경로로 되돌아오게 돕는가를 보여주기 위한 것이다.

존은 치료받으러 오기 3년 전인 대학 1학년 때 만난, 자기보다 나이 많은 남자와의 관계 문제로 도움을 청했다. 이 관계 이전에 그는 집에서 멀리 떨어진 대학 생활에 적응하느라 힘겹게 노력하고 있었다. 그는 이 과도기를 젊은 여자를 만나 잘 보낼 수 있었으나, 그녀는 갑작스럽게 그의 곁을 떠났다. 존은 마음이 미칠 정도로 산란해진 상태에서 엘리엇이라는 카리스마가 있는 연상의 남자를 만났다. 존은 여자 친구가 떠난 후에 멍해지고 혼동스러웠지만, 엘리엇이 거의 종교적인 믿음에 가까운 자신의 솔직함과 개방성을 지지한다는 말을 듣고는 다시 온전해졌다고 느꼈다.

엘리엇은 정착하지 못하고 여기 저기 떠돌아다니고 있었는데, 존더러 자기와 함께 다니자고 제안했다. 존은 엘리엇이 의지가 될 것 같아 그의 제안을 받아들였다. 그리고 그들은 여기 저기를 떠돌아다니다가, 종국에는 한 장소에서 수익성은 있으나 불법적인 사업을 시작했다. 얼마 후 엘리엇은 자신이 캘리포니아로 가 있는 동안 그 사업을 관리하도록 존을 설득했다. 존은 최저 생활비만 남기고는 모든 수입을 엘리엇에게 보냈다. 존에게 있어서 엘리엇과의 유대는 결정적인 중요성을 갖고 있었고, 그는 엘리엇의 위로를 받기 위해 온전히 사업에 헌신하였다. 존은 항상 자신에게 복종하지 않으면 떠나겠다고 위협하는 엘리엇에게 매일 5-6회의 전화를 걸어 마음의 평정을 유지하고 있었다.

존이 치료를 받기 위해 방문했을 때, 그의 삶은 엉망이었다. 그는 엘리엇과의 의존 관계를 유지하기 위해 자신의 모든 삶을 헌신했고, 수없이 전화를 했다. 그에게는 잠자는 시간이 전부였고 그 외에는 아무 것도 없었다. 존은 엘리엇을 일년에 두 번 방문했으며, 두 번째 방문기간에 존이 도움을 요청하게 된 '문제'가 일어났다. 우리는 그 문제를 면밀히 탐색하고 나서야 엘리엇의 폭군적인 요구들이 존을 초조하고 불쾌하게 만들었다는 것을 발견하였다. 그러나 존의 느낌은 힘있는 것이 되지 못했고, 존은 심리치료의 도움을 받아 엘리엇의 요구에 순응함으로써, 그와의 관계를 유지할 수 있기를 희망했다.

나는 존이 느끼는 속박의 심리적 역사를 이해하기 위해서 그의 가족 이야기에 관심을 기울였다. 존은 다섯 형제 중의 셋째였으며, 치료 초기엔 그의 가족에 대해 이야기할 게 아무 것도 없었다. 종국에 우리가 알게 된 바에 의하면, 그의 어머니는 앞서 제시했던 A씨의 엄마와 같이 공허감으로 인해 자녀들의 정서적 삶에 조율할 수가 없었다. 그의 어머니는 자기 자신의 공감 능력의 결핍으로 인해 자녀들의 마음이 혼란스러울 때 위로해줄 수 있는 능력이 거의 없었다. 이러한 어머니의 조율 능력의 결핍으로 인해, 존은 자신의 내면 생활을 처리할 수 있는 능력에 만성적인 취약성을 갖게 되었다.

이러한 엄마의 자녀들은 그러한 결핍에 대한 보상책으로 그들의 아버지에게로 향한다. 만약 아버지가 엄마가 해주지 못했던 정서적 조율을 제공할 수 있다면, 중요한 심리 구조가 형성될 수 있었을 것이다. 존의 아버지는 제재소에서 일꾼들을 부리는 십장으로서 일했던 사람으로서, 존의 삶에 매우 중요한 인물이었다. 존은 아버지에 대해 자부심을 갖고 있었고, '아버지가 일하던 제재소'를 방문하는 것을 즐겼다고 회상했다. 그러나 존의 청소년기가 시작되면서, 그 제재소는 문을 닫았고, 그의 아버지는 직업을 잃고 심각한 우울증 상태에 빠지게 되었다. 존은 아버지가 감정적으로 쉽게 상처를 받는 연약한 사람이라는 사실을 알아차리고, 아버지의 보호자가 되었다. 그의 아버지가 침울해 할 때, 존은 자신이 필요로 하는 안정되고 이상화된 자기대상을 상실하였다. 그러나 그는 은밀하게 자부심과 완전함을 느끼게 했던 강한 아버지를 열망했다. 보상적 기능을 담당한 부모에 대한 탈이상화가 갑작스럽고 과도하게 이루어질 때, 아이들은 심리 구조 건설의 두 번째 기회를 상실하게 된다. 이러한 상황에 처한 아이는 광범위한 영역에서 정서적으로 취약한 상태에 빠지게 되는데, 존이 그러한 경우였다. 그가 청소년기 전반기에 경험한 이상적인 아버지를 상실한 외상은 존에게 안정시켜주는 이상화된 자기대상에 대한 강렬한 욕구를 남겨주었다. 존은 이러한 취약성으로 인해 강한 신체를 가진 체육 선생이나 다른 이상화된 남자들을 좋아하게 되었고, 그러한 자기대상과의 유대를 확립하기 위해서 그들의 마음에 들려고 애를 썼다.

이러한 병리의 역사는 존이 대학에 다니기 위해 집을 떠났을 때, 그의 삶에서 반복되었던 것 같다. 그는 과도기를 잘 지내도록 도와준 한 여자를 만났으나, 그녀가 그를 위해 수행해 주었던 심리적 기능을 포기하자, 그의 마음은 미치도록 혼란스러웠다. 그래서 존은 다시 한번 자기 자신을 안정시키기 위해 이상화된 사람에게 의지했다. 그러나 결과적으로 그는 큰 피해를 입게 되었다. 존의 강한 욕구는 자신의 진정한 감정을 상실하는 결과를 가져왔을 뿐만 아니라, 그것과 결합해서 이상화된 대상인 엘리엇에게 사로잡히게 만들고 말았다.

나는 존의 치료를 맡으면서 몇 가지 관심을 갖고 접근했다. 첫 번째 관심은 다른 무엇보다 진단의 문제였다. 무질서한 존의 삶은 혼란스러운 내면 세계를 보여주고 있었다. 나는 다음의 두 가지 영역에 초점을 맞추어 진단을 위한 질문을 했다. 곧 경계선적 성격이라고 불리는 잠재적 정신증을 앓고 있지는 않은가, 또는 그의 내면 구조가 안정되어 있긴 하지만 발달이 정지된 상태는 아닌가 하는 물음이었다. 초심리학의 용어로 표현하자면, 나의 물음은 내적 대상이 불충분한 구조를 가지고 있지는 않은가, 또는 이상화된 부모 원상이 안정되어 있긴 하나 초기 발달 단계의 형태에 얼어붙은 것은 아닌가이다. 만약 이상화된 자기애적 구성물이 구조를 갖고는 있으나 발육이 정지되었다면, 정지된 부분의 성장은 치료적 상황에서 안정된 전이의 재활성화를 통해 회복될 수 있을 것이다. 다른 한편으로, 만약 내적 대상의 구조가 불충분할 경우, 전이가 안정되지 않아 성장이 재개될 수 없을 것이다. 이와 같은 상황에서 치료의 목표는 방어를 지원하고 과도하게 자극적인 경험을 막아주는 것이 될 것이다.

존의 내면 세계의 특성이 분명치 않고, 정서를 관리할 능력이 있는지 불확실하였으므로, 나는 강한 퇴행을 자극하는 치료 기법을 사용하지 않았다. 나는 일주일에 한번씩 심리치료 면담을 가짐으로써 존의 경험의 강도를 조절했다. 내 예상과는 반대로 그리고 나 스스로도 놀라울 정도로, 이 치료는 혼돈에 빠지지 않고 정기적으로 9년이나 지속되었다.

분석 작업 초기에는 존이 직면해 있던 실제적인 삶의 위기들과 엘리엇과의 관계에서 경험하는 '문제들'에 초점을 맞추었다. 나는 비판적이지 않은 태도로 상처를 받지 않으려는 존의 욕구를 지지해주는 옹호자가 되었다. 나는 그가 하고 있던 일이 불법적인 성격을 띠고 있었지만, 그것에 대해 도덕적인 입장을 취하지 않았다. 존은 얼마 지나지 않아 자신의 삶에 존재하는 위험에 대해 서서히 인정하게 되었고, 자신이 현실적으로 얼마나 위험한 상황에 처해 있는가를 인식하게 되었다.

우리들은 엘리엇을 공격하지 않으면서, 그들 관계의 문제를 탐색해 갔다. 나는 엘리엇이 폭군적인 사람이란 존의 경험을 인정해 주었으며, 그가 느끼는 '긴장'은 까다롭고 요구가 강한 사람에 대한 자연스런 반응이라고 말했다. 나는 그런 '긴장'은 건강하고 정상적인 것이며, 자신의 느낌을 신뢰하지 못하는 존의 무능력이 문제라고 말했다.

존은 엘리엇이 어떻게 자신을 착취해왔는가를 점진적으로 깨닫게 되었다. 약 이 년간의 비해석적이고, 무비판적이며, 현실-지향적인 작업을 마친 후에, 존은 자신이 자유롭고 싶다는 소망을 갖고 있다고 말하게 되었다. 그가 엘리엇을 떠날 경우 엘리엇이 보복하지 않을까 염려했으나, 그가 전화 연락을 끊자 엘리엇은 아무 문제없이 그를 떠나갔다. 치료 과정이 순탄치 못할 것이라는 내 염려는 기우에 지나지 않았음이 밝혀졌다. 치료는 심각한 장애 없이 순탄하게 진전되어 갔다. 이런 놀라운 치료의 진전을 어떻게 설명할 수 있을까?

나는 오랜 시간에 걸쳐 존은 나와 서서히 이상화 전이를 형성하였으며, 이것이 그로 하여금 안정적인 애착에 대한 욕구를 갖게 했고, 또한 그의 삶 속에서 엘리엇을 떠나보내게 했다고 믿고 있다. 안정된 전이를 형성할 수 있는 존의 능력이 초기의 진단적 질문에 대한 답을 제공한 셈이다. 성장의 회복에 필요한 필수적인 구조는 현존하고 있었으나, 성장은 정지되어 있었다. 그러나 이 시점에서 구조적 변화는 일어나지 않았다. 이상화된 대상에 대한 존의 애착 욕구는 여전히 존재했다; 단지 그의 대상 선택이 변했던 것이다.

진단에 관한 질문이 해결되면서, 나는 존이 강한 정서를 감당해내는 능력이 있다는 확신이 섰고, 그가 이상화 전이에 적극적으로 참여해도 안전할 것이라고 느꼈다. 이러한 작업의 기회는 존이 정규 직업과 대학 복학에 대해 고려하던 중에 주어졌다. 나는 이런 생각들의 일부가 전이와 관련된 것이 아닐까 하는 궁금증을 갖게 되었다. 나는 적절한 시간에 이상화된 자기대상과의 결속을 유지하기 위해 대상을 기쁘게 하려는 존의 욕구에 대한 주제를 꺼냈다. 나는 이렇게 물었다: 정규 직업을 갖고 학교에 복학하려는 생각이 혹시 나를 기쁘게 해주려는 욕구의 일부분이 아닐까?

존은 그렇다고 인정하였다. 그는 만약 그가 정규적인 직업을 갖고 학교에 복학한다면, 내가 그런 그의 노력을 높이 평가해주고, 치료자인 나로 하여금 보람을 느끼게 할 수 있을 것이라고 생각한다고 말했다. 그는 여전히 자신의 자기대상에게 지불해야 할 것이 있다고 믿고 있으며, 단지 통용되는 화폐의 형태가 바뀌었을 뿐이다. 곧 그는 자신의 자기대상의 관심이 돈으로부터 치료적 포부에로 변했으며, 따라서 새로운 형태의 대가를 지불해야만 한다고 추정하고 있었다. 그는 엘리엇의 욕구를 나의 욕구로 대체해야 했다.

우리는 이성와 진이의 존재를 인식하고 나서, 친친히 조심스럽게 이 전이의 특성과 의미를 탐색하였다. 이런 탐색의 기회는 전이의 결속력이 중단될 때마다 제공되었다. 이런 기회는 대체로 나의 휴가나, 내가 약속을 취소하거나, 다시 일정을 잡으려 할 때에 생기곤 했다. 이런 중단은 또한 내가 딴 생각을 하느라 주의가 흐트러져 있을 때에도 일어났다. 존은 이런 유대의 방해가 일어나는 동안에 안으로 움츠러들었다. 그는 슬프고 무기력한 모습으로 조용히 화를 내었다. 이에 대한 반응으로 처음에 나는 그로 하여금 자신의 음울하고 무기력한 기분을 확인시키고 분명하게 표현하도록 도왔다. 그가 좌절 상태에 있다는 것을 깨닫게 한 후에, 나는 우리의 교류에 대한 면밀한 탐구를 통해 그로 하여금 무엇이 그런 좌절을 촉발시켰는지 발견하도록 돕고자 노력했다. 우리가 좌절을 표현하고 그 원인을 파악하고 나면, 전이의 유대는 회복되곤 했다. 무수히 반복된 이런 작업을 통해, 그는 자신이 온전함과 살아있음을 느끼기 위해 중요한 사람에 대한 애착 관계가 필요하다는 사실을 깨닫게 되었다. 그와 동시에, 그는 그에게 활력을 주는 이런 유대가 깨질 때 자신이 죽을 것 같은 느낌을 갖는다는 것도 인식하게 되었다. 처음에 그는 이런 사실을 알게 되면서 무척 놀라워했다. 결국에 그는 자신의 욕구의 강도가 어떻게 그를 취약하게 했고, 어떻게 그 자신의 중요한 부분을 포기하도록 강요했는지를 이해하게 되었다. 우리는 존의 성격 내부의 이상화된 영역을 상세하게 다루었다. 시간이 지나면서, 코헛이 서술한 내재화의 과정을 통해서 존은 천천히 내가 그에게 제공한 심리적 기능을 내재화할 수 있었다.

결국 존은 그 지역에 위치한 대학에 지원하여 입학을 허락 받았다. 그는 공부를 열심히 했고, 졸업해서 좋은 일자리를 구했다. 이때 운동에 관한 그의 옛 관심이 되살아났는데, 이것은 존의 자발적인 추구였음이 분명했다. 왜냐하면 그는 나를 신체 활동에는 관심이 없는 '지적인 유형'의 사람이라고 생각하고 있었기 때문이다. 자기 주장을 할 수 있는 신체적 자기가 출현하면서, 그는 나와 싸우는 환상을 가졌다. 그는 자신의 자기 주장성으로부터 연약한 아버지를 보호해야 한다는 욕구를 가졌던 일을 기억해냈으며, 그의 강함이 나를 위협하지 않았다는 사실을 다행스러워했다. 존은 우리의 치료 작업에서 자기 주장을 자유스럽게 표현하게 되면서, 바깥 세계에서 더욱 강하게 자기 주장을 표현할 수 있게 되었다. 그는 대학을 졸업한 후에 적극적으로 직업을 찾았고, 상당히 전망 있는 직업을 얻을 수 있었다.

존은 자신이 관계에서 취약성을 갖고 있다는 사실을 인식하고 나서, 치료 작업의 초기에 자신이 정신적으로 강해질 때까지는 이성 관계를 피하기로 결정했다. 여러 해가 지난 후, 그는 상처를 덜 받을 수 있다고 느끼면서, 이성과의 만남을 갖기 시작했다. 결국 한 여자를 만났고, 그들의 관계는 진지한 것으로 발전했다. 그는 결혼할 준비가 되었다고 느꼈으나, 그녀가 두려움을 느끼고 달아났다. 이 상실은 존이 그간 획득한 것을 시험하는 계기가 되었다. 왜냐하면 우리가 기억하듯이, 그의 첫 퇴행이 여자가 그를 거부했을 때 촉발되었기 때문이다. 존은 정신적으로 심각하게 동요되었으나, 상실을 극복하는 과정을 거쳐 심각한 퇴행을 겪지 않고 그 상처를 극복하였다.

그로부터 얼마 지나지 않아 존은 치료를 종결할 때가 왔다고 느꼈다. 나도 치료를 떠날 준비가 되었다는 그의 생각에 동의했으나, 이번에는 나의 동의가 그를 동요케 했다. 그는 내가 그를 배려하지 않는다고 느꼈고, 그의 아버지가 그를 엘리엇과 함께 떠나도록 아주 쉽게 허용했음을 기억해냈다. 그 당시 그는 아버지가 자신을 떠나지 못하게 붙잡아주길 바랬으며, 지금은 내가 그를 붙잡아주기를 비꼈다. 그러니 존은 그것을 포기했다. 왜냐하면 만약 내가 그를 떠나지 못하게 한다면, 그것은 나의 욕구를 위해서이지 그의 욕구는 아니며, 지금 그는 자신의 삶을 스스로 살기를 원하고 있다는 것을 알고 있기 때문이었다.

존은 치료의 종결 과정을 성공적으로 해냈고, 큰 어려움 없이 떠났다. 그는 여러 해 동안 몇 번 나를 보기 위해 다시 찾아 왔다. 그는 아주 잘 살고 있으며, 상당히 훌륭한 기술을 가지고 인생의 바다를 항해하고 있다. 심리치료는 일주일에 한번씩 9년 동안 진행되었으며, 존은 그의 성격에서 문제 영역이었던 이상화 영역을 복구할 수 있었다.

제 6 장

자기의 분석Ⅱ: 과대 자기

코헛은 자기애적 성격 장애의 치료 과정에서 첫 번째로 활성화되는 무의식의 구조인 이상화된 부모 원상에 이어, 두 번째로 활성화되는 무의식의 구조인 과대 자기에 대해 설명한다. 코헛의 설명에 의하면, 과대 자기는 자기 안에 완전하다는 느낌을 창조함으로써 잃어버린 행복한 상태를 회복하려는 아이의 두 번째 노력의 산물이다. 아이는 이런 노력을 통해 모든 불완전함을 외부 세계로 돌린다. 이러한 두 가지 구성물, 곧 이상화된 부모 원상과 과대 자기는 자기애의 발달 과정에서 동등한 비중을 가지며, 동시에 생성되고 성숙해 가는 것이다. 위의 두 구성물 중에서 과대 자기(전능감과 과시주의를 담고 있는)를 더 원초적인 것이라고 생각하는 경향이 있는데, 이것은 또 다른 가치-지향적 편견을 드러내는 것이다. 어떤 사람에게는 이상화된 부모 원상보다 과대 자기가 더 큰 비중을 차지하는 일이 종종 있으나, 이것은 어린 시절에 경험한 외상이 된 사건의 특성과 그 발생 시기에 달려있다.

전능감, 과대주의 그리고 과시주의적 자기애는 과대 자기의 두 드러진 모습이다. 이런 측면들은 아이의 과대주의가 용납되고 부모가 이런 모습을 즐겁게 여길 때, 변형되기 시작한다. 아이가 과대주의와 전능감을 드러내며 그러한 자신을 반영해주기를 요구할 때, 부모가 그 요구에 호의적 반응을 보인다면, 그 아이는 결국 버릇없는 과시적 요구와 과대적 환상을 철회하고, 자기 현실의 한계를 인정하게 되며, 그의 과대 자기의 요란한 요구들은 현실적인 기능과 현실적인 자존감이 가져다주는 즐거움으로 대치된다.

양육자의 성격이 아이의 심리 구조를 형성하는데 매우 중요한데, 그것은 양육자가 '대상을 통한 경로'를 따라 아이의 과대주의에 인상을 남기기 때문이다. 양육자의 비공감적 성격 또는 외상 경험으로 인해 아이의 최적의 발달이 방해받을 경우, 과대 자기는 성격의 구조로 통합될 수 없다. 양육자의 성격 때문이건 아니면 외상 경험 때문이건, 과대 자기는 원초적 형태로 지속될 것이며, 억압되거나 현실 자아에게서 분리되어 외부 세계의 영향을 받지 않을 것이다(도표 4.4참조).

나는 한 아빠와 두 살 짜리 아들이 함께 놀이하는 모습을 본 적이 있는데, 이것은 건강한 부모가 자신의 아이에게서 나타나는 정상적인 과대주의에 '아주 적절하게' 반응해주는 모습이었다. 이 놀이에서 소년은 아버지의 손바닥 위에 똑바로 서기를 시도했다. 어린 소년은 아버지의 쭉 뻗은 손바닥 위로 기어올라서 잠깐동안 몸의 균형을 잡은 후에 똑바로 섰고, 마치 키가 큰 사람처럼 되었다. 아버지는 "세계 챔피언!!!"이라고 자랑스럽게 외쳤으며, 소년은 얼굴 가득 함박 웃음을 머금고 머리 위로 팔을 쭉 뻗어 승리자의 기쁨을 만끽했다. 소년이 아버지의 팔에서 뛰어내려 아주 기쁜 표정으로 아버지의 품에 안기기 전까지 그들은 일심동체가 되었다.

이 놀이는 아버지가 아들의 과시적 자기애에 반응해주고 실제적으로 지원해 준 멋진 예이다. 아들의 과대주의를 아버지가 기분좋게 인정해줌으로써 소년의 과시주의는 원활하게 그의 자기 안으로 통합되는 과정을 따를 수 있었다. 아버지는 소년의 과대주의를 인정해주고 받아들이며 부드럽게 반영해주는 심리적 거울의 기능을 제공한 것이다. 아버지가 놀이에 참여하고 아들의 과대주의를 즐거워하는 것은 넘치는 과대주의의 강도를 완화시키도록 돕는다. 아버지는 소년의 자기애가 수치, 죄책감, 황당함이나 과도한 자극으로 인해 방해받지 않고 존재할 수 있는 일종의 안전한 놀이터를 창조해준 것이다.

이 부자지간의 또 다른 경험은 다른 종류의 거울 경험을 잘 보여주고 있다. 내가 군에 복무하고 있을 때, 앞서 말한 아버지와 아들이 나를 방문한 적이 있었다. 우리는 공군기지를 구경했으며, 규모가 큰 격납고에 들어가도 좋다는 허락을 받았다. 우리가 거대한 건물을 걸어서 통과하는데, 제트 비행기가 바로 우리 앞에서 이륙하였다. 그 소음 때문에 귀가 멍멍해졌다. 대지가 흔들리고, 굉음을 내는 엔진에서 열기가 뿜어져 나오면서 공기는 소용돌이쳤다. 이것은 우리 모두를 두려움에 떨게 만드는 경험이었다. 그 순간 '세계 챔피언'은 공포의 눈물을 머금었고, 아이의 과시주의를 후원해주던 아버지의 손이 이제는 아이를 들어 품에 안고 다른 종류의 포옹을 해주었다. 비록 기쁨의 포옹은 아니었지만, 아버지는 아이를 안아줌으로써 챔피언의 두려움을 인식하고 수용해주었다. 그는 얼마 전에 아이의 과대주의를 지지해 주었던 것과 똑같은 힘으로 '챔피언'의 취약함을 지지해 주었다. 이러한 행동은 아이가 수치심이나 굴욕감을 느끼지 않도록 보호해주고, 아이의 공포를 수용해주는 효과를 낳는다.

거울 전이의 유형

치료 상황에서, 과대 자기는 코헛이 거울 전이(mirroring trans-ference)라고 부른 전이 형태로 활성화되고 경험된다. 도표 6.1은 코헛이 전이 신경증 전이에다 이상화된 부모 원상과 과대 자기를 추가하여 3개의 전이 유형으로 확장했음을 보여준다: 전이 신경증, 이상화 전이, 그리고 거울 전이.

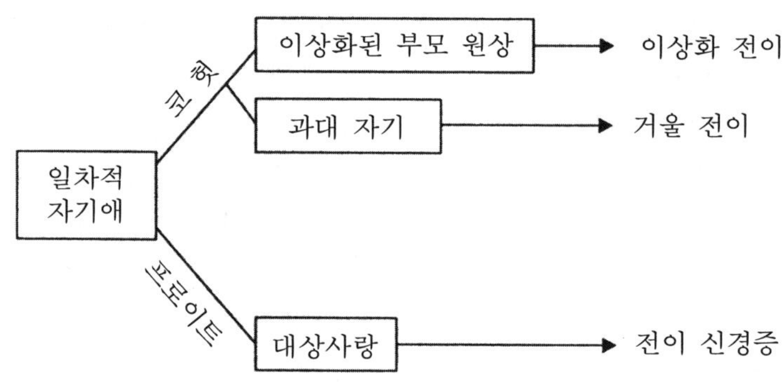

도표 6.1 전이 유형들

발달론적 고찰

거울 전이는 과대 자기의 한 표현이다. 코헛은 거울 전이를 세 가지 유형으로 분류하였다. 이 세 가지 거울 전이는 발달 과정에서 외상을 경험하는 시기에 따라 각기 다른 형태를 취한다.

1. **과대 자기의 확장을 통한 융합**. 이러한 형태의 거울 전이는 아이가 발달 초기에 외상을 경험했을 때 발달한다. 임상 상황에서 환자의 과대 자기가 확장되어 분석가를 환자 자신의 일부로 경험하는 일이 발생하는데, 이때 분석가는 환자의 과대성과 과시주의를 담아주고 그것에 대해 반응해주는 존재로서 그 의미를 갖는다. 이런 경험을 통해서 환자는 치료자에 대한 무조건적 통제와 지배를 기대한다. 이것은 어린아이가 부모에게 기대하는 것과 똑같은 것이다. 이런 상황에서 치료자는 이러한 전이가 억압적이라는 사실을 발견하고, 이런 환자의 폭군적 태도에 저항하는 경향을 보이기 쉽다.

2. **제2자아(alter ego) 또는 쌍둥이 전이**. 융합 전이보다는 좀더 성숙한 발달 단계에서 외상을 경험했을 경우에 나타난다. 이때 임상 상황에서 표현되는 과대 자기는 대상으로부터 어느 정도 분리되어 있음을 보여준다. 환자는 치료자를 자신의 과대 자기와 비슷하거나 또는 거의 같은 존재로 경험한다. 다시 말해서, 환자는 치료자를 자신과 아주 많이 비슷하다고 가정한다. 코헛은 「자기의 치료」(1984)에서, 자신의 생각을 수정하여 제2자아 전이를 거울 전이와 구분되는 전이의 범주로 생각했다.

3. **좁은 의미의 거울 전이**. 이것은 가장 성숙한 형태의 거울 전이로서, 후기 발달 과정에서 마음을 상하게 하는 외상을 경험했을 경우에 나타난다. 임상 상황에서 환자는 치료자를 구별된 인물로 인식한다. 하지만 환자는 치료자가 자신의 과대 자기의 욕구에 반응해줄 때에만 그를 중요한 인물로 경험한다. 코헛은 이 거울 전이의 형태를 다음과 같이 설명하였다:

이것은 과대 자기의 정상적인 발달 국면을 치료적으로 반복하는 것이다. 정상적인 발달 단계에서 어머니는 눈빛을 통해서 아이의 과시적 표현을 반영해주고 … 아이의 자존감을 확인시켜준다. 그리고 이런 반응이 선택적이 되고 점진적으로 증가하면서 거울 전이는 현실적인 방향으로 변화하기 시작한다. 이 단계를 거치는 동안에 분석가는 어머니가 한 것처럼 환자의 자기애적 즐거움에 참여하고, 그것을 확인시켜 줄 때에만 중요한 대상이 된다(Kohut 1971, 116쪽).

코헛은 어머니와 아이 사이에서 오가는 시선—어머니와 아이가 서로를 바라보는—의 중요성을 알고 있었다. 아이는 자신의 과시주의를 보아주고 기쁨으로 참여해주는 어머니를 필요로 한다. 아이의 신체-자기(아이가 자신의 신체에 대해 느끼는 심리적인 자기 인식: 역주)에 어머니가 참여하는 것은 아이가 자신의 신체-온전성(body-wholeness)에 대한 인식을 형성해 가는데 중요한 역할을 한다. 코헛은 다음과 같이 말한다:

따라서 우리는 아이의 모든 것을 기뻐하는 어머니의 반응이 … 적절한 시기에 자체성애 단계에서 자기애 단계로, 즉 달리 말해, 파편화된 자기가(자기 핵의 단계) 응집적 자기로 발달하도록 … 지원해준다고 결론 내릴 수 있다 …

그러나 아이들은 신체 부분을 고립시키는 놀이도 즐긴다. 예컨대, 발가락을 세는 놀이가 이런 것이다: '이 작은 발가락은 시장에 갔고, 요 작은 발가락은 집에 있고 …' 이와 같은 놀이는 자기의 응집성이 아직 전체적으로 확고해지지 않은 시기에 파편화에 대한 두려움을 해결하기 위한 것으로 보인다. 그러나 깍꿍놀이에서의 분리불안처럼(Kleeman, 1967) 긴장은 계속 유지된다. 그리고 마지막 발가락에 이르러서는 공감적 어머니와 아이는 소리내어 웃고 포옹하며 하나가 됨으로써 파편화에 대한 두려움을 해소시킨다 (Kohut 1971, 118-9쪽).

과시주의적 자기애가 건강하게 충족될 때, 개인은 온전감과 행복감을 느끼게 되며, 자아 기능이 강화되고, 업무의 창의성이 증가된다. 그러나 코헛의 부연 설명에 의하면, 지나치게 일에 몰두하는 것은 자기애적 과시주의가 충족되지 못한 결핍으로 인해 야기된, 무기력 상태를 극복하기 위한 수많은 절박한 활동들 중의 하나이다. 과도하게 일에 몰두하는 것은 보통 사람들이 원인과 결과를 혼동하는 것과 같은 아주 일반적인 파편화 상태와 연관이 있다. 이런 상태에서, 일의 양을 늘려 무기력이 증가하는 것을 방어하려 하지만, 지나치게 일하는 것은 오히려 파편화를 촉진시키는 결과를 가져온다.

거울 전이가 일어나는 상황에서, 분석가는 자기애적 영역에서의 항상성 유지를 위한 핵심적 인물이 된다. 분석가가 경청하고 반영해주는 것은 자기의 응집성을 유지시켜 주는 역할을 한다. 거울 전이의 붕괴는 신체-마음-자기의 파편화로 인도하며, 고립된 신체-마음의 기능과 활동에 초점을 맞추게 한다. 이런 붕괴는 이상화 전이의 점진적 붕괴가 통찰을 유발시키는 것과 마찬가지로 치료의 기회가 되며, 과대적 환상의 극복 과정의 일부분이 된다. 코헛은 거울 전이를 세 가지로 분류했음에도 불구하고, 임상 효과는 모두 비슷하여 이 세 가지를 한데 묶어 거울 전이라고 불렀다.

발생론적-역동적 고찰

코헛은 거울 전이를 발생론적-역동적 고찰에 근거하여, 세 가지 유형으로 분류하였다. 첫째 코헛이 '일차적 거울 전이'라고 부른 전이는 과대 자기가 치료 과정 중에 활성화됨으로써 발달하는 전이이다. 둘째 '과대 자기의 반동적 활성화'인데, A씨의 사례에서 볼 수 있었듯이, 이상화 전이의 붕괴에 대한 반응으로 나타나는 전이이다. 여기에서는 완벽한 타자와의 융합을 통해 성취된 온전감이 흐트러지고, 완전함과 안전의 유일한 원천이 되는 외로운 자기에게로의 후퇴가 뒤따르게 된다. 당연히 적대감, 냉담, 무관심, 거만, 빈정거림과 침묵의 분위기로 나타나는 분노가 이 전이를 채색한다. 과대 자기의 상태에서 반동적인 상태로 급변하는 이러한 퇴행적 변동은 불가피한 일이기도 하다. 왜냐하면 어머니의 공감처럼 치료자의 공감도 완전할 수가 없고, 또한 이러한 퇴행이 치료상 바람직하지 않은 것도 아니기 때문이다. 이것들은 치료적 기회가 된다. 코헛은 퇴행된 상태의 내용을 탐색하기보다는 퇴행을 촉발시킨 사건의 의미가 무엇인지를 추구한다:

그러나 분석 작업은 작업이 가능한 자기애적 전이에서 후퇴한 퇴행 상태 그 자체에 초점을 두지 않는다; 따라서 원초적인 과대 자기의 내용이나 또는 환자의 건강 염려증과 수치 경험에 대한 고립된 해석은 무익한 것이며, 치료 기법상의 실수에 속한다. 그러나 현재의 전이 변동의 역동적 상황이 일단 명료화되면, 분석 과정 중에 일어나는 일시적 퇴행에 수반되는 아동기의 감정을 공감적으로 이해하여 환자에게 해석해주는 것을 피할 이유가 없다. 따라서 분석가는 환자의 현재의 건강 염려증적 염려와 어린 시절에 혼자 남겨진 채 보호받지 못하고 있을 때 경험했던 막연한 염려 사이의 유사성을 알아냄으로써, 환자로 하여금 그 염려의 발생론적 근원뿐만 아니라 자신의 현재 상태에 대한 더 깊은 의미를 이해할 수 있도록 촉진시킨다. 그러나 이때 분석가의 주된 과제는 여전히 전체적인 치료의 진행 과정을 인식하는 것이며, 그의 해석은 후퇴를 촉발시켰던 외상적인 사건에 일차적으로 초점이 맞추어져야 한다(Kohut 1971, 137쪽).

발생론적-역동적 고찰에 따른 세 번째 유형은 '이차적 거울 전이'로서 이것은 치료 과정에서 이상화 전이가 형성된 후에 나타난다. 이상화는 환자의 삶에 관한 이야기를 재구성하는 과정에서 요구되는 첫 걸음이다. 치료가 진행되면서, 치료자에 대한 이상화가 이루어진 상황 하에서 과대 자기의 발달 과정 초기에 발달이 정지된 요소가 거울 전이를 통해 표현되고 출현한다. 이상화 전이가 일어난 후에 드러나는 거울 전이는 과대 자기의 반동적 활성화와는 구별된다. 이 거울 전이는 붕괴에 대한 반동적 반응이기보다는, 전이 안에서 초기의 외상과 외상으로부터의 회복을 위한 시도를 차례로 나타내는 것이다.

임상 사례

코헛은 과대 자기의 반동적 활성화와 이차적 거울 전이의 차이를 입증하기 위해 K씨의 사례를 제시하고 있다. K씨는 젊은 남자로서 자신의 분석가를 단기간 이상화하는 경험을 하였으며, 그 후 오랜 기간 동안 뚜렷하게 거울 전이를 드러냈다. 그의 이야기를 재구성하여 코헛이 이해한 바로는, 분석가에 대한 단기간의 이상화는 K씨의 동생이 태어난 후에 그가 아버지를 이상화하는데 실패했던 과거를 반복하는 것이었다. K씨의 어머니는 한번에 한 아이만 돌볼 수 있었기 때문에, 어머니가 남동생을 돌보기 위해 그에게서 갑자기 철수하자, K씨는 어쩔 수 없이 그의 아버지에게로 향했다. 새로 태어난 아이에게 헌신하기 위해 이전에 어린 K의 모든 행동에 대해 무조건적인 감탄으로 반응해주던 어머니의 갑작스런 거부하는 태도는 K씨의 자기애에 치명적인 타격을 주었다. K씨는 이상화된 아버지에게 애착함으로써 자신을 안정시키려고 시도했으나, 그 시도는 아버지가 그런 이상화를 불편해함으로 인해 실패했다. K씨는 자신의 이런 회복의 시도가 좌절되자, 어머니가 전에 찬사를 보냈던 체육 활동의 과시적 표현을 통해 다시 어머니의 관심을 끌고자 했다. 과대 자기의 활성화를 가져오는 아동기의 이러한 이상화 시도는 분석 상황에서 반복되있다. 이처럼 과대 자기의 활성화는 공감의 실패로 야기된 과대 자기의 반동적 활성화와는 구별된다.

거울 전이의 치료 과정

코헛은 그의 방식대로 과대 자기의 극복 과정을 전이 신경증의 극복 과정과 비교했다. 전이 신경증의 치료 목표는 무의식에 존재하는 리비도적 소망에 대한 자아의 지배를 증가시키데 있다. 이 과제는 소망과 이와 관련된 방어들이 전이로 드러날 경우, 이를 해석해 줌으로써 성취된다. 이와 비슷하게 과대 자기의 원시적인 과시주의적 요구는 수직 분리나 억압하는 힘으로 인해 인식 영역 바깥에 머물러 있다. 이 때문에 과대 자기에게 부착된 건강한 자기애적 에너지는 자아와 관련된 활동과 현실적 성공을 위해 활용되지 못한다. 이런 자기애의 원천이 결핍된 현실 자아는 행복감을 느끼지 못하고 낮은 자존감으로 인해 고통스러워한다.

코헛의 기법적 접근을 이해하기 위하여, 도표 6.2에 있는 '수직 분리' 개념을 이해할 필요가 있다. 수직 분리는 성격의 중심 영역에서 분리된 성격의 한 영역을 가리킨다. 이것은 부정(disavowal)이라는 방어기제에 의해 유지되며, 수용할 수 없는 것을 인식하는 동시에 인식하지 못하게 한다. 이 방어기제는 개인 성격의 중심 영역의 가치와 배치되는 생각, 행위, 성도착 등의 정신 내용을 분리시키는 기능을 수행한다. 한 사람 안에 존재하는 많은 상반된 생각과 행동들은 이 수직 분리에서 기인한다.

과대 자기와 관련되어 있는 굴욕, 수치, 과도한 흥분에 대한 두려움은 수직 분리 영역에 내재되어 있다. 왜냐하면 이것들은 성격의 나머지 부분과 매우 다르기 때문이다. 도표 6.3은 과대 자기와 관련된 자기애적 장애의 수직 분리를 보여준다.

이러한 자기애적 장애를 치료하려면, 수직으로 분리된 영역 안에 있는 부정된 내용을 점차적으로 노출시킴으로써 그것들을 중심적인 성격 안으로 통합해야 한다. 이런 수직 분리를 치료하는 과정에서, 사람들은 전에 일시적으로 차단되었던 자신들의 내면과 접촉하게 되면서, 충격을 받고 크게 놀라워한다. 이때 그들은 '이것이 나란 말인가?' 또는 '이것이 어떻게 내 안에 들어와 있는가?'라고 말한다. 코헛은 치료 과정에서 드러나는 과대 자기를 설명하기 위해 환자 C와 D의 사례를 제공한다:

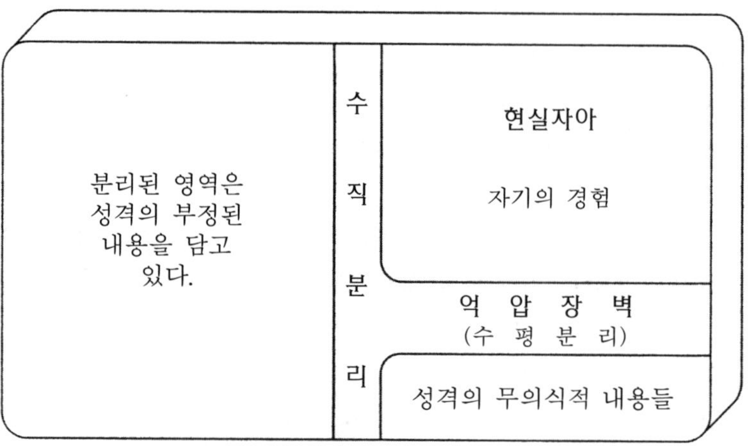

도표 6.2 수직 분리

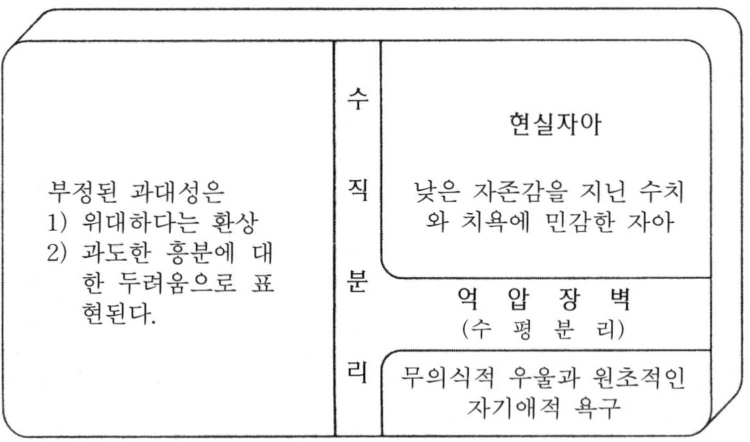

도표 6.3 부정된 과대성을 나누어 놓는 수직 분리

환자 C는 대중의 존경과 찬사를 추구하던 시기에 다음과 같은 꿈을 꾸었다: '꿈속에서 나의 후계자를 찾는 것이 문제였는데, 나는 나의 후계자로 하나님이 어떨까? 하고 생각했다.' 이 꿈은 부분적으로 유머를 통해 과대주의를 완화시키려는 시도가 어느 정도 성공한 결과이다: 그러나 이 꿈은 환자 안에 흥분과 불안을 불러일으켰으며, 환자는 새로운 저항감과 함께 자신이 하나님이라고 느꼈던 아동기 환상을 회상해냈다.

그러나 많은 경우에, 환자가 드러내는 환상의 핵을 구성하고 있는 과대주의는 단지 암시적으로만 드러난다. 예컨대, 환자 D는 도시에서 전차를 운전하는 상상을 했던 어린 시절의 기억을 회상하면서 강렬한 수치감과 저항감을 느꼈다. 꿈속에서 환자는 자신의 머리에서 나오는 '생각으로' 전차를 운전하고 있었으며, 이와 같은 마술적 영향력을 사용하고 있는 동안 그의 머리(분명히 그의 몸에 연결되어 있지 않은)는 구름 위에 있었다(Kohut 1971, 149쪽).

수직 분리가 해소되고 부정된 정신 내용이 드러나는 것은 대체로 치료의 전반부에 일어난다. 수직 분리가 해소되면, 이 분리를 지탱하기 위해 사용되던 에너지가 자유롭게 풀려나기 때문에, 자아가 강화된다. 이렇게 강화된 자아는 코헛이 '수평 분리'라고 부른 억압 장벽 아래에 보존되어 있는 과대 자기의 원초적 요소를 좀더 잘 다룰 수 있게 된다.

결국은 수직 분리와 수평 분리 밑에 숨어 있는 과대성이 활성화되고, 거울 전이와 연관된 과대적 환상이 노출되게 된다. 치료의 목표는 아름답고, 놀라우며, 뛰어난 존재로 알려지기를 소망하는 과대 자기를 전체 성격 안으로 통합해내는 것이다. 이러한 통합을 통해 전에 부정되었던 치욕스럽고 조잡하며 과시적인 자기 애가 수정되는데, 이것은 자존감을 향상시키는데 유익하다. 과대 적 환상이 분명하게 인식되지 않을 경우, 이것들은 자신이 특별 하고 독특하며 또는 고귀한 존재라는 주제로 자주 나타난다. 도 표 6.4는 수직 분리가 치료되어 과대성이 성격 안에 통합된 모습 을 보여준다.

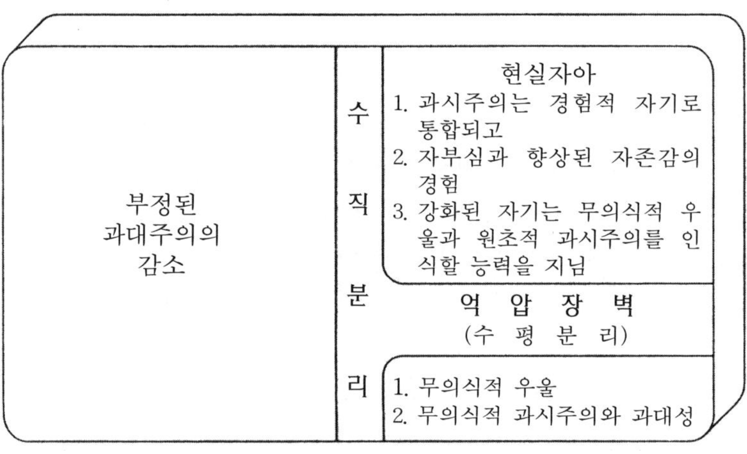

도표 6.4 수직 분리의 극복을 통해 부정된 과대성을 통합하기

자기애적 장애의 중심적 불안은 거세 불안이 아니라, 자기애적 구조와 관련된 강한 흥분이 침입하는 것에 대한 두려움이다. 이 런 개인들은 이상화된 자기대상과 융합함으로써 자기를 상실할 까봐 두려워한다. 이들은 고립된 과대성에 수반되는 영원히 고립 되는 것에 대한 두려움을 느끼며, 과시적 소망이 침범하는 것과 연관된 수치스러운 느낌과 자신에게 몰두하는 것에 대한 불안을 경험한다.

코헛이 제시하는 과대 자기의 장애를 치료하는데 필요한 기법적 조언들은 다음과 같다:

거울 전이의 극복 기간 동안에 … 환자는 분석가에게 단한가지 기능만을 부여한다: 환자의 과대성과 과시주의를 반영하고 공감하는 일 …

그러나 만일 분석가가 환자의 과대 자기의 요구를 수용해야 할 시기를 알고 있고, 환자에게 그러한 요구가 비현실적이라는 것을 강조하는 잘못을 저지르지 않는다면, 그리고 전이가 일어나는 초기 단계에서 환자의 그러한 요구는 적절한 것임을 수용하고, 그것들을 표현할 수 있어야 한다는 점을 환자에게 알려주고 이해해준다면, 그때 환자의 과대 자기의 충동과 환상은 점차 드러나게 될 것이며, 서서히 변화 과정이 시작될 것이다. 여기에서 거의 알아볼 수 없을 만큼 조금씩—종종 분석가 편에서의 어떤 특정한 설명도 필요없이—과대 자기는 현실 자아의 구조로 통합되고 자아의 에너지는 유용하게 사용될 수 있게 변형된다(Kohut 1971, 175-6쪽).

거울 전이에 대한 치료자의 반응

거울 전이에 대한 치료자의 반응은 전이의 특정 형태에 따라 좌우된다. 코헛의 진술에 의하면, 치료자는 환자의 과시적 행동을 인정해주는 말이나 존경하는 반응을 제공하는 자로서의 기능을 부여받으며, 환자는 좁은 의미의 거울 전이에서만 어느 정도 치료자의 존재를 분리된 대상으로서 인정할 수 있다. 발달적 측면에서 볼 때, 아주 초기에 출현하는 쌍둥이 전이와 융합 전이에서는 치료자의 존재가 독립된 객체라는 사실이 전적으로 망각되는 경향이 있다. 이와 같은 경향은 자기애적 욕구로부터 자유롭지 못한 치료자에게는 고통스런 경험이 될 수 있다. 치료자의 과제는 환자의 과대주의를 받아주고, 이를 드러내는데 따른 저항을 해석해주며, 환자의 과대주의적 성향이 한때는 적절했던 요소였음을 이해시켜주는 것이다. 이런 작업에서 치료자는 독립된 대상으로서 참여하지 못하는데서 오는 지루함과 주의 집중에 어려움을 겪는 문제를 다루어야만 한다. 과대 자기의 자기애적 요구로 인해 치료자는 환자에게 예속되어 있는 것처럼 느끼기 쉽다. 코헛은 이런 역전이를 주의를 기울일 수 없는(inattention) 현상이라고 부르고, 그런 상황에서 치료자는 분노하거나, 훈계하거나, 저항에 대해 강제적 해석을 하는 등의 참을성 없는 행동을 하지 말 것을 당부한다.

임상 사례

다음 사례는 과대 자기 영역에서 발달 정지가 발생한 환자에 대한 자기심리학적인 치료가 어떤 것인지를 보여준다. 28세의 변호사 빈스의 사례에서 내가 강조하고 싶은 것은 두 가지 자기애적 구성물들과 그에 따른 전이들이 항상 존재하고 있음에도 불구하고, 그 중 하나가 두드러지게 나타나고 있다는 점이다.

빈스는 성적인 문제로 치료받고 있는 그의 아내의 치료자에 의해서 의뢰되었다. 곧 밝혀진 사실은 그의 아내 혼자만이 성적인 문제에 관심을 갖고 있다는 것이었다. 빈스는 자신의 성적 무

관심을 그의 아내가 자주 통제할 수 없는 위협적인 분노를 폭발시키는데 대한 반응이라고 생각했다. 그는 그녀가 화를 낼 때 매력이 없다는 것을 발견하곤 했으며, 자신을 보호하기 위해 후퇴했다. 그는 그녀가 화가 나지 않은 상태에선 아무런 어려움이 없었고, 그의 성적 무관심을 문제라고 생각하지 않았다. 빈스는 생각에 잠긴 채, 자기 아내가 자신이 알고 있는 사람 중에 가장 잔소리가 심하고 난폭한 위협을 가하는 사람이라고 말했다. 그들 중 아무도 그에게 공공연히 분노를 표현하지 않았음에도 불구하고, 그는 자기 아버지한테서 그리고 직장 상사들한테서 협박당했다고 말했다.

빈스는 자신이 고통받고 있다고 호소했다. 그는 자신이 재능있는 사람임에도 불구하고, 자신의 직업인 변호사 업무를 수행하는데 필요한 자기 주장 능력을 약화시키는, 자신이 무능하다는 느낌으로 인해 고통받고 있다고 말했다. 그는 자신의 재능을 확신하고 자부심을 갖기보다는 자신이 미숙하고 무능하다고 느끼고 있었다. 그는 자신이 변호사로서 부적절하기 때문에 결국에는 파면될 거라는 지속적인 불안에 시달리는 대신에, 자신의 직업에서 신나는 즐거움을 경험하길 열망했다. 빈스는 자기 자신을 '강력한 경주용 자동차'처럼 생각했으나, '그 엔진에 시동을 걸 수' 없었다. 그는 자신이 외부 세계와 단절된 채 투명한 커튼 뒤에서 살고 있다고 느꼈다.

빈스는 이탈리아계 아버지와 미국계 어머니 사이에서 둘째로 태어났으며, 부모와의 관계는 실망스러웠다고 묘사했다. 그의 아버지는 권위적인 사람이었고, 성공한 학자로서 학문에만 몰두해 있었기 때문에 그의 잠재기와 청소년기 동안에 정서적으로 접근할 수 없었다. 그는 아버지가 자신의 삶에 적극적으로 참여해주길 열망했다. 한번은 빈스의 선생님이 그의 아버지에게 빈스와 좀더 많은 시간을 함께 보내라고 제안하자, 아버지는 빈스가 당신 자신이 흥미로워하는 것에 참여할 수만 있다면 기꺼이 그렇게 하겠다는 답변을 했던 아픈 기억을 갖고 있었다.

빈스의 아버지는 지능에 높은 가치를 두면서, 총명한 빈스의 친구들을 칭찬했다. 그는 총명한 빈스의 친구에게 최고의 찬사를 보냈다. 빈스는 그의 아버지가 저녁 식사시간에 세계의 여러 사건들에 대해 가족에게 질문했을 때 느꼈던 고통을 기억하고 있었다. 그의 아버지는 그때 어머니더러 멍청하다고 했고, 그녀의 의견은 아무런 근거도 없다고 조롱하듯 말했다. 빈스는 그의 아버지가 그에게 질문할 때 주눅이 들곤 했다. 그는 번번이 당황했고, 말수가 없어지고 멍한 상태에 빠지곤 했다.

빈스의 멍한 상태는 수업 시간에 선생님들의 질문을 두려워하는 공포로 지속되었다. 그는 총명했음에도 불구하고 그의 지능은 제대로 기능할 수 없었다. 그를 가르친 선생님들은 그가 엄청난 잠재력을 갖고 있음에도 불구하고, 열심히 노력하지 않고 있기 때문에 그에 대한 선생님들의 기대를 저버리고 있다고 말했다. 그래서 빈스는 자신이 지진아이며, 게으르고 기대에 어긋나게 행동하는 사람이라고까지 믿게 되었다. 그의 아버지는 그를 위해 개인교사를 두었으나, 오히려 그것은 자신이 바보일거라는 빈스의 생각을 확인시켜 줄 뿐이었다.

가정에서 빈스의 어머니는 생각 없고 현명치 못한 사람 같았다. 그녀는 사람들에게 관심을 갖기보다는 외모와 집안을 가꾸는 일에 관심을 기울였던 것 같다. 빈스는 그의 어머니가 했던 말을 회상했는데, 한번은 그녀가 휴양지 별장을 깨끗이 청소한 다음에, 가족들에게 "자, 이제 이 집은 완벽해. 여기서 아무도 살지 않았던 것처럼 보이지 않니?"라고 말했다.

빈스는 누나가 자기보다 더 총명하고 소중한 자녀라고 믿었다. 그녀는 지능을 높이 평가하는 아버지와 단짝이 되었으며, 자신이 받은 상을 뽐냈고 아버지는 그녀가 받은 상에 관심을 보였다. 그렇게 하는 동안 빈스는 무시 받는 어머니와 한 통속이 될 수밖에 없었다.

빈스와 나는 정신분석학적 심리치료를 위해 일주일에 두 번씩 만났다. 첫 해에 그는 해고당할지도 모른다는 두려움에 관해 끊임없이 이야기했고, 치료는 거의 진전이 없었다. 그는 자신이 무능하다는 생각에 겁을 먹었기 때문에 자신의 깊은 슬픔을 인정할 수 없었다. 또한 그는 행복감을 거의 느끼지 못했다. 매우 드문 일이긴 하나 그가 행복을 느낄 때면, 자신의 즐거움과 연결된 흥분을 두려워했다. 그는 흥분이 자신을 미치게 할 것 같다고 말했다.

빈스의 문제를 자기심리학적으로 분석해보면, 그는 발달 과정에서 두 영역이 발달하지 못하고 정지되었기 때문에 고통받고 있다고 말할 수 있다. 한 영역은 정서를 경험하지 못하는 무능력과 관련되어 있는데, 이것은 초기에 그의 이상화된 자기대상이 실패했기 때문이다. 이런 무능력의 원천은 그의 어머니와의 초기 관계 경험에서 유래한다. 그녀는 자신의 내적 경험들을 감당할 수 없었기에, 빈스의 정서를 관리하고 긴장을 조절해줄 수가 없었다. 이로 인해 빈스는 감정이 쉽게 상처를 입는 자기애적 취약성을 갖게 되었다.

또 하나의 영역은 빈스 자신의 부적절감과 낮은 자존감이 말해주는, 과대 자기의 발달 정지와 관련되어 있다. 빈스는 허약한 자기를 안정시키기 위해 이상화된 아버지에게 다가갔다. 빈스는 아버지의 빛나는 후광에 힘입어 자신을 강화시키려고 했지만, 아버지는 빈스가 필요로 하는 융합 대상과 내재화 대상이 되어주지 못했다. 또한 빈스는 아버지가 빈스 자신에 대해 자부심을 갖기를 열망했다. 그는 자신의 자존감을 안정시키고, 과시주의적 자기애를 조절하기 위해서 아버지의 긍정적 지지가 필요했던 것이다. 그러나 이 때에도 아버지는 그의 과대 자기를 반영해주는 기능을 해주지 못했다.

빈스는 복합적인 문제들을 갖고 있었다. 나는 그에게 거울을 비춰주는 자기대상의 실패로 인한 경험, 다시 말해 과대 자기의 발달에 미치는 외상의 영향에 관심을 기울이도록 했다. 빈스는 보상적 부모가 반영해주는 경험이 결핍됨으로 인해, 그의 정신 안에는 완벽함과 전능을 추구하는 강렬한 원초적 요구가 수정되지 않은 채로 남아 있게 되었다. 그는 이같이 무의식에 존재하는 과대적 환상의 요구를 충족시킬 수 없었기 때문에, 자신은 무능해서 영원히 실패할 거라는 느낌을 갖고 있었고, 이런 느낌은 그가 뛰어난 재능을 갖고 있음에도 불구하고 전혀 완화되지 않았다. 이뿐만 아니라, 내가 후에 알게 된 것인데, 능력이 부족하다는 빈스의 느낌은 자기 보호적 기능을 수행하였다. 곧 그는 무능력하다는 평가를 받을까봐 두려워 일에 도전하지 못했는데, 이것은 여러 가지 요란한 과대 자기의 요구들로부터 그를 보호하는 역할을 했다.

이러한 자기심리학의 설명은 고전적 정신분석학의 설명과 구별된다. 고전적 정신분석학은 빈스의 어리석다는 느낌을 그의 리비도와 공격적 소망에 의해 생성된 불안을 억제하려는 방어라고 이해한다. 이때 그의 불안은 아버지가 빈스의 소망에 대한 보복으로 거세할 것이라는 환상으로부터 온다. 이런 관점에서 보면, 빈스의 어리석다는 느낌은 그와 그의 아버지 모두에게 그가 위험한 존재가 아니라는 메시지를 전달하고 있는 것으로 이해된다. 그 대신 그는 무능하고 어리석은 소년일 뿐이라는 것이다.

일년이 지나도록 아무런 심리적 변화가 일어나지 않자, 나는 더 강력한 치료가 필요하다고 느꼈다. 내가 본격적인 정신분석을 받을 것을 제안했더니, 빈스는 시험삼아 해보기로 했다. 분석 과정에서 그는 점점 희망을 잃어갔다. 그는 끊임없이 '이게 무슨 소용이 있는가?' 라는 느낌이 계속된다고 말했다. 그는 정규적으로 분석 시간에 출석했음에도 불구하고, 분석에 대해 의욕이 없었다. 그가 새롭게 발견하는 것마다 그의 질병이 깊다는 것을 말해주는 증거로 받아들여졌다. 어느 것도 그의 흥미를 불러일으키지 못했다. 나는 빈스의 지속되는 절망감에 대해 내 자신이 무능력하다는 느낌으로 반응했다. 나는 나의 증상 이론이 정확한가에 대해 의문을 갖기 시작했다. 고전적인 오이디푸스 갈등이 빈스가 지닌 불안의 핵심에 있는 것이 아닐까? 하고 생각하기도 했다. 나는 다른 사람들에게 조언을 구했다. 그런데 그들은 내 생각을 지지해주었다. 이런 긍정적인 지지가 빈스의 삶에서 결핍된 경험이었다. 우리의 분석 작업에서 빈스가 편안한 감정을 경험하지 못했던 것이 초기에 중심적인 문제로 부상되었다. 그에게는 슬픔의 경험이나 의기양양한 느낌의 경험이나 그 어느 것도 안전한 것으로 또는 수용할 수 있는 것으로 느껴지지 않았다. 나는 이 영역을 그가 어머니와 가졌던 초기 경험에 초점을 맞추어 탐색을 시도하였다. 그러나 이 시도는 빈스가 간단하게 그녀를 무능한 존재로 거부해버렸기 때문에 별 소득이 없었다. 그러나 그가 자기 아버지의 자부심을 얻기 위해 노력했던 수없이 많은 실망스런 시도들을 이야기하자, 슬픈 감정이 살아났다.

그는 자신의 슬픈 감정이 자신을 압도해 버릴까봐 두려웠다. 분석 작업에서 그가 잘했다는 평을 받았을 때, 그는 자신의 의기양양함이 자신을 미치게 만들 것을 두려워했다. 빈스는 자신의 정서를 편하게 느끼는 능력이 결핍되어 있었기 때문에, 정서적으로 자극을 주는 상황을 회피함으로써 자신을 안전하게 보호하려고 했다. 그는 바깥 세상에서 강렬한 감정을 경험하지 않도록 피했으며, 분석 시간에 그러한 감정이 출현할까봐 두려워했다. 그는 연상 과정에서 그가 누나와 어린 시절에 놀이를 하며 낄낄거릴 때, 아버지가 자신을 '너무 흥분했다'고 꾸짖었던 일을 기억해냈다.

이런 초기 작업에서 나는 빈스가 느끼는 정서의 내용보다는 정서에 대한 두려움 그 자체에 초점을 맞추었다. 그는 나를 그의 정서에 접촉되어 있는 긴장-조절자로서 경험하기 시작했으며, 점차 정서적 안전감을 발전시켜 나갔다. 이런 작업을 통해서 문제를 일으키는 과대적 환상에 관해 말할 수 있는 능력이 차츰 자라났다. 빈스는 수정되지 않은 과대주의와 연관된 수치감을 사용해서 자신을 비하했다. 그는 자신이 일하는 법률회사에서 그의 뛰어난 통찰력을 눈부시게 드러내는 행동에 관한 숨겨진 환상들에 관해서 말할 수 있었다. 그는 놀랄만하게 광범위한 지식을 가졌고, 서로 다른 주제를 통합할 수 있는 뛰어난 능력을 갖고 있었다. 빈스는 과대적 환상의 요구와 현실의 한계 사이에 존재하는 불일치를 이해하게 되면서, 눈물을 흘리며 소리내어 울 수 있었다.

빈스는 분석 초기에 꿈 이야기를 전혀 하지 않았다. 그 대신 그는 자신의 무능이 지속적으로 노출되고 있다는 믿음과 그로 인해 그의 회사에서 반복적으로 느끼는 공포감에 초점을 맞추었다. 분석은 원초적인 과시주의적 환상의 요구가 드러나는 또 하나의 장소였다. 그는 무한한 통찰력을 갖고 쉬지 않고 이야기해야 한다고 믿고 있었다. 그는 만약 자신이 침묵하고 있으면, 내가 지루해하고 짜증이 나고 그를 별 볼일 없는 사람이라고 생각할까봐 두려웠다. 우리의 분석 시간은 그의 과대 자기가 끊임없이 요란한 소리를 내는 장소가 되는 것 외에도, 빈스의 저녁 식사시간에 외상을 주었던 엄한 아버지의 심문 시간과 그가 학교 수업 시간에 경험했던 고통을 반복하는 장소가 되었다. 그가 치료를 받는 것은 그가 소년 시절에 가정교사를 필요로 했던 일을 기억나게 했다. 치료의 필요성은 그가 지진아라는 또 하나의 증거로 받아들여졌다. 분석 치료가 희망적인 경험이 되기보다는 오히려 그 자신이 무능하다는 점을 확인시켜주었다. 그는 '내 안에 저런 소년이 있다니 창피해요. 나는 성장할 수 없었고, 그게 나를 당혹스럽게 만들어요. 바로 그거예요'라고 말했다. 빈스는 자신의 절망감에도 불구하고, 분석 경험 속으로 더 깊이 들어갔다. 그의 정동(affects)은 점점 더 사용될 수 있는 것이 되었으며, 여전히 두렵기는 했지만 감당할 수 있는 것이 되었다. 부정된 과대주의와 연관된 긴장은 그가 그것들을 비유적으로 묘사하면서 차츰 이해될 수 있게 되었다. 그는 여러 해 동안 스키를 탔는데, 그럼에도 불구하고 오직 짧고 쉬운 코스에서만 스키를 탔다:

> 나는 쉬운 코스인 푸른 색 코스에서 스키를 탄다. 나는 오랫동안 스키를 즐겨왔고, 스키 전문가처럼 질주할 수 있으나, 도전하는 것을 무서워했고 넘어지는 것을 두려워했다. 넘어진다는 것은 실패를 의미했으므로, 나는 내 능력보다 낮은 수준의 스키를 탔고 그래서 넘어지지 않았다. 나는 최근 스키 강습을 받았는데, 강사는 나더러 도전해보라고 주문했다. 우리는 가장 힘든 코스인 검은 색 코스에서 탔는데, 사실 나는 기분이 훨씬 좋았지만 전속력을 내지는 않았다.

그는 부정된 과대주의의 폭군적 요구에 의해 고통을 당하고 있었기에, 그에게는 어떤 불완전함도 굴욕적인 패배를 의미했다. 빈스는 지나치게 조심하는 것을 통해서 굴욕감으로부터 자신을 보호했다. 그런 이유로 그는 그의 인생에서 더 경사지고 더 도전적인 코스를 택하지 않았다.

분석 중에 초기 이상화 전이와 '좁은 의미'의 거울 전이가 형성되었는데, 후자가 더 우세했다. 빈스의 수정되지 않은 과대 자기를 내가 무비판적으로 인정해준 것이 그로 하여금 이 부정된 영역을 인정하고 탐색할 수 있게 했다. 그의 현실적 능력에 대한 나의 믿음은 나의 일관된 희망적인 태도에서 드러났으며, 이런 믿음을 통해서 그의 건강한 과대주의를 긍정해주었다. 이것이 '더 심한 경사로'를 시도하고 싶은 그의 소망을 지지해주는 효과를 가져왔다.

빈스는 그의 전 생애를 '안전하게 살아왔다'고 시인했다. 그러나 그는 최근에 자신이 비밀스럽게 소유하고 있는 힘을 끌어안아야 할 '임무를 부여받고 있다'고 있다고 느꼈다. 이런 희망적인 생각들이 거울 전이를 강화하는 효과를 냈다. 그는 이것을 더 심한 경사로를 타라고 격려하는 스키 강사의 말로 비유했다. 그는 다음과 같은 꿈을 보고했다:

나의 가족은 내가 내일 죽어야 한다고 결정했으며, 그래서 우리는 그날 밤 부모님의 집에서 장례 파티를 열었다. 나는 그렇게 하는 것이 옳은 듯하여 그 결정과 장례 파티에 참여했다. 저녁이 지나면서 나는 그 결정에 동의했던 마음이 바뀌기 시작했다. 결국 나는 젊고 건강하며 아직은 죽을 준비가 되지 않았다고 결정했다. 나는 내 죽음에 대한 내 가족의 결정을 좋아하지 않았다. 나는 그 결정이 실행되는 것을 원치 않았기 때문에 불평하기 시작했다. 나는 엄마에게 내 마음을 바꾸었다고 말했다. 나는 이 계획이 굴욕적인 것이며, 그것이 실행되는 것을 원치 않는다고 말했다. 나는 그

파티에 있던 한 영국인과 이야기하고 난 후부터 마음이 변하기 시작했다. 그는 내가 변화하는데 촉진제 역할을 했다.

이 꿈에 대한 연상에서, 빈스는 그의 가족들이 자신에게 부과했던 인생의 행로를 맹목적으로 추종했던 자신의 여러 가지의 삶의 방식들에 대해 생각해냈다. 그리고 꿈속의 영국인이 나를 의미한다고 간주했다. 그 남자는 젊고 철학적이었으며, 특히 자신이 죽는다고 한 결정이 틀렸다고 동의해주었을 때, 이 남자는 자신을 이해해주는 것처럼 보였다. 빈스는 왜 그를 두렵게 만드는 죽음이 그의 꿈에 나타났는지 궁금해했다.

나는 꿈 속의 죽음이 빈스 가족이 오랫동안 지속해왔던, 긍정적인 확신의 부재에 대한 치명적인 경험을 상징한다고 대답했다. 가족들이 빈스에 대해 믿음을 갖지 못한 것이 죽음처럼 느껴졌던 것으로 보인다. 죽음은 아무도 관심을 주지 않았던 소년인 '작은 빈니'[역주: 빈스의 애칭]의 삶을 살아 온 빈스의 경험이기도 했다. 나는 그 꿈이 빈스가 다시 살아나고 있으며 더 이상 죽은 상태의 삶을 관용하지 않겠다는 결심을 말해준다고 덧붙였다.

그 꿈에 대한 나의 이해가 적중한 것 같았음에도 불구하고, 빈스가 그의 연상에서 보인 반응은 나를 놀라게 했다. 그가 느끼기론, 정신분석이 그를 변하도록 도와주었지만, 그것은 또한 지금까지 자신이 어린애처럼 지내온 것과 자기 주장을 하지 못한 것에 대해 자신을 꾸짖고 있다는 것이었다. 나는, 초기에 나를 당황하게 했던, 이 절망감이 보호적 기능을 수행했음을 차츰 이해하게 되었다. 세상에서 그가 체험한 것처럼, 우리의 분석 작업에서 그가 성취한 것은 패배감을 불러일으켰다. 비록 고통스럽기는 했지만, 절망감은 그에게 친근한 것이었으며, 성취의 즐거움에 연관된 긴장보다도 더 견딜만한 것이었다. 빈스에게 절망감은 그의 정서적 긴장을 조절하기 위한 한 방편이었다. 이것은 강한 감정을 조절하는 역할을 맡고 있었다.

희망적인 꿈에 대한 빈스의 반응은 그가 스스로 정서적인 안정을 유지하는 것이 어렵다는 사실을 다시 한번 암시한다. 나는, 그가 과거에 할 수 없었던 것에 대해 자신을 비난하는 것은 현재 그가 느끼는 흥분을 처리하는 방식이었다고 제안한다. 그는 지금 새롭게 발견한 자기를 주장하는데서 발생한 충만한 기쁨(긴장 또는 흥분)을 누그러뜨리려는 시도로서, 현재를 바라보는 대신 고통스럽고 실망스런 지나간 세월들을 바라보고 있는 것이다. 나는 빈스에게 절망은 정서적 차단기로서 기능한다고 말했다. 이것은 도전적 경사로를 활강하는 두려움에 대처하는 것과 비슷하다. 가파른 경사로를 활강하는 사람은 아슬아슬하게 온몸으로 흥분을 느끼면서 전속력으로 내려간다. 그러나 빈스는 자신을 미치게 만드는 흥분에 도달하지 않기 위해 스키 경사로에서 그리고 그의 인생에서 자신의 속도를 스스로 낮추었다.

생동적이고 자기 주장적이며 활력이 넘치는 삶을 살고 싶은 빈스의 소망을 내가 긍정해 주었던 것이 그의 숨겨진 과대주의를 점진적으로 노출시키고 수정하는 작업과 함께, 서서히 그의 자존감을 높여주었다. 내가 정기 분석 시간을 변경했을 때, 그가 솔직하면서도 강하게 불평을 했는데, 그것은 그가 점점 강해진다는 증거로 간주되었다. 그런 솔직한 표현은 그에게 예외적인 일이었다. 그는 내 행동이 자기 자신을 중요하지 않은 존재로 느끼도록 만든다고 말했다. 그는 과거에 그의 가족들이 자신에게 행한 처사를 당연한 것으로 여겼으며, 그때 자신의 존재가 부정되었다고 느꼈던 일을 기억해냈다. 빈스는 이런 일이 있은 후 얼마 지나지 않아 새 차를 샀다. 차를 구입하기 위해 선택하는 매우 흥분되는 순간에, 그는 기쁨과 두려움을 동시에 느꼈다고 공개적

으로 표현했다:

> 나는 도로를 통제할 수 있다고 느낀다. 그 차의 엔진은 경주용 차의 굉음을 냈다. 나는 그 소리를 정말 좋아한다. 그 차의 힘을 좋아한다. 그 차는 아주 좋은 스테레오 시스템을 갖추고 있다. 나는 라디오를 틀고 소리를 한껏 높이 올렸다. 나는 그 속으로 빨려 들어갔다—그러나 완전히는 아니었다. 두려움이 거기에 있었다. 그것이 거기에 끼어 들었다. 그 순간 어둡고 무섭게 느껴졌다. 나는 내가 어디로 향하는지도 모르면서 혼자 도로에서 모험을 하는데 약간의 불안을 느꼈다. 처음에 나는 고속도로로 나가려고 했는데, 그 이유는 그것이 더 익숙하고 안전하다고 느꼈기 때문이다. 그러나 나는 다른 길을 가기로 결심했다. 그 길은 낯선 길이었음에도 불구하고 그 길을 시도하는 것이 더 흥미롭기 때문이었다.

그 후 얼마 되지 않아 빈스는 그가 다니던 법률 회사를 그만두고 자신의 새로운 회사를 설립하고 싶다는—그가 열망했으나 실행할 수 없었던—소망에 관해 이야기했다. 그것과 함께, 그는 아내가 화를 냈을 때, 그 자신의 입장에 서서 실제로 그녀를 안정시키고 통제력을 다시 회복하도록 도와주었다고 보고했다. 그는 나에게 다른 식으로 자기 주장을 하였다. 어느 날 그는 분석 중에 말없이 조용히 있고 싶다고 말했다. 조용하게 누워 있은 후에, 빈스는 아무 말도 하지 않고서도 안전하다고 느끼는 것은 하나의 성취라고 생각한다고 말했다. 그가 긴장을 풀고 편히 있을 수 있었던 것은 그의 인생에서 아주 드문 일이었다. 그는 상담실을 나가면서 잘 쉬고 가게 해주어서 고맙다는 농담을 하였다.

빈스는 자신이 점점 더 강해진 것을 느끼면서 자신의 치료를 스스로 통제하고 싶다고 말했다. 그는 더 이상 '과외 공부'를 필요로 하지 않는다고 느꼈고, 일주일에 두 번 만나는 상담으로 되돌아갈 것을 주장했다. 나는 그의 이런 소망이 그의 과대주의에로의 후퇴를 의미하는 것은 아닌지 조심스럽게 검토해보았다. 나는 빈스가 상담의 주도권을 갖고자 하는 데서 표현되고 있는 건강한 과대주의의 가능성을 감소시키고 싶지 않았다. 그러나 그의 이런 요구가 안전하게 느끼기 위하여 자신의 활강 속도를 늦추려는 시도는 아닌지에 주목하였다. 우리는 그의 요청을 함께 탐색했고, 이 요청이 퇴행이라기보다는 건강한 자기 주장인 것 같다는 결론을 내리고, 시험적인 변화를 갖기로 결정했다.

오래지 않아서 빈스가 후퇴하고 있지 않다는 증거가 나타났다. 그것은 그가 자신의 법률 회사를 차리고 싶다는 소망을 이루기 위한 구체적인 행동을 취하기 시작했기 때문이었다. 새로운 사업으로 옮겨가는 중간 과정은 원만하고 성공적이었으며, 그가 두려워했던 내적 좌절없이 진행되었다. 빈스의 긴장 조절을 돕고자 했던 나의 노력은 그의 부정된 과대성의 영역에 대한 작업과 함께, 그를 정상적인 발달적 경로로 나아가도록 도울 수 있었다.

빈스는 그의 자기애적 긴장을 더욱 편히 받아들일 수 있게 되었으며, 동시에 그 긴장이 감소되었다. 정서를 경험하는 그의 능력이 향상되었고, 이것은 그의 과대 자기의 영역에 대한 분석 작업과 함께 그로 하여금 자신의 과대적 환상을 조절하고, 자신의 과대성과 건강한 과시주의를 안전하게 끌어안을 수 있게 했다. 심리치료 작업은 빈스의 자존감을 높여주었고, 자신이 못났다고 하는 치명적인 느낌을 제거해주었다.

제 7 장

자기의 회복 I : 이론의 갱신

중심적인 심리적 구성물로서의 자기

역사적 맥락

코헛의 1971년도 저서인 「자기의 분석」은 정신분석학계에 신선한 논쟁의 창을 열어 주었다. 그의 새로운 사상에 대해 어떤 사람들은 열정적으로 맞아들였고, 어떤 사람들은 맹렬한 비판을 퍼붓는 반응을 보였다. 자기애는 그 자체의 발달 경로를 갖는다는 그의 제안은 새로운 임상적 시사점을 지니고 있었으며, 그와 동시에 그러한 제안은 오이디푸스 콤플렉스 중심적 사고에 도전하는 것이었다.

코헛은 자신이 정신분석학의 성역을 침범하고 있음을 인식하고서, 자신의 생각은 정신분석학적 지식이 발달해 나오는 과정의 일부라고 반복해서 주장했다. 또 그는 자신의 이론이 프로이트의 이론에 대한 추가물이지 대체물이 아니라고 주장했다. 그는 자신의 새로운 생각에 대한 반대와 논쟁을 예상했음에도 불구하고, 자신이 그토록 혹독한 지적 및 개인적 반응을 겪게 될 것이라고는 생각하지 않았다. 그는 정신분석학계의 친구들과 동료들이 그의 저술로 인해 그를 회피하고 무시하는 것을 보고는 경악을 금치 못했다.

그의 논문에 대한 서로 다른 그리고 다양한 강도의 반응 외에도, 코헛은 1971년 「자기의 분석」이 출간되던 해 가을에 망연자실한 소식을 접하게 되었다. 그는 자신이 백혈병을 앓고 있음을 알게 되었다. 코헛은 얄궂게도 57세의 나이에 정신분석학계의 지축을 흔드는 책을 출판하고 나서, 그가 묘사했던(1966) 바로 그 인생의 유한성에 직면하게 되었다. 망연자실한 그는 가장 절친한 친구들과 동료들에게조차 자신의 질병을 비밀로 했고, 따라서 그의 가족 외에는 아무도 정확한 병명을 모르고 있었다. 코헛은 자신의 저술 활동에 남은 시간을 쓰기 위해 가르치는 일과 임상 활동을 줄였는데, 그것은 그런 사실을 모르는 세상 사람들에게는 이해할 수 없었던 것이었다.

내가 믿기로, 때 이른 죽음에 직면한 코헛은 오히려 용기를 내어 자신의 생각과 당시 유행하는 이론 사이를 명료하게 구별하는 쪽으로 움직였던 것 같다. 코헛은 그가 「자기의 회복」(1977)에서 '정신 기구'(mental apparatus) 심리학이라고 부른 이론과 관계를 단절하였다. 이 책에서 그는 고전적 이론을 버리지는 않았음에도 불구하고, 자신이 도달하게 된 새로운 이론에 대해 다음과 같이 서술하였다.

나는 정신분석 이론의 몇 가지 기본적 원리가 그 적용성에

있어서 제한점을 갖고 있음을 인식하게 되었다. 인간의 본
성에 대한 고전적 정신분석학의 개념화—이것이 아무리 강
력하고 멋이 있다해도—는 정신 병리학의 범주 안에 있는
많은 사람들과 임상적 상황 밖에서 만나는 다른 수많은 사
람들에게 적합하지 않다고 나는 본다 … 나는 고전적 정신
분석 이론이 부적절하며 심지어는 어떤 점에서 인간에 대
한 잘못된 인식으로 인도한다는, 나의 주장이 엄청난 반대
를 야기할 거라는 사실을 알고 있다(Kohut 1977, xviii쪽).

경험에 가까운 이론 대 고전적 이론

「자기의 회복」(1977)은 공감-성찰적인 양태의 관찰을 통해서
얻어진 자료에 토대를 둔, 새로운 심리학에 대한 코헛의 주장을
담고 있는 책이다. 그는 흥미롭게도 이 책을 분석의 종결에 대한
토론으로 시작하고 있다. 종결의 문제는 정신 건강의 개념화에
대한 문제를 제기한다. 왜냐하면 종결을 위한 준비가 되었는가를
평가함에 있어서, 분석가는 분석에서 얻은 결과를 평가하는데, 그
때 그는 자신이 가진 건강과 질병에 대한 이해에 기초해서 평가
한다. 그는 정신 건강에 관한 자신의 이해를 토대로 분석 과제의
성취 여부를 결정한다.

1959년부터 코헛이 계속해서 강조한 바, 정신분석학은 내적 성
찰과 공감이라는 도구, 곧 심리학적인 자료수집 도구들을 사용해
서 인간의 내면 세계를 연구하는 학문이다. 이런 심리학적 도구
들은 심리학자의 연구 영역을 규정한다. 그것은 마치 현미경이
생물의 조직을 연구하는 생물 조직학자의 영역을 규정하는 것과
같다. 코헛은 공감과 성찰이라는 연구 방법을 토대로 발달된 이

론을 '경험에 가까운 이론'(experience-near theory)이라고 부른다. 그것은 이 이론이 환자가 실제로 느낀 경험에 대한 연구로부터 나온 것이기 때문이다. 그는 '경험에 가까운' 이론과 '경험과 거리가 먼' 이론을 구별하는데, 후자는 임상 영역에서 관찰보다는 추상적 사고를 통해서 산출된 이론을 가리킨다.

코헛은 경험과 거리가 먼 이론에는 많은 편견들이 개입하기 쉽다고 주장하면서, 프로이트가 자신도 모르게 생물학적 원리와 서양의 도덕이 혼합된 이론을 수립했다고 비판했다. 어느 이론도 완벽하게 편견에서 자유롭지 못함에도 불구하고, 그는 프로이트가 문화적 편견과 심리학이 아닌 다른 학문의 관점들을 심리학 이론에 도입한 것에 대해 도전하였다. 코헛에 의하면, 프로이트는 자신의 새로운 학문을 정당화시키기 위해 다윈이 확립하고 그 권위를 인정받았던 생물학에다 정신분석학을 결합시키고자 했다. 본능에 기초한 욕동 심리학은 생물학과 심리학을 결합시키려는 프로이트의 시도의 산물이라는 것이다. 그렇기 때문에 프로이트는 생물의 종(種)을 보존하려는 본능이 인간의 성욕적 욕동과 공격 욕동의 생물학적 토대를 이룬다고 언급했다는 것이다. 프로이트에게 있어서 욕동은 인간 경험의 일차적 동기의 제공자이며, 따라서 그의 이론의 핵심은 공감과 성찰에 의한 관찰보다는 생물학적 사변으로부터 나온 것이라고 코헛은 보았다.

서구의 도덕은 고전적 이론 안에 또 다른 편견을 도입했는데, 그것은 정신 건강을 원초적 욕동 에너지를 통제하고 일정 방향으로 인도하여 생산적 힘을 배출케 하는 것이라고 정의한 것이다. 이 편견은 고전적 정신분석학의 목표에 영향을 끼쳤고, 따라서 치료의 목표는 문명을 위협하는 욕동을 순화시키는 것이 되고 말았다.

이타주의와 자기 희생을 중시하는 것은 또 하나의 서구적 가치로서, 이는 정상적인 발달이란 자기애적 상태로부터 종국에는 다른 사람을 사랑하는 데까지 발전하는 것으로 인식하는 고전적 정신분석학의 관점에 포함되어 있다. 이런 관점에 의하면, 건강은 자신에 대한 관심을 포기하고 자기가 없는 상태로 나아가도록 요구한다. 자기애는 학술 토론에서 분석가나 치료가들에 의해 행해지는 논의에서 종종 비난받아야 할 나쁜 것이라는 가정을 내포하고 있다.

독립과 자기 충족(self-sufficiency)은 고전적 분석 이론에 내포된 또 다른 서구의 가치이다. 독립 상태에 가치를 부여하는 서구적 사고는 대상으로부터의 분리를 아이의 궁극적 발달 과제로서 강조한다는 정신분석학의 이론적 입장에서 잘 드러나고 있다. 고전적 정신분석에서는 자기 충족 상태에 가치를 두는데, 이는 '분리, 자율, 그리고 독립'이 성공적인 치료의 목표라는 생각 속에 담겨 있다. 코헛은 고전적 정신분석학은 이런 모든 편견을 오이디푸스 형태의 이론—인간의 삶에 중심적 동기를 부여하는 힘으로 간주되는—안에 통합하였다고 보았다.

건강에 대한 새로운 관점: 종결을 위한 새로운 평가 기준

한편 인간의 조건에 대한 코헛의 관점은 아주 다르다. 그는 자기애를 정상적인 삶의 일부로서 태어날 때부터 죽을 때까지 존재하는 것이며, 대상 사랑을 위해 포기해야 하는 것이 아니라고 이해한다. 코헛에게 있어서 자기애는 자연스런 발달 과정을 가지고 있으며, 그 과정은 궁극적으로는 온전하고 기능적인 자기로 확립되는 과정을 포함하고 있다. 코헛은 「자기의 분석」에서 자기의 구성물이 자기애의 구조로부터 발달해 나온다고 설명한다. 그는 자기애적 장애란 정신 기구의 본래적 구조들 사이에서 발생하는 갈등의 결과이기보다는, 자기애적 구조 안에 있는 결함의 결과라고 주장한다. 그러므로 코헛에게 있어서, 분석의 완결에 대한 정확한 평가에는 자기애적 구조에 대한 평가와, 그 구조에 결함이 있을 경우, 그것의 복구에 대한 평가가 요청된다.

결함이 있는 자기애적 구조들을 평가함에 있어서, 코헛은 그것을 아주 초기에 발생한 일차적 결함과 그 후에 발생한 '이차적 결함'이라는 두 가지 형태로 구분했다. 그는 첫째 형태를 '방어 구조,' 둘째 형태를 '보상 구조'라고 불렀다. 방어 구조는 자기의 일차적 결함을 덮고 있는데 비해, 보상 구조는 그 결함을 덮기보다는 보상하는 기능을 갖는다. 코헛이 주장하는 종결 국면은 자기의 일차적 결함이 극복 과정과 변형적 내재화를 통해 구조가 새롭게 건설되거나, 또는 보상 구조가 안정되고 믿을 만하게 기능할 때라고 본다.

코헛은 결함이 없는 완전한 구조의 건설을 주장하지 않는다. 이것은 그가 분석 과제의 완성을 강조하는 고전적 입장으로부터 떠났음을 의미한다. 이러한 그의 입장이 그에 대한 비판 가운데 가장 심각한 것이었다. 말하자면, 코헛이 말하는 분석 작업은 분석적이지 않다는 비난이었다. 고전적 입장은 오이디푸스 갈등과 같은 문제가 '충분하게 해소될' 때 분석이 완성되었다고 간주한다. 그러나 코헛이 제안하는 바는, 자기 안에 결함이 계속해서 존재하더라도 그 기능과 재능이 전보다 더 신뢰할 수 있게 보상된다면, 분석은 성공적이라고 간주해야 한다는 것이다. 코헛은 새롭게 회복된 구조가 갖는 기능에 대한 신뢰성에 관심을 둔다. 자기의 기능에 대한 코헛의 강조는 환자가 분석을 종결할 준비가 되었는가를 평가하는 새로운 기준이었다.

임상 사례

코헛은 M씨의 사례를 들어 분석에서 보상 구조가 담당하는 역할을 설명하면서, 자기 결함이 지속되고 있어도 치료의 종결을 위한 준비가 되었을 수 있다는 자신의 입장을 밝혔다. M씨는 젊은 작가로서 저술 활동의 장애, 낮은 자존감, 삶에 대한 공허감 등의 문제로 치료를 받기 시작했다. 또한 그는 여자들을 묶어놓고 가학적인 통제를 하는 성적 환상을 갖고 있다고 보고했는데, 어떤 때는 이를 행동으로 옮기기도 했다.

코헛은 저술 활동의 장애가 그 환자에게는 심각한 문제라고 보았다. 그것은 글쓰는 일이 M씨의 자존감을 위한 중요한 원천이었기 때문이다. 코헛은 이 장애가 복합적인 것이며, M씨 성격의 여러 구성 요소들에서 기인한다고 보았다. 한 가지 중심적인 요소는 저술하는 중에 상상력이 자극을 받으면, 흥분을 억제할 수 없는 문제였다. M씨는 자신의 흥분을 억제할 수 없었기에, 과도한 흥분으로부터 자신을 보호하기 위해서 자신의 상상력을 차단시키거나 저술 작업을 완전히 중단해야 했다. 코헛은 이와 같은 억제할 수 없는 흥분은 M씨의 과시주의적 자기애와 연관되어 있다고 보았다. 분석 중에 환자가 되살려낸 기억을 통해서 코헛이 알아낸 바는, M씨의 과대적-과시주의적 욕구들에 대해 그의 어머니가 적절히 반응해주지 못했다는 사실이었다. 코헛의 추측에 의하면, M씨의 어머니가 아들이 드러내는 건강한 과시주의에 적절하게 반영해주고 품어주지 못했던 무능력이 그의 구조적 결함의 주된 원인이었다. 이 결함으로 인해 그의 심리 구조는 과시주의와 연관된 자극과 흥분을 관리할 수가 없었다. 만약 어머니가 그의 어린 시절의 과시주의에 적절하게 반응할 수 있었더라면, 그는 자신의 흥분을 처리할 수 있는 구조를 점차적으로 발달시킬 수 있었을 것이다. 하지만 그렇게 할 수 없었던 그는 깨지기 쉬운 '양자 택일적' 방어에 집착하게 되었다. 그는 자신의 과시주의를 억누르고 글쓰기를 억제함으로써, 글쓰기를 통해 얻을 수 있었던 자존감을 스스로 박탈했다. 그의 과시주의에 대한 또 다른 표현은 그를 보아주는 미모의 여성을 노예처럼 통제하는 성적인 환상을 실제 행동으로 옮기는 것이었다.

M씨의 저술활동 장애의 두 번째 구성 요소는 코헛이 보상 구조라고 부른 결함이다. 여기서 우리는 코헛이 보상 구조를, 건강한 자존감의 원천으로서 작용하는 신뢰할 만한 재능, 기술 또는 관계의 능력으로 정의한 것을 기억할 필요가 있다. 보상 활동과 방어는 구별된다. M씨에게 있어서 저술 활동은 신뢰할 만한 보상 구조가 아니었다. 그것은 그를 완전히 실패하게 만들지는 않았다. 왜냐하면 그는 여전히 작가로서 기능하고 있기 때문이다. 하지만, 그 보상 구조가 지닌 결함 때문에 그의 재능은 자신의 가치감을 높여주는 안정되고 지속적인 자기애의 원천이 되지 못하고 있다. 코헛에게 있어서, 안정적인 보상 구조의 발달은 분석적 치료의 중요한 측면을 이루고 있으며, 분석의 진행을 평가하는 하나의 기준이 된다. 자존감이 낮은 일차적 결함을 보상하는 신뢰할 만한 구조의 확립은 분석의 적절한 목표이며 결과이다. 이것은 일차적 결함에 대한 심층적 탐구가 자기의 온전성과 안전을 위협할 경우에 특히 그러하다. 코헛은 자기 안에 있는 몇 가지 일차 결함들은 그대로 두는 것이 최선이라고 믿었으며, 주변 요소를 생각지 않고 모든 것을 분석하려는 난폭성에 대해 경고한다.

M씨의 저술에 관한 이야기는 아주 흥미롭다. 왜냐하면 이것은 부분적으로는 그의 타고난 능력으로부터 온 것인 동시에 부분적으로는 언어를 사랑하는 문장가였던 아버지와의 관계에서 발달

한 것이기 때문이다. M씨는 자신의 청소년기 전체를 통해서 이상화된 아버지와 경쟁하였고, 자신의 과시주의를 글쓰기를 통해서 표현했다. 그러나 비극적이게도 M씨의 아버지는 아들이 자신을 이상화하는 것을 편히 받아들이지 못했다. 그래서 그는 아들로부터 철수했고, 자신의 과시주의를 안전하게 경험하도록 도울 수 있는 자기대상을 찾으려는 아들의 두 번째 시도를 좌절시켰다. 코헛은 M씨가 소년 시절에 이상화된 아버지와 성공적인 융합을 경험할 수 있었더라면 건강을 획득할 수 있었을 것이라고 가정했다. 그랬다면, 그는 어쩔 수 없는 작은 실망들을 경험하는 것을 통해서 튼튼한 심리 구조를 형성할 수 있었을 것이다. 그때 M씨의 자존감은 아버지와의 융합 경험을 통해 향상될 수 있었을 것이고, 보상 구조가 발달하여 그가 초기에 어머니에게서 불충분한 반영을 받음으로 해서 발생한 손상을 상쇄시킬 수도 있었을 것이다.

M씨가 자신의 환상과 연관된 흥분을 수용하지 못하는 어려움이 그가 자신의 생각을 글로 옮기지 못하게 했던 요인이었다. 이 어려움이 그의 저술 활동의 장애를 유발시켰고, 이것은 다시 그의 자기 안에 있는 보상 구조를 약화시켰다. 분석 작업은 M씨의 성격 내부의 과대적 영역에서 진행되었고, 새로운 구조 형성을 통해서 일차적 자기애의 결함을 어느 정도 극복할 수 있었다. 그러나 분석의 종결 시점에서 코헛은 과대 자기 영역에 대한 작업이 아직 불완전하다고 느꼈다. 그의 생각에 의하면, M씨의 심리 기능을 크게 향상시킬 수 있었던 분석 작업은 회복된 보상 구조의 영역에서 이루어졌으며, 두 경로를 따라 이루어졌다. 첫째 경로는 과거에 어머니에게서 불충분한 반응을 받았던 문제를 극복하는 것이었는데, 이는 M씨의 과시주의를 그의 나머지 성격과 통합할 수 있게 도와주었다. 또 다른 경로는 M씨가 그의 이상화

된 아버지와의 융합—특히 글쓰기 영역에서—을 시도했을 때, 그의 아버지가 후퇴했기 때문에 발생했던 상처를 극복하는 것이 었다. 코헛은 M씨의 분석 과정에서 얻을 수 있었던, 회복된 보상 구조의 효과에 대해 다음과 같이 기술하였다:

> 부가적으로 말하자면, M씨의 사례에서 결정적인 진전은 과 대적-과시주의적 자기의 영역에서가 아니라 보상적 구조에 서 발생했으며, 이것은 이런 방식으로 분석의 종결에 도달 할 수 있다는 하나의 원리를 보여준다 …
>
> 이 요약을 일반적 진술로 바꾸어 말한다면, 이 사례에서 자기애적 성격 장애에 대한 정신분석학적 치료는 종결 지 점(이 장애의 치료)까지 진전되었다. 이것은 자기 안에 결핍 되었던 한 영역을 확립할 수 있게 됨으로써, 자기애적 추구 가 방해받지 않고 창조적 표현을 허용할 수 있게 되었음을 의미한다(Kohut 1977, 53-4쪽).

M씨에 대한 정신분석이 완전한 것이 아니라는 점이 코헛에게 정서적 건강—정신 기구 안에 있는 두 대리자들 사이의 갈등을 해소하는 문제가 아니라—에 관한 그의 견해를 논의할 수 있는 기회를 주었다. 정신분석의 목적인 건강이란 포부, 재능, 이상이 단절되는 일없이 하나의 연속선으로 존재하는 기능적 자기를 확 립하는데 있다. 코헛에게 있어서, 건강한 자기는 과시주의적 긴장 안에서 불편을 느끼는 일없이 포부를 추구하고, 그 자기가 기술 (skills)과 재능(talents)을 실현할 수 있도록 돕는, 신뢰할 만한 이 상의 안내를 받는 자기를 말한다. 다시 말해서, 그것은 자기 안에 서 그러한 단절되지 않은 연속선이 삶에 즐겁고 창조적인 느낌 을 제공하는 것을 말한다. 이와 같이 기능적 관점에서 본다면, 한

영역, 예를 들면 보상 구조와 같은 영역을 새롭게 건설함으로써 발달 과정에서 생긴 심각한 외상으로 인해 생긴 자기의 결함을 채워주는 것이 전적으로 가능하다.

정신분석학은 자기의 개념으로부터 유익을 얻을 수 있는가?

코헛은 '정신분석학이 자기심리학을 필요로 하는가?'라는 수사학적인 질문을 던진다. 그는 이 물음에 대해 긍정적인 대답과 함께 자기심리학이 지닌 설득력을 보여주었으며, 그 과정에서 고전적 분석 이론과 새로운 자기심리학 사이의 차이점들을 강조했다.

먼저 그는 최초의 정신분석학 이론가들에게 영향을 끼친 다양한 힘들을 검토했다. 프로이트는 의사였지, 치유자(healer)는 아니었다. 그의 일차적 관심은 건강이 아니었다. 프로이트는 진실을 아는 것과 용감하게 현실을 직면하는 것에 가치를 두었다. 이것은 인지와 지식의 확장을 강조하는 치료 과정으로 옮겨갔다. 무의식을 의식화하는 것이 프로이트가 치료에서 주된 목표로 삼은 것이었다. 또 다른 목표는 무의식에 존재하는 욕동의 세력에 대한 현실 자아의 통제 능력을 증가시키는 것이었다.

코헛이 볼 때, 프로이트는 관찰자가 관찰 대상으로부터 완전하게 분리되어야 한다는 '과학적 객관성'의 옹호자였다. 그러나 이 관점은 관찰자가 관찰 대상에게 끼치는 영향을 간과하고 있다. 관찰자와 관찰 대상 사이에 분리가 존재한다는 잘못된 생각은 정신분석학의 이론 형성에 나쁜 영향을 끼쳤다. '과학적 객관성'에 대한 프로이트의 믿음은 그의 작업에 한계를 가져다주었다. 그로 인해 그는 분석가의 현존과 행위가 환자에게 미치는 영향을 제대로 고려하지 못했다. 코헛은 프로이트 이론이 정신 기구 안에서 일어나고 있는 다양한 세력간의 갈등과 그로 인한 심리적 장애를 설명해줄 수 있는 힘을 갖고 있음을 인정한다. 이처럼 프로이트는 갈등을 일으키는 구조적인 신경증을 설명하고 있지만, 자기의 개념과 장애에 대해서는 적절하게 다루지 못하고 있다고 코헛은 보았다.

고전적 이론은 구강성(orality) 및 항문성(anality)과 같은 현상을 방어적 후퇴로 이해한다. 곧 이런 현상을 심리성적 발달 과정의 오이디푸스 지점에서 그 이전의 지점으로 후퇴하는 것으로 본다. 코헛은 이런 설명이 편협하고 단순하다고 보았다. 그는 이 설명이 성격의 좁은 영역만을 언급하고 있으며, 복잡하면서도 가장 중요한 자기의 시각을 놓치고 있다고 보았다. 코헛은 어린 시절의 환경이 발달하는 아이에게 미치는 유익하거나 해로운 영향에 관심을 집중시킨다. 그는 다음과 같이 말한다:

예전에 나는 심한 성격의 왜곡 증상을 지닌 환자에 대해 말하면서, 그의 문제가 초기 발달 단계(구강기)에 욕동 조직이 고착되었거나 자아의 만성적인 팽창에 기인한다고 말하곤 했다. 그러나 이런 장애에 대한 임상적 경험이 쌓이면서, 나는 욕동 고착과 만연된 자아 결함은 발생학적으로 일차적인 것이 아니며 역동적-구조적으로 정신병리의 중심에 위치한 것이 아님을 깨닫게 되었다. 그런 문제의 주된 원인은 부모가 공감적 반응을 제대로 수행하지 못한 결과 아이의 자기가 안정적으로 확립되지 못한데 있다. 파편화되기 쉬운 허약한 자기는 성감대의 자극(간신히 존재하고 있는 자기에게 위안을 주려는 시도로서)을 통해 방어적으로 쾌락을 추구하게 된다. 그러므로 파편화되기 쉬운 허약한 자기의 자아는 이차적으로 구강적(그리고 항문적)인 욕동 지향과, 자극 받는 몸의 영역과 연관된 욕동의 목표에 예속된다(Kohut 1977, 74쪽).

욕동과 자기

코헛은 아동 발달에 있어서 일차적인 요소는 발달하는 자기와 자기대상들과의 관계이지, 무의식의 리비도 또는 공격 욕동이 아니라고 본다. 아이의 자기대상이 이상화를 받아주는 기능 또는 거울 역할을 해주는 기능을 제대로 수행하지 못해서 자기가 취약해질 경우, 그 아이는 성감대를 자극하는 것에로 관심을 돌린다. 생기를 되찾으려는 이런 시도들은 종종 성도착의 형태로 성인기까지 지속된다. 이런 시도에는 자기를 자극하는 일에 인류가 사용하고 있는 광범위한 행위들이 모두 포함된다.

욕동이 고전적 정신분석 이론에서 중심적 위치를 차지하고 있기 때문에, 코헛은 이 점에 대해 논의하지 않을 수 없었다. 자기를 자신의 이론에서 중심적인 개념으로 삼고 있는 코헛은 욕동을 결함 있는 자기의 산물로 개념화했다. 코헛은 아이의 정서와 자기 주장성이 방해받을 경우, 이것들은 성욕, 공격성, 그리고 파괴적인 '욕동 요소'로 변질된다고 보았다.

해석과 저항

해석과 저항은 정신분석학이 자기심리학의 새로운 설명으로부터 유익을 얻을 수 있는 또 다른 분야라고 코헛은 보았다. 그가 보기에, 분석에서의 해석 과정은 두 단계로 이루어진 발달 과정—자기가 구조화되는 과정이기도 한—과 유사하다. 첫 단계는 어린 자기에게 이해받고 인정받는 경험을 주는 공감적 자기대상과 융합하는 과정이다. 이 융합은 또한 어린 자기가 자신의 정서를 담아주는 자기대상의 능력에 참여함으로써 긴장을 조절할 수 있게 해준다. 결국 정서는 산만하거나 압도적으로 느껴지는 경험이 아니라 하나의 표시(sign)로서 인식되게 된다. 둘째 단계는 아이가 욕구를 만족시켜 주는 자기대상의 활동을 어떻게 경험하는가와 관련된다.

코헛의 제안에 의하면, 해석의 과정은 구조화 과정에서와 마찬가지로 융합의 단계와 행동의 경험을 포함하는 단계로 구성되어 있다. 해석 과정에서의 융합이란 '이해하는 국면'에 해당하고, 행동의 경험이란 '설명하는 국면'에 해당한다. 코헛은 해석 과정을 다음과 같이 설명한다:

> 다른 말로 표현하면, 모든 해석과 재구성은 두 개의 단계로 구성되어 있다; 먼저 환자는 그가 이해받고 있다는 것을 깨달아야만 한다. 이것이 이루어지고 나서야 두 번째 단계에서 분석가는 자신이 공감적으로 파악한 심리적 내용을 환자에게 말하는 것을 통해서 특정한 역동과 발생학적 요소들을 보여줄 수 있을 것이다(Kohut 1977, 88쪽).

코헛은 간혹 해석에 뒤따르는 강렬한 격노는 고전적 이해와는 다른 식으로 이해되어야만 한다고 말한다. 고전적 이해에서 격노는 바른 해석의 결과로 간주된다. 즉, 바른 해석은 무의식 속에 갇혀 있는 원초적 공격성을 해방시켜 의식 안으로 불러왔기 때문이라는 것이다. 그러나 코헛은 격노를 일차적 공격성의 표출로 보기보다는 분석가의 부정확한 또는 시기 상조의 해석으로 인해 촉발된 상처의 부산물로 본다.

초기 발달에 대한 분석가의 관점은 그의 치료적 개념화와 치료 활동에 심오한 영향을 미친다. 고전적 관점에서는 아기를, 생후 몇 달간 심리학적 자기가 존재하지 않는 생물학적인 존재로 본다. 고전적 발달 이론의 중심에는 성감대의 성숙과 이와 관련된 정서의 변화가 있다. 그러나 코헛의 초점은 이와 다르다. 그는 발달하는 자기와 그것이 성숙해 가는 경험에 관심을 보인다. 자기를 주변 환경과의 관계에서 보는 것과, 자기를 정서를 담는 그릇(container)으로서 이해하는 것이 코헛 심리학의 핵심에 자리잡고 있다. 이러한 그의 생각은 나중에 스턴(Stern, 1985)의 유아에 대한 관찰 연구에서 확인될 수 있었다:

다른 말로, 우리는 자기심리학—자기의 탄생, 발달, 구성 요소, 목적, 장애에 관한 연구—을 통해서 정신적 삶의 새로운 측면을 배우게 될 것이며, 심지어 정상적인 문화의 영역과 고전적 신경증의 구조적 갈등의 영역에서도 보다 깊은 심리적인 통찰을 얻게될 것이라고 나는 확신한다.

이것은 당연한 것이 아니겠는가? 복잡한 조직을 지닌 공감적으로 반응해주는 환경으로서의 인간(empathic-responsive human environment)은 처음부터 아이에게 반응을 보인다: 우리는 아기의 초기 상태를 더 잘 다듬어진 심리적 도구를 사용해서 탐구함으로써, 초기 형태의 자기가 생의 아주 초

기부터 이미 현존하고 있음을 발견할 수 있을 것이다
(Kohut 1977, 98쪽).

불안, 꿈, 공격성에 대한 자기심리학의 견해

코헛은 자신의 심리학이 가진 설명력(explanatory power)을 불
안, 꿈, 공격성이라는 정신 현상을 검토하는 것을 통해서 입증하
고 있다. 그는 구조적 신경증에서 경험하는 불안을 연약한 자기
로 인해 경험하는 불안과 비교한다. 구조적 신경증에서 자기는
온전한 상태에 있으며, 일반적으로 막연한 두려움으로 나타나는
불안은 저항의 분석이 진행되면서 점점 더 명확하고 구체적인
불안으로 드러나게 된다. 방어되고 있던 거세 공포가 결국 드러
니고 경험되기 때문에 불안이 깊어진다.
　자기의 장애로 인한 불안은 이와는 다르게 나타나는 경향이
있다. 여기에서 불안은 자기의 연약한 특성에 대한 전의식적인
(preconscious) 관심에서 기인한다. 이것은 종종 온전함과 안전에
관련된 특정한 관심으로 시작한다. 예를 들면, 피부 감염이 패혈
증으로 진전되지 않을까, 하찮은 혹을 두고 암이 아닐까, 또는 집
의 기초에 금이 간 것을 보고 집이 무너지는 것이 아닌가 하는
염려가 그것이다. 이 불안은 막연하거나 흩어져 있기보다는 초점
을 갖고 있고 특정한 성격을 갖고 있다. 이것들은 자기가 해체되
는 것에 대한 모호하고 산만한 염려를 분명한 어떤 것으로 정의
하고자 하는 구체적인 시도들이다. 치료가 진전되면서, 이러한
특정 영역의 건강 염려증적인 두려움이 자기의 붕괴 위협과 연
결된 광범위하게 확산된 불안으로 바뀌게 된다. 정신 기구 심리
학은 이런 불안에 대해 만족할 만한 설명을 제공할 수 없으며,

자기심리학이 이에 대한 이해를 제공할 수 있다고 코헛은 주장한다.

꿈은 코헛이 자기심리학의 유용성을 보여주는데 사용할 수 있다고 생각하는 또 다른 현상이다. 그는 꿈을 두 개의 범주로 서술한다. 첫 번째 범주는 구조적 신경증의 꿈으로서, 이런 꿈들은 욕동-소망, 갈등 그리고 갈등 해소의 시도를 표현하고 있다. 분석가는 환자의 연상을 따라가면서 위장된 꿈의 활동을 풀어내고, 꿈의 형성을 자극하는 무의식의 소망을 밝혀낼 수 있다.

두 번째 범주의 꿈들은 외상적 상태와 관련된 막연한 긴장을 표현하는 이미지들을 담고 있다. 이런 유형의 꿈에서, 환자의 연상은 첫 번째 범주의 꿈 작업에서처럼 무의식의 심층에 존재하는 방어되고 있는 층을 밝히는 데로 이끌지 않는다. 대신 연상 작업은 명시된 내용의 수준에 머무르는 경향이 있고, 자기가 해체되는 위협적인 이미지들을 제공한다. 코헛은 이런 꿈들을 '자기-상태'(self-state)의 꿈이라고 불렀고, 이것들을 외상 신경증의 꿈과 같은 것으로 보았다.

이러한 자기-상태의 꿈에 대한 예로서, 다음의 꿈을 생각해보자. 삶에서 주된 변화를 시도하려고 하는 젊은 여성이 자신이 깊은 애정을 가졌던 도시를 떠나고 있었다. 그녀는 자신의 새 집으로 여행하면서 계속해서 자신의 여행가방을 분실하는 일련의 꿈들을 보고했다. 그녀가 가방 하나를 찾아서 안도할 때마다, 또 다른 가방을 잃어버리고 만다. 아무리 노력을 해도, 그녀는 자신의 모든 소유물을 동시에 안전한 장소에 모을 수 없었다. 그녀의 연상은 이사를 가는 것과, 단절된 느낌에 관한 것들이었다. 이것들은 무의식의 욕동과 관련된 소망을 드러낼 수 있도록 깊은 영역으로 인도하지 못했다. 이 꿈의 의미는 드러난 내용에 담겨 있었다. 그것은 그녀의 위치가 바뀌고 일시적으로 파편화된 자기를 상징하는 것이었다. 코헛은 이 사례에서처럼 꿈의 내용보다는 자기의 상태에 대해 언급해줌으로써, 자기심리학은 욕동 심리학만을 사용하는 치료가들이 가질 수 없는 임상적 이해를 제공한다고 주장한다.

공격성은 정신분석학이 자기심리학으로부터 도움을 받을 수 있는 또 하나의 영역이라고 코헛은 생각한다. 고전적 이론은 근본적으로 자기 주장성, 미움, 공격성 등이 일차적인 심리적 요소이며, 인류의 생물학적 본성의 일부라고 본다. 코헛은 공격성과 파괴성에 대한 고전적 이론의 견해에 의문을 제기한다. 코헛에게 있어서, 파괴성은 일차적 욕동의 표현이 아니라 자기 해체의 산물이다. 파괴적 격노는 항상 상처로 인해 유발된다. 격노는 원초적인 것임에도 불구하고, 심리적학으로 일차적인 것은 아니다. 이러한 생각과 관련해서, 코헛은 다음과 같이 말한다:

> 본질적으로, 심리적 현상으로서의 인간의 파괴성은 이차적인 것이라고 나는 믿는다; 이것은 본래 최적의—최대가 아닌(이 점이 강조되어야만 한다)—공감적 반응을 원하는 아이의 욕구를 채워주지 못하는 자기-대상의 실패로 인한 결과이다. 더욱이, 심리적 현상으로서의 공격성은 근원적인 (elemental) 요소가 아니다. 공격성은 유기물의 분자를 구성하고 있는 기본적인 무기물 재료가 그러하듯이 처음부터 아이의 자기 주장성의 한 구성 요소였으며, 보통 상황에서 성인의 성숙한 자기의 자기 주장성 안에 혼합되어 있는 것이다(Kohut 1977, 116쪽).

코헛은 공격성을 일차적인 것으로 보는 견해에 도전함으로써, 인간이 본질적으로 공격성을 갖고 있다는 불유쾌한 현실을 부인하고 있다는 비판에 부딪쳤다. 그러나 그는 인간의 파괴적인 능력에 대해서는 의문시하거나 부인하지 않았고, 그 파괴성의 근원에 대한 새로운 설명을 제시했을 뿐이다. 그는 자기에 대한 그의 이해가 임상적 상황에 대한 공감적 이해로부터 유래한 것이며, 인간 조건에 대해 사변에 기초한 고전적 이론이 제공하는 것보다 더 넓고 심오한 설명을 제공한다고 주장했다. 코헛에게 있어서, '근본적인 심리학적 기초' (bedrock, 분석이 더 이상 뚫을 수 없는 지점)는 거세 위협이 아니다. 또 그것은 신체적 생존에 대한 위협도 아니다. 그것은 자기의 파괴에 대한 위협이다.

코헛은 격노(rage)를 아이의 생득적인 건강한 자기 주장성이 깨어지는 현상이라고 보았다. 그는 갓난아기는 자기 주장성을 갖고 태어나며, 그 자기 주장성은 자기대상으로부터 오는 공감적 반응에 의해 지원받을 필요가 있다고 보았다. 아이가 환경에 의해 외상을 입을 정도로 좌절을 겪게 될 경우, 아이의 자기 주장성은 깨어져 격노로 변한다. 공격성이 아닌 자기 주장성이 일차적인 심리적 속성이라는 것이다:

좀더 서술적으로 표현해 본다면, 공격적인 행동의 기초는 파괴적으로 격노하는 아기가 아니다. 그것은 처음부터 자기 주장성을 갖고 있는 아기이다. 본래 아기의 공격성은 아기에게 공감적인 반응(평균적인)을 제공해주는 자기-대상과의 관계에서 자신의 요구를 주장할 수 있게 해주는 단호함과 안전함의 구성 요소이다. 비록 외상적인 공감의 단절이 모든 아기들이 피할 수 없는 경험이지만, 아기의 격노가 일차적인 것은 아니다. 이 일차적인 심리적 구성물은 파괴적 격노가 아닌 순수한 자기 주장성을 담고 있다; 그 뒤에 따라오는 더 큰 심리적 구성물이 분열될 때, 그것은 자기 주장

적 요소를 고립시키고, 그렇게 함으로써 그 요소를 이차적
으로 격노로 변형시킨다(Kohut 1977, 118-9쪽).

코헛은 그 다음에 성적 욕동에로 관심을 돌린다. 또 다시 코헛
은 성욕의 병리적 표현을 일차적 욕동의 표현이라기보다는 자기
와 자기대상 경험 안에서 개념화하고 있다. 코헛의 관점에서, 성
도착적 행위들은 성적 수단을 통해 자기를 자극하고 활성화시키
고자 하는 연약한 자기의 표현으로 간주된다. 성도착은 제대로
기능하지 못했던 자기대상과의 성화된 관계를 나타낸다. 그는 다
음과 같이 말한다:

유아의 성적 욕동은 그 자체로서 일차적 심리 구성물이 아
니다 … 일차적 심리 구성물은 … 자기와 공감적 자기-대상
사이의 경험이다. 고립된 욕동의 출현은 오직 자기-대상 환
경이 제공하는 공감이 외상적이거나 실패했을 때 나타난다
… 그때 아이는 우울증 상태로부터 벗어나기 위하여 비공
감적인 또는 부재하는 자기-대상으로부터 강렬한 경험을
얻을 수 있는 입, 항문, 남근에 대한 자극에로 향한다. 아동
기에 겪는 이와 같은 욕동이 고도로 집중되는 경험은 성인
기의 성적인 정신병리 형태를 결정하는 지점이 된다. 이러
한 병리는 본질상 자기의 질병이다 … 분석에서 도달해야
할 가장 깊은 수준은 욕동이 아니라, 자기의 조직에 대한 위
협과 … 생명을 지탱해주는 … 자기-대상이 제공하는 공감
적 반응의 부재에 대한 경험이다(Kohut 1977, 122-3쪽).

이 논의의 결론에서, 코헛은 그의 출발점―종결이 준비됐다고
결정하는 것과 관련된 현안들―으로 되돌아가, 종결의 준비에

대한 평가는 질병과 치료에 대한 분석가의 견해에 달려있다는 점을 다시 한번 반복한다. 고전적 관점에서는 환자 자신이 장애의 발생 원인과 역동성에 대한 향상된 인식을 갖는 것과, 성욕적 본능과 공격적 본능에 대한 통제력을 발달시키는 것이 치료 목표의 중심이었다. 자기심리학적 관점에서 보는 치료의 목표는 자기애적 구조의 결함을 메우고 응집적 자기, 즉 삶을 즐길 수 있고 성취할 수 있으며 창조적인 방식으로 기능하는 자기를 형성하는 것이다. M씨의 사례에서 보는 것처럼, 치료는 항상 결함이 완전히 치료되어야 하는 것이 아니다. 치료는 보상 구조의 향상을 통해서도 일어날 수 있다.

죄책감에 시달리는 인간과 비참한 인간

자기심리학과 고전적인 정신 기구 심리학은 매우 다른 인간관을 가정하고 있다. 코헛은 이를 '죄책감에 시달리는 인간'과 '비극적 인간'이라고 표현하였다. 고전적 관점에서 보는 인간은 쾌락의 원리에 따라 살면서 죄책감에 시달리는 존재이다. 죄책감에 시달리는 인간은 욕동의 만족을 추구하지만, 환경의 압력과 내적 갈등으로 인해 그렇게 할 수 없다.

자기심리학적 관점에서는 인간을 비극적 존재로 보고 있으며, 그는 쾌락 원리에 따라 살지 않는다. 그 대신 비극적 인간은 자기의 핵 안에 갖고 있는 타고난 패턴을 표현하고자 노력하며, 삶을 창조적이며 성취적인 방식으로 살아가고자 한다. 그러나 성취적 삶을 살지 못하는 실패는 설령 그 개인이 사회적으로 성공한다 해도 그 성공의 빛을 가리게 되는데, 이것이 코헛이 강조하는 잠재력을 성취하지 못한 사람의 비극에 해당한다.

요약하면, 코헛은 자기심리학이 욕동과 그에 대한 방어 그리고 갈등을 중심적으로 다루는 정신 기구 심리학 또는 고전적 정신 분석학이 제공할 수 없는 자기에 대한 이해를 가져다주었다고 주장한다. 자기심리학은 자기의 응집성이 어떻게 초기와 후기의 자기-대상 경험으로부터 발달하는지를 그리고 어떻게 자기 응집성이 자기에게 내재된 핵심적 프로그램이 건강하게 표현되는 것에서 절정을 이루는지를 기술한다. 자기심리학은 욕동의 우위가 아니라 자기 응집성의 우위를 인정하는 심리학이다.

제 8 장

자기의 회복 II : 임상적 고찰

이중 축의 자기

우리가 살펴본 바와 같이, 코헛 심리학의 중심적 주제는 자기이다. 코헛의 주된 가설—자기를 구성하는 일차적 구성물은 아이가 맺는 자기대상과의 관계로부터 유래한다—은 그의 성인 환자와의 치료 작업을 통해 나온 것이다. 그는 작업을 통해서 아이의 핵자기가 파편화 상태로부터 온전하게 통합된 상태로 옮겨가는 발달과정이 있으며, 이는 아이의 구체적인 발달적 욕구들에게 아이의 자기대상이 제공하는 반응의 질에 달려 있다는 사실을 추론하게 되었다. 「자기의 분석」에서 코헛은 이런 구체적 욕구들의 개요를 다루고, 이것들의 중심에 자리잡고 있는 두 개의 심리적 구성물에 관해 기술하였다. 그 중 하나인 과대 자기는 어린 시절에 자신의 위대함을 반영해 주는 어머니, 즉 아이의 과시주의적 자기애를 수용하고 지지해주는 자기대상에게 관심을 갖는 반면, 또 다른 구성물인 이상화된 부모 원상은 어린 자기에게 완전하고 안전하다는 느낌을 갖게 해주는 이상화된 대상과의 융합에 관심을 갖는다. 코헛은 이 특별한 두 구성물을 '이중 축의 자기'(bipolar self)라고 불렀다. 그는 「자기의 회복」(1977)에서 자신의 초기 사상을 확장시켜 이중 축의 자기에 대한 심층적인 논의를 제시했다.

이중 축의 자기는 두 개의 축(포부의 축과 이상의 축)을 담고 있다. 아이의 과대적이며 과시주의적인 자기애가 그 한 축을 구성하고 있는데, 정상적인 발달 과정에서 이 축과 연관된 자기애는 종국에는 포부를 갖는 능력으로 발달한다. 안정을 유지해주고, 긴장을 조절해주는 이상화된 자기-대상과 융합하려는 열망은 다른 축을 구성하고 있다. 이 축으로부터 오는 이상화하는 자기애는 정상적인 발달 과정에서 종국에는 이상(ideal)을 가질 수 있는 능력으로 발달한다.

자기의 내면에서 느껴지는 연속성의 감각, 즉 시간을 두고 같은 인격으로 존재한다는 느낌은 이 축들이 갖고 있는 성질뿐만 아니라 이 축들 사이의 관계에 의해서도 좌우된다. 코헛은 포부의 축에 의해 추진되고 이상의 축에 의해 인도되는 감각으로 경험되는 어떤 긴장이 이러한 두 축 사이에 존재한다고 제안한다. 그는 이 긴장을 '긴장 곡선'이라 부르고, 다음과 같이 서술한다:

> 나는 이런 가설을 전기를 설명하는 용어를 사용하여 설명해 보고자 시도했다. 공간적으로 분리된 두 개의 전기 극(+, -) 사이에 긴장 곡선이 존재하듯이, 즉 전기가 압력이 높은 데서 낮은 데로 흐르면서 전자 곡선을 형성하듯이, 자기도 곡선을 형성한다. 따라서 '긴장 곡선'이란 용어는 자기의 구

성 요소간에 존재하는 관계를 의미한다 … 이것은 한 사람의 포부와 이상 '사이'에 행동을 촉진시키는 조건이 현존하는 것을 의미한다. 그러나 내가 말하는 '긴장 곡선'이란 용어는 자기의 두 축 사이에서 발생하는 심리적 활동의 지속적인 흐름을 가리킨다. 그것은 포부에 의해 가동되고 이상에 의해 인도되는 인간의 기본적 추구와 같은 것이다 (Kohut 1977, 180쪽; 강조는 코헛의 것).

코헛은 자기의 세 번째 구성 요소를 도입한다. 이것은 이중 축 사이에 존재하는 기술들(skills)과 재능들(talents)이다. 이것은 M씨의 사례(7장 참조)에서 볼 수 있듯이, 보상 기제가 형성할 수 있는 한 영역이다. 코헛은 특정 자기의 발달과 형성을 다음과 같이 요약하고 있다:

따라서 자기는 모든 것을 능가하는 중심적인 심리적 구성물이다. 이것의 형성과 왜곡은 정신의 성장과 발달의 핵심에 해당한다. 과시적-과대 자기는 자기-대상(일반적으로 아이의 어머니)의 반영에 의해 지지 받는다. 이상화된 부모 원상 구성물은 부모가 아이에게 이상화하는 것을 허용해주고 또한 아이의 이상화를 즐길 수 있을 때 형성된다. 이것은 후기에 발달하는 것이며, 보통 아버지와의 경험을 포함한다. 특정한 자기의 구체적 형태는 아이가 자기-대상과 갖는 관계의 성질에 달려있다. 만약 자기의 한 축이 형성 과정에서 방해를 받는다면, 다른 축을 강화함으로써 그 약한 부분에 대한 보상이 시도된다. 자기의 심각한 장애와 왜곡은 두 축의 발달이 모두 실패할 때 발생한다. 다른 말로 하면, 아이는 건강을 획득할 수 있는 두 번의 기회를 갖는다.

한쪽 부모가 자기-대상의 기능을 충족시켜주지 못하면, 아이는 그 결핍을 보상하려고 다른 부모에게로 향한다. 병리 상태가 되는 경우는 양쪽 부모 모두가 자기-대상의 기능을 제공하지 못할 때이다(Kohut 1977, 186쪽).

코헛은 아이가 경험하는 출생, 사망, 질병, 가족의 재난 등과 같은 큰 사건들이 정서적 질병의 발생에 중요한 역할을 한다는 사실을 인정한다. 그러나 부모의 성격 특성이, 건강하든 병적이든 간에, 아이의 심리적 환경에 주된 영향을 미치고, 특정한 심리적 자기를 형성하는데 책임이 있다고 믿는다.

코헛은 자신의 이론을 설명하는 과정에서 고전적 정신분석학 이론에서 중심적 위치를 차지하고 있는 욕동에 대한 자신의 견해를 밝히고 있다. 그는 「자기의 회복」에서 고전적 분석 전통과 결별하였고, 욕동을 생물학적으로 인간에게 부여된 것이라기보다는 파편화된 자기의 산물로 간주한다. 그의 이러한 생각은 고전적인 정신분석 이론과의 결별을 나타내는 것이다:

이런 상황에서 두 개의 기본적인 심리 기능의 분열—건강한 자기 주장성과 이상화된 자기-대상에 대한 건강한 찬양(admiration)—을 검토하는 것이 도움이 된다 … 아이가 자기-주장을 했을 때, 자기-대상이 이를 인정해 주지 않을 경우, 그는 건강한 과시주의를 … 포기할 것이며, 아이는 위대하다고 생각되는 단순한 상징들(오줌 줄기, 오줌, 음경) 중 하나에 대한 고립되고 성화된 과시주의적 생각에 몰두하게 될 것이다. 그리고 이와 비슷하게, 이상화되고 전능한 자기-대상과 융합하려는 시도가 실패하게 될 때, 눈을 크게 뜨고 놀라움을 금치 못하는 건강하고 행복한 아이의 감탄이 중지될 것이고, 전반적인 심리적 구성물은 깨어지고, 성인의 힘을 상징하는 고립된 상징들(성기, 유방)을 몰래 훔쳐보고 픈 성적인 생각이 그의 마음을 차지하게 될 것이다(Kohut 1977, 171-3쪽).

코헛은 고전적 입장을 주장하는 이들이 욕동의 표현이라고 간주하는 것을 자기의 핵심적 측면이 파손되거나 금이 간 것으로 인식한다. 예를 들면, 아이의 건강한 자기 주장성에 대해 적절하게 반응해주지 않으면, 그러한 자기 주장성은 격노나 공격적 행동으로 바뀌게 된다. 인정받고 칭찬받고자 하는 건강한 욕구가 외상이 될 정도로 방해를 받으면, 이 욕구는 성화된 과시주의로 변하게 된다. 그리고 이상화된 자기대상을 경외의 눈으로 바라보고 싶은 건강한 욕구가 외상이 될 정도로 방해를 받으면, 이 욕구는 성화된 관음증이 된다. 이와 같은 성적인 행동은 겉으로 드러나지 않고 있다가 성인기에 성도착적 행위로 드러날 것이다. 코헛에게 있어서 성도착은 욕동의 표현이 아니라, 파편화되고 병들고 마비된 자기의 핵심 요소가 활기를 되찾고자 하는 증상으로 간주된다.

코헛은 치료 과정에서 활성화되는 자기대상 전이 경험들은 유아기에 가졌던 관계의 반복이 아니라 새로운 경험이라고 주장한다. 이 경험들은 과거에 좌절된 발달적 욕구가 되살아나는 것을 나타낸다. 그것들이 다시 일깨워짐으로써 발달이 정지되고 약해진 자기를 건강한 것으로 회복하는 일이 가능해진다. 코헛의 이러한 진술은 그가 25년 전에 언급한 내용(1951, 164-6쪽)을 떠올리게 하는데, 그때 그는 모든 반복들은 전이이지만, 모든 전이가 반복은 아니다.

병리의 분류

코헛은 이중 축의 자기를 중심적인 구성물로 확립함으로써, 자기의 성질과 형태의 장애에 근거해서 정신병리를 분류하고 토의할 수 있게 되었다. 그는 이 장애들을 일차적 장애와 이차적 장애로 분류했다. 그의 주된 관심은 일차적 장애였는데, 그것은 일차적 장애가 자기의 형성 과정에서 발생한 발달 정지의 결과이기 때문이다. 이에 비해 이차적 장애는 삶의 위기상황에 대한 급성 또는 만성적인 반응의 결과이다. 코헛은 일차적 장애를 다음의 5가지 범주로 구분하고 있다:

1) 정신증 (자기가 영구적으로 또는 장기간 동안 해체되고, 약화되고, 또는 심각하게 왜곡된 상태)
2) 경계선 상태 (영구적으로 또는 장기간 동안 해체되고, 약화되고, 또는 심각하게 왜곡된 자기가 어느 정도 효과적인 방어 구조에 의해 덮여있는 상태)
3) 분열성 및 편집증적 성격 (타자로부터 정서적인 거리를 유지하기 위해 분열성 방어와 편집증적 방어라는 두 개의 방어 조직을 사용하는 상태)

(Kohut 1977, 192쪽).

비록 일차적 장애를 지닌 사람들이 치료자와 유익한 관계를 형성할 수는 있지만, 장애를 입은 자기의 소영역은 치료적으로 관리될 수 있을 만큼 안정된 전이를 형성할 수 없다. 그러므로 정신분석은 이런 사람들에게 적절한 치료법이 아니다. 코헛은 정신분석학적 치료가 가능하도록 안정적인 전이가 형성되는 두 개

의 자기애적 장애에 관해 말한다. 그것들은 자기애적 성격 장애
와 자기애적 행동 장애이다.

> 4) **자기애적 성격 장애** (과민 반응, 건강 염려증, 우울증과
> 같은 내부 변형적[autoplastic] 증후[Ferenczi, 1930]로 드러
> 나는 자기의 일시적 해체, 약화, 또는 심각한 왜곡)
> 5) **자기애적 행동 장애** (성도착, 문제 행동 또는 중독과 같
> 은 외부 변형적[alloplastic] 증후[Ferenczi, 1930]로 드러나는
> 자기의 일시적 해체, 약화, 또는 심각한 왜곡[Kohut 1977,
> 193쪽])

자기애적 장애 중에는 무기력한 자기를 활성화하려는 시도들
이 환상 안에서만 이루어지는 장애 집단이 있는가 하면, 환상 속
의 내용을 성도착, 문제 행동, 중독의 형태로 행동화하는 장애 집
단이 있다. 코헛은 환상에 국한된 것과 행동으로 나타나는 것을
구별하기 위해 이것들을 각각 '자기애적 성격 장애'와 '자기애
적 행동 장애'로 부른다. 이 두 집단의 정신역동적 측면은 비슷
하나, 발생론적 측면에서는 구별이 된다. 한쪽 부모만이라도 필요
한 자기대상 기능을 제공할 수 있다면, 이중 축 중에 하나의 축
이 보상적인 방식으로 발달함으로써, 다른 축의 결핍을 상쇄시키
게 된다. 이것은 자기애적 성격 장애로 고통을 당하는 사람들로
하여금 회복을 시도할 수 있게 하고, 욕동 만족을 위한 시도가
환상 영역 안에서만 이루어지도록 제한한다. 자기애적 행동 장애
를 지닌 사람들은 초기 자기대상이었던 부모의 어느 쪽도 자기
축의 발달을 촉진시킬 수 없었던 사람들이다. 이런 사람들은 정
동을 처리하는 능력이 감소되고, 마비된 자기를 활성화시키거나
흥분된 자기를 진정시키기 위해 통제되지 않는 행동으로 자신들

을 몰고 간다. 코헛은 이 둘 중에 자기애적 행동 장애를 더 심각한 장애로 여기고 있다. 이 장애는 자기의 이중 축 중 어느 쪽도 충분하게 형성하지 못한데 따른 결과이기 때문이다.

임상 사례 1

코헛은 과거에 자기의 개념을 정신 기구의 한 부분을 구성하고 있는 것으로 좁게 정의했는데, 이 시점에서는 자기를 보다 포괄적이고 중심적인 개념으로 폭넓게 정의하고 있다. 그는 이중 축의 자기 개념이 지닌 임상적 효용성을 설명하는 과정에서, X씨의 사례를 사용하고 있다.

X씨의 여성 분석가는 코헛에게 수퍼비전(supervision)을 요청했다. X씨는 자위 행위를 중독적으로 행하고 있으며, 이와 연관된 동성애적 환상으로 인해 심각한 수치감을 느껴야 했다. 그는 동성이나 여성과의 성관계 경험이 전혀 없었다. 그의 성생활은 하루에도 여러 차례 그가 다니는 교회의 목회자를 생각하면서 자위 행위를 하는 것으로 이루어져 있었다. 그의 환상에서 절정의 순간은 성찬식의 빵을 받는 중에 자신의 성기가 목회자의 것과 십자가의 형태로 교차되는 것이었다. 이 환상 안에는 구강 성교의 요소는 없었으며, 깊은 외로움이 담겨 있는 듯 했다.

그의 어머니는 자신의 남편을 업신여긴 반면 아들인 X씨를 이상화하였다. 그녀는 종교적인 여성으로서, 아들에게 성서의 이야기들을 들려주곤 했는데, 예수와 그의 어머니 마리아 사이의 완전한 관계에 대해 강조했다. 그녀는 예수의 지성을 이상화했으며, 예수가 그의 연장자들보다 우월했음을 강조했다. 그녀는 또한 X씨를 이상화했는데, 그것은 그가 그녀에게 정서적 밀착을 유지하는 경우에 한에서였다. 그가 자신에게서 떠나버리겠다고 위협할 경우, 그녀는 자신의 찬사를 철회하였다.

코헛의 추론에 의하면, X씨의 환상은 무능한 그의 아버지를 다른 강한 남자로 대체하려는 열망의 표현이다. 그녀의 어머니는 아버지를 업신여김으로써, 아들이 아버지를 이상화할 수 있는 가능성을 방해하였다. 그의 환상은 이상화된 하나님 같은 남자와 융합함으로써, 그의 강한 힘을 갖고자 하는 소망이 성화된 것이었다. 그의 아버지가 정서적으로 부재했던 사실이 이상과 목표를 담당하는 자기 축의 발달에 장애를 일으키게 되었다.

코헛은 X씨의 성격 특질과 그의 분석에서 드러난 내용을 구조 모델을 사용하여 서술했는데, 도표 8.1이 그것을 보여주고 있다. 여기에서 그는 혼합된 모델을 사용하는 것처럼 보이기도 하는데, 사실 이러한 그의 모습은 과학적이면서도 동시에 놀이적인 그의 태도를 드러내고 있다:

> 나는 여기에서 자기와 그것의 구성 요소를 마음에 대한 구조 모델의 틀 안에 집어넣기로 작정했다. 나는 이렇게 하는 것이 자기를 정신 기구의 내용으로 축소시키는 것이며, 그렇게 함으로써 일시적으로 자기심리학이 지닌 포괄적인 설명력을 포기하는 것임을 잘 알고 있다. 이러한 비일관성은 허용할 수 있는 것이라고 생각한다. 왜냐하면 내 생각에 모든 가치있는 이론화 작업은 임시적이고, 탐구적이며, 잠정적인 특성, 즉 놀이다움(playful)의 요소를 담고 있기 때문이다 (Kohut 1977, 206-7쪽).

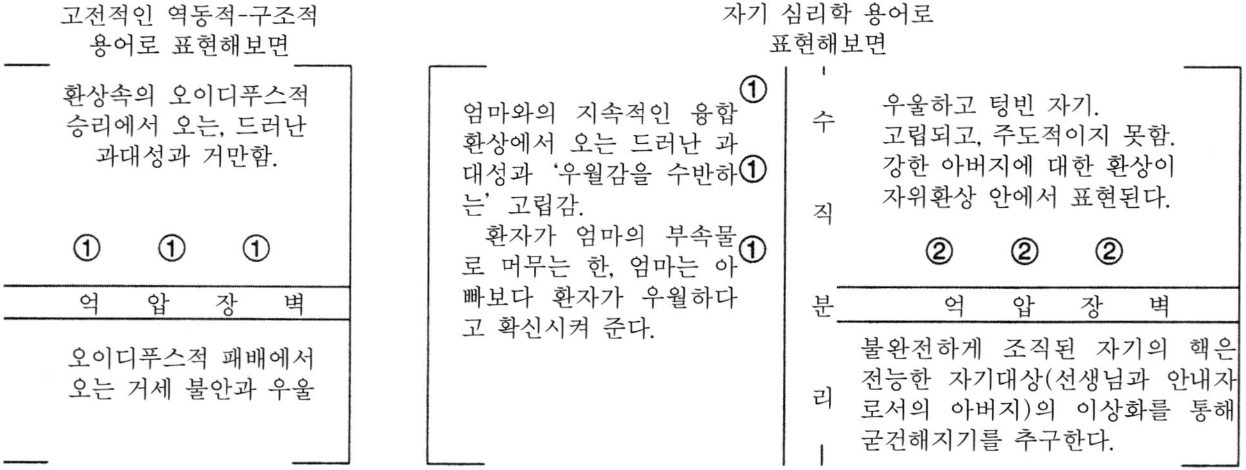

고전적인 역동적-구조적
용어로 표현해보면

환상속의 오이디푸스적
승리에서 오는, 드러난
과대성과 거만함.

① ① ①

억 압 장 벽

오이디푸스적 패배에서
오는 거세 불안과 우울

자기 심리학 용어로
표현해보면

엄마와의 지속적인 융합
환상에서 오는 드러난 과 ①
대성과 '우월감을 수반하 ①
는' 고립감.
　환자가 엄마의 부속물 ①
로 머무는 한, 엄마는 아
빠보다 환자가 우월하다
고 확신시켜 준다.

수

직

우울하고 텅빈 자기.
고립되고, 주도적이지 못함.
강한 아버지에 대한 환상이
자위환상 안에서 표현된다.

② ② ②

분

억 압 장 벽

리

불완전하게 조직된 자기의 핵은
전능한 자기대상(선생님과 안내자
로서의 아버지)의 이상화를 통해
굳건해지기를 추구한다.

X씨의 정신병리를, 고전적인 역동적-구조적 개념을 기초로 행해진 정신분석 작업은 ①①①로 표시된 영역 안에서 분석작업이 수행된다.

X씨의 정신병리에 대해 자기심리학적 인식을 근거로 진행된 분석작업은 2단계로 진행되었다. 1단계 기간 중에는 ①①①로 표시된 영역 안에서 이루어지며, 2단계에서는 ②②②로 표시된 선에서 이루어진다.

도표 8.1 X씨의 성격에 대한 코헛의 설명과 두 국면의 분석(출처: Kohut 1977, 213쪽)

X씨에 관한 분석 작업은 2단계로 진행되었다. 첫째 단계에서는 우월성과 고립의 겉모습을 유지해온 수직 분리에 대해 작업하였고, 둘째 단계에서는 억압 장벽 아래에 숨겨진, 우울하고 소진한 상태로 존재하는 진정한 핵 자기에 대해 작업했다. 코헛은 근친상간적 소망에 대한 갈등에 초점을 맞춘 관점은 X씨 성격의 본질을 놓치고 있지만, 자기를 중심적인 심리적 구성물로 인식하는 관점은 그의 핵심 요소에 대해서 작업할 수 있다고 주장했다.

코헛은 X씨의 분석에서 나타난 치료적 쟁점을 다음과 같이 요약한다:

분석 과정을 통해 환자에게 구조적 결함을 치료하는 매우 효과적인 수단을 제공하기 전까지는, 환자는 성적인 활동을 통해 고통을 일시적으로 경감시키는 것 외에는 다른 방법이 없었다. 이것은 남성적인 강함으로 채워졌다고 느끼는 환자의 감정에서 가장 생생하게 표현되었는데, 특히 그가 성찬을 받는 순간에 자신의 성기와 성직자의 성기가 교차하는 상상을 통해서 나타났다. 이 사례의 분석 과제는 환자로 하여금 일시적인 도움만을 제공하는 성 중독적인 행동으로부터 이상화된 자기-대상과의 관계를 재활성화하는 것을 통해서 이상화된 목표를 수행할 수 있는 자기의 축을 자기 안에 확립하는 쪽으로 이동하도록 돕는데 있다(Kohut 1977, 217-8쪽).

도표 8.1에서 ①로 표시된 수직 분리는 X씨의 장애에 두드러진 역할을 담당하고 있다. 이 수직 분리는 도표 왼쪽에 존재하는 부정되고 분리된 영역을 만들어 내었는데, 그 영역은 수정되지 않은 과대적 요소를 담고 있다. 여기에서 사용되고 있는 부정

(disavowal)은 과대성과 연관된 수치와 당혹감으로부터 X씨를 보호해주는 역할을 한다.

X씨 분석의 첫 번째 국면은 부정된 과대성을 그리고 그 과대성이 이상화된 아들과 융합하고픈 어머니의 욕구에 대해 갖는 관계를 다루는 것이었다. X씨는 자신의 오만, 우월감, 자신에 대한 지배적인 경험이 진정한 자기에서 나온 것이 아님을 알게 되었다. 이것은 그 자신의 일부를 구성하고 있는 그의 어머니로부터 온 것이었다. 이 영역에 대한 분석 작업은 X씨의 숨겨진 참 자기를 덮고 있는 불손하고 고립된 오만함을 감소시키는데 도움이 되었다.

일단 수직 분리가 치료되자, X씨는 두 번째 분석 국면으로 들어갔다. 그는 도표 8.1의 수평 장벽 ② 밑에 자리잡고 있는 소진되고 손상되고 침울하고 텅 빈 자기를 점진적으로 인식하게 되었다. 그는 이 숨겨진 자기가 항상 존재하고 있었으며, 그것이 그의 진정한 자기였다고 깨닫게 되었다. 이에 덧붙여, 어린 시절에 경험했던 아버지와의 좌절스런 관계로 인해 발생한 파편화된 자기의 요소들이 억압 장벽 아래에 숨겨진 채로 존재하고 있었다. X씨가 그의 아버지와 가졌던 불안한 관계는 튼튼한 이상화 축을 형성하는 일에 장애물이 되었다. 남성적 이상을 담고 있는 축에 대한 그의 좌절된 욕구는 분석 과정에서 재활성화되어 이상화 전이의 형태로 표현되었고, 따라서 분석에서의 극복 작업은 자기의 이상화 축을 강화시키는 작업을 통해서 이루어졌다.

코헛은 자신이 불편한 것이라고 생각하는 다음과 같은 질문을 하고 있다: 하나의 분석에서 여러 결과가 나오는 것이 가능한가? 분석가가 자기의 두 축 중에서 어느 한 축에 초점을 맞추는 것이 다른 축에 초점을 맞추는 것과 다른 결과를 가져오는가? 그의 단호한 답변에 의하면, 각각의 자기는 아동기 자기대상과의 고유한 관계에 근거해서 각각 자체의 특정한 구성물을 갖고 있다. 공감적으로 행해진 분석은 환자가 지닌 특정한 자기의 형태와 조율하게 될 것이다. 출현하는 전이들은 각 개인이 가진 자기의 병리에 따라 달라질 것이다:

> 그러나 대다수의 사례에 대한 관찰에서 드러나는 바, 분석 과정은 만약 그것이 올바르게 진행된다면 본질적으로 심리 내적 요소에 의해서 결정된다 …
>
> 본질적 전이(또는 일련의 본질적 전이들)는 환자의 성격 구조 안에 확립된 내적 요소들에 의해 규정된다. 그리고 분석 과정에 미치는 분석가의 영향은—정확하거나 부정확한 공감적인 이해에 근거한 해석에 의해서—미리 예정된 환자의 치료적 경로를 따라 그 과정을 촉진시키거나 방해하는 것에 지나지 않는다(Kohut 1977, 216-7쪽).

임상 사례 2

내가 제시하고자 하는 환자의 사례는 코헛의 이중 축의 자기의 개념을 좀더 상세히 보여준다. 이 환자를 위한 심리치료는 1주나 2주 혹은 3주에 몇 번씩 만나면서 중간에 2주 또는 6주씩의 단절 기간이 있었다는 점에서 일상적인 것이 아니었다. 이 남자와 치료 과정을 시작하는데는 사업과 관련된 출장으로 인해 불규칙한 그의 일정을 수용하는 것이 필수적이었다. 이런 문제가 겉으로는 어려움을 야기하지 않았음에도 불구하고, 결국 우리는 그의 방랑적 삶의 방식에서 표현된 보다 깊은 문제를 이해하게 되었다.

키가 크고 매력적인 41세의 영국 남자인 윈스턴은 몇 번의 면담을 하면 그 자신의 문제행동을 해결할 수 있을 거라는 기대를 갖고 면담을 시작했다. 그는 호감이 가는 민감한 사람으로 보였으나, 감정의 중요성을 즉석에서 부인하였는데, 이런 태도는 그가 얕은 정서를 가졌다는 인상을 갖게 했다. 그는 이런 피상적인 정서에도 불구하고, 빠르고 적극적으로 치료 과정에 참여하였다.

윈스턴이 자신의 문제라고 인식하게 된 것은 그가 한 여자와 관계가 깊어진 후에 그녀의 사소한 결점을 발견하면, 이것이 그녀와 관계를 끝내는 이유가 된다는 것이었다. 그는 최근 짧은 기간 동안 세 여자와 관계를 갖게 되었고, 자신에게 무언가 잘못된 점이 있다는 것을 깨닫게 되었다.

영국에서 보냈던 어린 시절의 생활이 아주 좋은 것이었다는 그의 주장에도 불구하고, 사실은 그가 고립된 삶을 위장한 채로 살았다는 것이 곧 드러났다. 그의 어린 시절에 그는 세 명의 보모—출생에서부터 3세까지, 3세에서 7세까지, 7세에서 11세까지—에 의해 돌봄을 받았다. 이 기간 동안 보모들은 윈스턴이나 그의 두 형제들과 함께 즐겁게 지내지 않았다. 그들은 부모가 함께 있을 때엔 아이들에게 친절하게 행동하였으나, 아이들만 있을 때는 차갑고 냉정하게 행동하였다. 그들은 아이들을 서둘러 일찍 침대에 들어가게 했는데, 윈스턴은 침대에서 수많은 밤을 밖에서 노는 아이들을 부러워했던 일을 회상하였다. 순종적 소년이었던 그는 자기 방에 머물면서 자기만의 놀이를 창안하여 혼자 즐겁게 지내는 법을 터득해야 했다.

윈스턴은 8세 때에 기숙사가 있는 학교에 다니게 되었고, 오직 휴일에만 집에서 지낼 수 있었다. 그는 학교로 돌아가기 전에 느졌던 심한 외로움과 학교로 복귀한 후 첫째 날 심한 향수를 느꼈던 일을 기억했다. 그러나 부모들은 자녀들을 오직 4주에 하루만 집에 데려가도록 허용되었다.

집에서의 생활은 엄격했다. 세 살부터 일곱 살 때까지는 매일 저녁 5시에서 5시 30분까지 부모와 함께 지냈으며, 아버지가 방에 들어오면 일어서도록 교육받았다. 윈스턴의 아버지는 윈스턴이 심리치료를 시작한 후 얼마 되지 않아 돌아가셨으며, 그는 유별난 사람으로 묘사되긴 했으나 모든 사람들로부터 깊은 사랑을 받은 인물이었다. 그는 모든 사회 계층의 사람들과 관계할 수 있는 범상치 않은 능력을 지니고 있었다. 윈스턴은 자신의 아버지를 매우 사랑했으며, 둘 사이의 관계가 아주 좋았다고 느꼈다. 그들 사이에는 깊은 교감이 있었으나, 그 친밀감은 결코 겉으로 표현되지 않았다. 지나칠 때 가볍게 서로 손을 부딪히는 정도의 신체 접촉만 있었을 뿐이다. 이들은 사업 또는 스포츠에 관해서만 이야기를 나누었고, 자기 자신 혹은 서로에 관한 것은 결코 화제로 삼지 않았다. 윈스턴의 가족들은 자신들의 감정을 억압하는 경향이 있었음에도 불구하고, 윈스턴은 자기 아버지의 죽음에 대한 슬픔을 표현하는데 아무 문제가 없다고 느꼈는데, 사실 그와 그의 누이만이 장례식 때 울 수 있었고 나머지 사람들은 자제심이 너무 강한 나머지 울 수 없었다.

그의 어머니는 멀리 있고 침범적이며 판단적인 여자로서, 다른 사람의 감정을 전적으로 무시하는 인물이었다. 그녀는 매우 말이 많았고, 사람들의 겉모습을 그들의 실제 행동보다 더 중요하게 여겼다. 윈스턴은 어머니에게서 멀어지기 위해 영국에서 도망쳤을 거라고 믿고 있었다. 윈스턴은 그의 말처럼 '머리 속에 맺힌 매듭을 풀기 위해 단지 몇 번의 면담을 받기 위해' 왔음에도 불구하고, 빠르게 치료 과정에 몰입하게 되었다. 그는 강렬한 호기심을 갖고 있었으며, 자기 자신에 대해 이야기하는데 열성적이었고, 매 번의 면담시간에 대해 기대를 갖고 있었다. 나는 먼저 그가 호소하고 있는 문제에 대해 언급하였다. 나는 비록 여자가 계속 바뀌고는 있지만, 그는 결코 여자가 곁에 없었던 적이 없는 것 같다고 말했다. 그는 지속적인 동반자로서의 여성의 이미지를 형성한 듯하며, 이것은 근저의 외로움을 상쇄하기 위한 것 같다고 나는 제안했다. 이 생각은 윈스턴의 관심을 사로잡았고 그에게 신나는 새로운 문을 열어 주었다. 그는 자발적으로 그의 소년 시절을 되돌아보기 시작했고, 그가 소년 시절에 외로운 삶을 살았다는 사실을 빠르게 깨달았다.

한 여성이 그와 사랑에 빠졌을 때 윈스턴이 경험했던 것은 많은 것을 말해준다. 그는 여자들에게서 찬사받기를 갈망했고, 여자들을 사로잡는 자신의 능력이 대단하다고 말했으며, 매번 그가 바라던 완벽한 여자를 발견하기를 소망했다. 그러나 그는 여자의 찬사를 얻어냈지만, 그런 찬사가 나타나면 공포에 질렸다. 우리는 바로 이 지점에서 그가 그녀에게서 불가피한 불완전함을 발견하고는 그녀로부터 후퇴한다는 중요한 사실을 발견했다. 그러나 그는 다른 여자와 관계를 시작하기까지는 전에 사귀던 여자와 실제로 결별하지 않았다. 이런 유형이 18세부터 시작되어 항상 똑같은 형태로 지속되어왔다. 윈스턴은 청소년기 후기부터는 홀로 있지 않았다.

우리는 윈스턴이 찬사를 받는 경험에 대해 탐색했는데, 그것이 핵심적인 요소라고 보았기 때문이다. 그는 자신이 추구하고 노력했던 것이 찬사를 받는 것이었음에도 불구하고, 실제로 그것을 경험했을 때 그는 압도되곤 했다. 찬사받는 경험은 그를 강렬하게 흥분시켰지만 또한 곤혹스럽게 만들었다. 그가 평안을 회복하는 유일한 방법은 자기 자신으로부터 거리를 유지하는 것이었다.

이런 경험은 그에게 다른 하나의 상황을 기억나게 했다. 윈스턴은 아주 뛰어난 운동선수였으나, 자신이 성취한 업적에 대한 찬사를 듣는 것을 감당할 수 없었다. 그는 경기를 뛰어나게 잘하고 난 후에 당황하여 고개를 떨군 채 경기장을 떠났던 많은 기억들을 떠올렸다. 이런 일들에 대한 연상 과정에서, 그는 자신의 부모가 그가 자만에 빠질까 염려해서 그가 성취한 많은 것들을 거의 인정해 주지 않았던 일을 회상해냈다.

그의 가족이 가졌던 정서 생활을 검토하는 과정에서 그는 또 다른 당황스러웠던 일에 관해 이야기했다. 그의 부모와 형제들은 누군가—소녀, 여자 또는 가족 구성원—에 대해 공개적으로 애정을 표현하는 것에 대해 조롱하며 모욕하곤 했다. '그녀를 사랑한다구? 아이구 맙소사'라고 놀리곤 했다. 윈스턴은 그가 여자의 '불완전함'에 대해 생각할 때 실제로 두려웠던 것은 가족의 비난이었음을 또한 깨닫게 되었다. 그는 그들의 승인이 필요했으며 그들의 비난을 두려워했다.

그는 많은 사람들이 보모에 의해 양육되었으면서도 잘 살아가는데 어째서 자신은 문제를 갖게 되었느냐고 질문했다. 그 답을 찾기 위해, 우리는 보모와의 생활을 점검한 끝에 윈스턴의 엄마가 그들을 선택하였음을 깨닫게 되었다. 그들은 그녀의 연장이었다. 그들의 비공감적인 성격은 아동기에 대한 이해가 없었던 그의 엄마의 공감적이지 못함을 반영하는 것이었다. 보모에게서 자란 다른 사람들이 잘 살아갈 수 있었던 것은 그들의 보모가 사랑이 있는 여자들이었기 때문이라고 윈스턴은 생각하게 되었다. 어떤 사람들은 보모와 15년을 함께 생활했는데 반해, 윈스턴은 11세 때까지 3명의 냉정한 보모들과 생활해야만 했다.

윈스턴은 한 가지 문제를 치료받으려 했음에도 불구하고, 나는 그를 이해하기 위해 여러 가지 의문 사항들을 고려해야 했다. 예를 들면, 어째서 그에게는 찬사를 받는 것과 마찬가지로 칭찬받는 것이 견딜 수 없는 경험이었을까? 그 둘 사이에는 어떤 유사성이 있는가? 윈스턴의 방랑 생활의 의미는 무엇인가? 어째서 그는 한 사람에게 헌신할 수 없는 것일까? 가까운 느낌과 친밀감은 그에게 견딜 수 없는 무엇인가? 이런 질문들에 대한 대답을 얻기 위해서, 나는 그의 자기를 형성하는데 영향을 끼친 발생학적 요소를 고려해야 했다. 이런 관점에서 볼 때, 그의 인생은 다음의 세 가지 특징들을 갖고 있음을 알 수 있다.

첫번째 특징은 윈스턴이 불평을 말하고, 찬사를 받기를 바라는 지속적인 욕구를 갖고 있으며, 그러한 찬사가 주어졌을 때 후퇴한다는 것이다. 그는 한 여자와 지속적인 관계를 가진 적이 없음에도 불구하고, 내가 보기에 그는 그가 알았던 많은 여성들로 구성된 환상적 인물들과 지속적 관계를 맺고 있었던 것으로 보인다. 그가 여러 해 동안에 걸쳐 만났던 모든 여성들은 하나의 지속적으로 존재하는 얼굴 없는 여성적 존재로 융합되어 있었다. 나는 윈스턴이 지속적 관계를 유지하지 못하는 이유는 그가 어릴 때 겪었던 많은 상실의 경험 때문이라고 보았다. 그의 어머니의 거리를 두는 성격, 그를 돌보는 보모의 잦은 교체, 어린 나이에 집을 떠나 생활한 것 등이 그에게 외상이 되었다. 윈스턴은 한 사람에 대한 헌신을 회피함으로써, 그러한 헌신이 초래할 수 있는 상처로부터 자신을 보호하고자 했다. 가상의 여성에 대한 그의 집착은 동반자에 대한 그의 욕구를 충족시켜 주는 동시에 그를 상실의 위협으로부터 보호해 주었다. 윈스턴의 인생의 두 번째 특징은 그의 직업과 연관되어 있었다. 윈스턴은 안정적이지 못한 애착 관계와 피상적인 정서적 생활을 했을 뿐만 아니라, 그의 회사가 그를 새로운 지역으로 보내야 했던 것과 맞물려 이곳저곳을 이동하는 삶을 살았다. 그는 어린 시절에 자신의 정서적 삶의 중요성을 부정하고 부인하도록 배웠다. 그가 아동기에 살았던 금욕적인 분위기에서는 강한 성격이 가치있는 것으로 인정되었기 때문에, 감정을 부정하는 그의 특징은 그 자신의 가치있는 부분으로 간주되었다. 이러한 그의 특징은 성인이 되어서 그에게 끊임없이 여행하는 방랑자적인 삶을 살게 했다. 삶의 단절과 고립을 불평하지 않고 견디는 능력은 그의 회사 분위기에서 가치있는 것으로 여겨졌으며, 그에 대한 근사한 보상이 뒤따랐다.

윈스턴이 그런 일을 선택한 데는 몇 가지 요소들이 있었다. 방랑자적 삶에 대한 자신감을 확립함으로써, 그는 어린 시절의 외상을 재창조함과 동시에 이것을 자신이 통제하고 있다는 환상을 제공할 수 있었다. 방랑자적 삶은 그에게 어떤 인물이나 장소를 지나치게 중요시하지 못하게 함으로써 그를 보호하였다. 이점에서 윈스턴은 어린 시절에 부모를 잃은 사람들과 유사하다. 그들은 또 다른 상실에 노출되는 것에 대한 두려움으로 인해 애착 관계를 형성하지 않는 경향이 있다. 윈스턴이 처음부터 확고한 자세로 치료에 참여하기보다는 몇 번에 걸친 자문 형식의 면담에 관심을 보인 것은 이런 보호 성향을 반영하는 것이었다.

윈스턴의 삶에서 세 번째로 두드러진 모습은 그의 민감성, 관계를 쉽게 맺는 능력, 성찰할 수 있는 능력과 그의 피상적인 정서 사이에 현격한 대비가 존재한다는 것이다. 나는 그 피상성이 그가 상처에 노출되지 않기 위해 사용했던 보호막이라고 생각했다. 공감적이지 않고 정서적으로 억압적인 환경에서 성장한 그는 자신의 삶을 살아가면서 다른 어떤 것도 기대하지 않았다. 그는 자신의 감정들을 아무런 상관이 없는 '뻣뻣한 윗입술'처럼 대하는 법을 배웠다. 치료 과정에서 그 보호막이 빠르게 녹아 내렸는데, 이것은 반응해주는 환경을 바라는 그의 희망이 결코 죽지 않았음을 시사해주는 것이었다. 그것은 살아 있었다.

윈스턴의 피상적인 정서 경험은 또 다른 기능을 갖고 있었다. 이것은 그가 편안하고 안전하게 경험할 수 없는 정서들로부터 그를 보호해주었다. 이 문제는 윈스턴이 어린 시절에 경험했던 자기대상들이 자신들의 정서적 경험을 두려워하는 사람들이었다는데 그 원인이 있다. 이들은 인간 경험의 전반적인 영역을, 즉 사랑과 온정과 자부심과 분노를 두려워했다. 이런 환경에서 정서는 회피와 억압 그리고 부정과 부인을 통해 처리되었다. 여기에는 자신의 정서를 편히 느낄 수 있으면서 아이의 경험을 긍정해주고 가치있게 여겨주는 자기대상의 거울 기능이 결핍되어 있었다. 아이의 정서를 긍정해주는 것은 정서를 관리하는 능력을 증진시켜주지만, 사랑, 온정, 외로움, 자부심과 같은 아이의 감정을 조롱하고 수치감을 갖게 하는 것은 그의 정서를 부인과 부정이라는 방어장벽 아래 두도록 강요한다. 여기에서 정서적 피상성이 발생한다.

이런 이해를 가지고, 우리는 이제 윈스턴이 자기대상에 의해 어떤 종류의 칭찬과 찬사를 받았는지를 살펴볼 수 있다. 찬사를 받고 싶어하는 윈스턴의 소망은 그의 어머니의 눈에서 볼 수 없었던 기쁨에 찬 눈빛에 대한 추구를 나타내는 것이었다. 그 자신의 위대함을 인정받고 싶어하는 과대 자기의 수정되지 않은 욕구는 아이의 자기대상이 적절하게 관여해주고 반영해주는 것을 통해서 아이의 과시적 자기애를 변형시켜줄 수 없었기 때문에 발생한 결과였다. 윈스턴의 칭찬 받고 싶어하는 소망과 찬사 받고 싶어하는 소망은 수정되지 못한 과대주의라는 동일한 원천에서 유래한다. 그가 과대주의를 수용하지 못한 데는 두 가지 이유가 있다. 첫째로 그의 과대주의가 수용될 때 경험하는 강렬한 흥분 때문이었다. 긍정 받는 경험은, 그것이 찬사이든 칭찬이든, 위협적인 흥분을 야기했고, 그는 그 위협을 퇴행을 통해서만 조절할 수 있었다. 그는 자신을 이런 자극으로부터 보호하기 위해 그의 자기대상들이 그에게 찬사를 보내거나 칭찬을 할 때마다 그들을 떠났다. 그가 과대주의를 수용할 수 없었던 또 다른 이유는 인정받으려는 소망과 연결된 수치심 때문이었다. 과시적 과대성은 특별히 수치심과 당황함에 취약한 특성을 갖는다. 이것들은 자기대상에 의해 편안하게 수용될 때에만 성격으로 통합될 수 있다.

이 책의 13장에서 다시 다루겠지만, 이중 축의 자기 개념은 심리적 내용을 구체적인 사물인 것처럼(reification) 오해하게 하는 위험한 측면을 갖고 있다. 그러나 이 개념에 접근함에 있어서 여러 다른 생각들을 즐겁게 시험해보는 과학자의 태도를 취한다면, 그것은 유용한 개념적 도구가 될 수 있다. 나는 이중 축의 자기라는 개념을 구체적인 모델로 보지는 않는다. 나는 이 개념을 단지 이해를 돕는 안내자로 사용하고 있으며, 임상 자료를 설명하는데 도움이 되지 않는다면, 언제든지 수정할 준비가 되어 있다. 나의 이중 축 개념을 윈스턴에게 적용할 경우, 문제가 되는 축은 그가 끊임없이 찬사를 추구하는 데서 드러나듯이 포부의 축이다. 인정받고 싶었지만 부정된 소망이 실현될 경우, 그는 과도한 흥분으로부터 자신을 보호하기 위해 퇴행하는 것을 배웠다. 이것은 그가 성인으로서 관계를 지속하지 못하는 무능력한 사람이 되게 하는 요소로서 작용했다. 아동기 동안 자신을 안정시키기 위해 그리고 인정받지 못하고 수정되지 못한 과대주의를 보상하기 위해, 그는 아버지에게로 향했다. 윈스턴의 아버지는 그의 요구에 응하여 자신을 이상화하도록 허용하였다. 이것은 이상화의 축을 둘러싸고 형성되는 심리적 구조를 건설할 수 있게 하였다. 그의 아버지에게서 유래한 윈스턴의 이상들은 그의 성격 안에서 높은 위치를 차지하고 있었고, 안내하는 기능을 갖고 있었다. 그가 그 이상들과 조화롭게 생활할 경우, 그것들은 그의 자부심의 원천들이 되었다. 독자들은 윈스턴이 도움을 요청하게 된 동기가 바로 그가 자신의 이상에 의해 자극되었기 때문이었음을 기억할 것이다. 그는 자신이 다른 사람들에게 상처를 주었다는 것을 깨달았다. 그는 고상함을 소중히 여겼고, 자신이 상처를 주었다는 것을 용감하게 인정하고 자신의 행동을 바꾸기를 원했다. 과거에 그는 자신이 공감적으로 이해받고 도움을 받을 수 있을 것이라고 기대하지 않았다.

요약컨대, 윈스톤의 치료에서 치료적 초점은 결함을 지닌 자기의 축, 즉 인정받지 못한 자기의 영역의 복구에 있었다. 정서를 편하게 느끼지 못했던 그는 심리적 철수와 부정 그리고 부인이라는 방어 기제를 사용하여 정서를 처리하였다. 분석 작업에서 나는 그의 정서를 경험하도록 격려하였으며, 출현하는 정서들을 확인하였다. 이에 대한 반응으로, 그의 정서적 피상성이 빠르게 사라졌고, 숨겨져 있던 성찰 능력이 드러났으며, 따라서 그는 자기 자신에 대해 호기심을 갖게 되었다. 그가 어린 시절의 삶을 되돌아보았을 때 제일 먼저 떠오른 감정은 외로움이었다. 그는 자신이 외로운 소년이었다는 것을 결코 인식해 본적이 없었다. 그는 자신이 행복한 삶을 살고 있다는 신화를 받아들였다. 그러나 그는 곧 자신이 오랫동안 의구심을 품어왔던 다음과 같은 사실을 명료하게 인식하게 되었다: 아이들은 그들 자체로서 기쁨이요 소중한 존재이지 부모들의 삶의 방식을 사회적으로 정당화하는 존재가 아니라는 것이다. 윈스턴은 자신의 외로운 소년기를 생각하며 드러내놓고 울었고, 놀랍게도 자신의 눈물을 기꺼이 받아들였다. 울 수 있게 되면서 그는 우리가 작업하는 동안 내내 가지고 있던 차폐 기억(screen memory: 더 깊은 외상을 감추기 위해 사용하는 외상적인 기억. 역주)을 발견해냈다. 이 기억에 의하면, 윈스턴의 부모는 여름 휴가 동안 그를 시골에 있는 숙소로 데리고 가서 보모에게 맡겨놓았다. 그때 그는 떨어지지 않겠다고 애걸하는 자기를 남겨두고 부모들이 떠났으며, 그때 그들이 탄 자동차가 도로를 따라 시야에서 사라졌던 순간을 고통스럽게 회상했다.

자기 자신을 관찰할 수 있는 윈스턴의 능력은 빠른 속도로 발달하였다. 그것은 마치 그 자신도 모르는 사이에 그가 기다려왔던 종류의 경험인 것 같았다. 그가 어린 시절에 겪었던 금욕적인 외로움을 이해하게 되면서, 그는 자신에 대한 공감 능력을 발달시킬 수 있었다. 그 공감 능력은 곧 다른 사람들에게로 확장되었고, 따라서 그가 버리고 떠났던 여성들의 감정을 이해할 수 있게 되면서 전율을 느꼈다. 그는 어떻게 그가 혼자서 살아가는 법을 배웠는지에 대해 성찰하였다. '나는 아주 친절했고 또 외향적인 사람이었기 때문에 아무도 나의 외로움에 대해 짐작할 수 없었다. 그러나 나는 항상 내면에서 외롭게 지냈으며, 그것은 전적인 사실이다' 라고 말하면서, 그는 자신의 숨겨진 부분이 드러난 것에 대해 아주 기뻐하였다.

나는 윈스턴이 소년 시절에 격려받거나 배우지 못했던 많은 감정들을 그에게 소개해 주었다. 그는 자신이 운동 시합에서 아주 잘했을 때 경험했던 당혹감에 대해 이야기하면서, 부정된 자신의 과시주의에 대해 언급할 수 있는 기회를 가졌다. 나는 자랑스럽게 여기지 못하는 것이 그의 문제이며, 편안하게 자랑스러울 수 있는 것은 어린 시절에 건강한 환경 안에서 사는 것을 통해서 얻어지는 결과라고 부연하였다. 그리고 난 후 우리는 아동기와 성인기 동안에 겪은 그의 과시주의 경험을 탐색하였다.

윈스턴은 또한 사람들에게 분노를 느꼈던 경험에 대해서도 이야기했다. 그는 결코 논쟁을 하지 않았으며, 사람들이 자신들의 분노를 관계 안에서 말해야 하는 것인지 확신이 없었다. 이와 비슷하게 그는 자신이 이제껏 사랑을 느낀 적이 있는지 확신할 수 없었다. 분명히 그는 관계 안에서 분노에 대해 결코 말해본 적이 없었다. 윈스턴은 그 자신이 친절하고 관대한 사람이라고 믿고 있었으나, 그가 박탈된 삶을 살아왔다는 사실을 인식하고는 비애를 느꼈다. 그는 깊은 관계를 경험하지 못한 자신의 삶이, 인생에서 중요한 측면을 상실하고 있다고 느끼기 시작했다.

윈스턴은 마치 만화경을 보듯이 어린 시절부터 경험하지 못했던 다양한 범위의 정동과 감정들에 관해 이야기하였다. 그가 경험한 것들을 통합적으로 이해하기 위해, 나는 그가 현재 경험하고 있는 것에 대한 나의 이해와 그의 초기 삶에 대한 나의 이해를 연결시키고자 했다. 나는 그가 사랑과 자부심과 분노와 외로움―인간 존재의 한 부분인 모든 감정들―에 대해 이야기하고 있다고 말하면서, 역동적-발생학적 해석을 제공했다. 이 감정들이야말로 그가 경험하기 힘들었고 다른 사람들과 나누기가 어려웠던 것이다. 나는 그가 치료 상황에서 경험하는 모든 감정들은 아주 강렬한 것들이며, 그것들은 아이들이 보호자의 도움을 받아 차츰 편안하게 경험하게 되는 것들이라고 말해 주었다. 윈스턴의 소년 시절에 그에게는 집이나 학교에서 그의 감정을 평안하게 느끼도록 도와줄 수 있는 힘있는 보호자가 존재하지 않았다. 오히려 그는 자신이 느낀 것을 파묻는 법을 배웠다. 그 결과 감정들은 불쾌한 것들이 되어 의식 밑으로 들어가게 되었다. 게다가 그는 자신 안에서 혼자 살아가는 존재 방식을 발달시켰으며, 당시 세계를 여행하는 사람으로서 수많은 사람들을 알고 있었음에도 불구하고 자신 안에서만 살고 있었다. 윈스턴은 만약 자신이 도움을 청하지 않았다면, 늘 그랬듯이 정말로 외로운 사람이 되었을 것이며, 과거를 그렇게 낭비했듯이 미래의 고귀한 삶을 낭

비했을 것이라는 사실을 깨닫게 되었다고 말했다.

윈스턴은 사람에게 애착을 갖는 일에 호기심을 갖게 되었으며, 그의 인생에서 처음으로 관계를 형성하기 위해 자신의 방랑자적인 삶을 바꿀 가능성에 대해 생각하기 시작했다. 비록 아직도 해야 할 많은 작업이 남아 있기는 했지만, 그의 반영받지 못했던 정서적 삶의 영역은 회복되기 시작했다. 그는 아동기에 상실한 반영 경험으로 인해 분열되었던 정서를 다시 경험할 수 있게 되었다.

오이디푸스 콤플렉스와 자기심리학

코헛이 자기심리학적 관점에서 제공한 새로운 견해는 매우 포괄적인 것으로서, 욕동-방어 심리학을 새로운 맥락 안에 자리매김하는 것이었다. 나에게는 그 차이가 마치 하나의 계곡을 산 아래에서 연구하는 것과 산 정상에서 연구하는 것과 같다는 생각이 든다. 산 아래에서 바라보는 계곡의 모습은 산의 형태에 따라 매우 제한적일 수밖에 없다. 그러나 산꼭대기에서 보는 모습은 그 계곡을 주변의 맥락과 함께 보여준다. 이렇게 좀더 넓은 시야로 보면, 계곡이 갖는 중심적인 특성은 줄어들고 주변의 산들은 새로운 의미를 갖게 된다. 코헛의 자기심리학은 마치 산 정상에서 바라보는 것과 같은 포괄적인 시야를 제공한다. 그의 견해는 욕동은 인간 심리의 일차적인 동기 부여자로 보는 제한된 관점에다, 정신 생활을 규정하는 요소로서 자기의 관점이라는 좀더 폭넓고 포괄적인 관점을 덧붙인다. 그의 새로운 견해는 논쟁을 불러일으켰기 때문에, 그는 경직된 이론을 고수하는 동료들 의 지속적인 반대에 직면하게 되었다. 코헛은 「자기의 회복」에서 다음과 같은 말로써 이 논쟁에 직접적으로 뛰어들고 있다:

> 욕동과 대상에 대한 고전적인 정신분석 이론은 아이의 오이디푸스 경험에 대해 많은 것을 설명해준다; 무엇보다도 이 이론은 아이의 갈등, 특히 죄책감을 잘 설명해준다. 그러나 그것은 인간의 가장 중요한 몇 가지 경험들, 즉 자기의 발달과 변화에 대해서는 적절한 설명을 제공하지 못하고 있다. 분명하게 말해서 … 이 이론은 응집적인 핵 자기의 건설과 유지와 관련된 결정적으로 중요한 경험을 적절히 다루지 못하고 있다(Kohut 1977, 223-4쪽).

코헛은 자기애적 성격 장애를 지닌 환자들 중 몇 명에게서 그들의 분석이 끝날 즈음에 오이디푸스 자료가 출현하는 것을 목격했으며, 그 안에서 그의 새로운 생각을 지지해주는 몇 가지 증거를 발견했다. 그는 처음에 오이디푸스적 구성물이 출현하는 것은 어린 시절의 해결되지 못한 오이디푸스적 갈등이 반복되는 것이며, 그것은 강화된 자기가 이 갈등을 재생시키고 해결할 수 있기 때문이라고 생각했다. 그러나 놀랍게도 새로 출현한 오이디푸스 자료는 코헛의 예상과 달리 부모와 형제들에 대한 강렬한 기억들—오이디푸스적 구성물의 재생과 관련된—을 담고 있지 않았다. 그 대신 그 연상들과 오이디푸스 환상은 분석자인 코헛과 그의 가족 구성원에 관한 것들을 담고 있었다. 이 내용에 대한 그의 해석은, 그것들은 옛 구성물의 재생이 아니라 새로운 오이디푸스적 경험이라는 것이다. 그는 오이디푸스기 아동의 연약한 자기는 오이디푸스 투쟁에 참여하고 경험할 수 없었던 반면,

성인 환자의 새롭게 강화된 자기는 이제 처음으로 오이디푸스 단계의 갈등을 경험할 수 있게 된 것이라고 가정했다.

코헛은 부적절하게 반응하는 자기대상에 의해 오염되지 않은 환경 안에서, 이러한 새로운 오이디푸스 자료의 출현을 통해서 오이디푸스 단계의 성질을 연구할 수 있다고 느꼈다. 그는 분석에서 처음으로 경험한 오이디푸스 단계는 일종의 기쁨을 수반한다는 사실을 관찰했다. 여기에는 오이디푸스 콤플렉스와 연관된 고전적인 불안은 없는 것으로 보였다. 이 뜻밖의 발견에 대해서, 코헛은 그것은 예전의 파편화되기 쉬운 자기가 굳건하고 응집적인 자기로 회복되어 오이디푸스 시기의 정서를 안전하게 경험할 수 있게 된 것을 말해준다고 설명했다.

코헛은, 근친상간적 소망을 지닌 오이디푸스기 아동의 세계는 근친상간적 소망으로 채워져 있으며 그것이 오이디푸스기에 아동이 겪는 정서의 원인이며 외부적 환경은 별 의미가 없다고 주장한 프로이트와 견해를 달리한다. 코헛에 의하면, 오이디푸스 단계는 오직 아동의 자기대상 경험이라는 맥락 안에서만 이해될 수 있다. 아동의 환경과 관련하여, 공감적인 부모는 오이디푸스기 아동의 성적 행동과 경쟁적인 자기 주장성에 대해 두 가지 수준에서 반응한다. 한 수준에서, 부모는 아이의 성적 행동과 자기 주장성에 대하여 맞서주는 반응을 제공한다. 그들은 아이가 자신의 충동을 조절하도록 훈련시키려고 시도한다. 또 다른 수준에서, 부모는 아이가 발달을 성취한 것에 자부심을 느끼는 반응을 제공한다. 부모의 자부심은 아이의 출현하는 자기를 지지해주며, 아이로 하여금 자신이 지닌 활력, 자기 주장성, 적절한 성적 행동을 즐거워할 수 있도록 돕는다.

맞서주는 반응(counter-responsive)의 수준에서, 부모는 아이의 성적 행동에 자극을 받으며, 아이의 경쟁심에 반감을 갖는다. 부모는 아이의 행동의 의미를 파악하고 성적 행동과 자기 주장성의 목표를 억제하는 방식으로 반응한다. 공감적 부모는 아이의 성적 자극에 직면해서 아이를 성적으로 과도하게 자극하는 방식으로 반응하지 않으며, 아이의 공격성에 직면해서 아이를 압도하는 방식으로 반응하지 않는다. 코헛은 공감적 부모는 아이가 욕동을 조정하는 내적 구조의 건설을 돕는다고 말한다. 그는, 욕동을 조정하는 구조의 발달이 실패할 때, 정신 구조의 약화가 뒤따르며, '자신의 욕동이 분출되는데 따라 행동하고 거세 불안과 죄책감에 사로잡히는 인간이 생겨난다'고 덧붙인다(1977, 233쪽).

오이디푸스기 자녀에게 공감적으로 반응할 수 없는 부모들은 자녀들이 보이는 성적 행동과 자기 주장성을 발달 과정에서 필요한 것이라는 관점에서 바라보지 못한다. 그들은 성욕 및 자기 주장성과 관련된 출현하는 활기와 생명력을 제대로 이해하지 못한다. 오이디푸스 단계 동안에 아동이 보이는 리비도적이며 공격적 추구에 대한 부모의 적절한 반응이 결핍될 경우, 아이의 오이디푸스적 특징은 왜곡된 방식으로 발달하게 된다. 그리고 그 결과는 긍정받지 못한 불안정하고 파편화되기 쉬운 자기로 나타난다.

건강한 부모는 아이의 활력과 자기 주장성을 즐긴다. 그들은 이것들을 발달 과정에서의 성취로 인식한다. 자기애적 균형을 성취한 아버지는 아들의 자기 주장성에 의해 도전받는다고 느끼지 않는다. 아버지는 아들의 그런 행동을 즐거워하며 그를 '아비를 꼭 닮은 아들'로서 인정한다. 그는 아들이 자신에게 그리고 자신의 강함에 융합할 수 있도록 허용한다. 이것은 소년의 자기가 튼튼해지고 남성다워진다는 느낌을 강화시킨다. 코헛은 자기애적 균형을 성취한 부모의 아이가 겪는 오이디푸스 경험을 다음과 같이 서술한다:

달리 말해서, 응집적이고 일관성있는 건강한 자기를 지닌 부모의 양육 하에 있는 단단하고 응집적인 자기를 지닌 채 오이디푸스기에 들어선 아이의 오이디푸스 콤플렉스는 어떠한 것일까? 몇몇 자기애적 성격 장애의 성공적인 사례에 기초해서 내가 받은 인상은 다음과 같다. 정상적인 아동의 오이디푸스 경험은—비록 이성 부모에 대한 욕구가 강렬하고, 자신의 욕구 성취가 불가능하다는 사실에 대한 인식으로부터 오는 자기애적 상처가 심각하며, 동성 부모와의 경쟁이 강렬하고, 그 경쟁과 관련된 거세 불안이 매우 심각한 것이지만—처음부터 지속적으로 깊은 기쁨의 요소가 그 안에 섞여 있다. 이 기쁨은, 비록 고전적인 오이디푸스 콤플렉스의 내용과 관련되어 있지는 않지만, 자기심리학의 틀 안에서 볼 때 극히 중요한 발달적 의미를 지니고 있다 … 이 기쁨은 두 가지 출처를 가지고 있다고 나는 생각한다 … 그 첫째는 새롭고 흥분되는 경험의 영역(심리적) 안으로 나아가고 있다는 아이 자신의 내적인 인식이고, 둘째는 부모가 아이의 오이디푸스적 욕구의 내용을 인식하고 있음에도 불구하고—또는 실제로 이것을 인식하기 때문에—아이를 위한 자기대상이 되어주는 데서 느끼는 자부심과 즐거움에 아이가 참여하는 것에 있다(Kohut 1977, 235-6쪽).

오이디푸스 단계에 대한 코헛의 새로운 이해는 그가 자신의 환자들의 오이디푸스 경험을 관찰한 것에 기초해 있다. 그는 오이디푸스 시기를 취약함과 연약함의 시기라기보다는 잠재적 강화의 시기라고 보았다. 오이디푸스 시기에 적절하게 반응해주는 자기-대상을 경험할 경우, 이 단계는 불안보다는 즐거움의 시기가 된다. 코헛은 오이디푸스 갈등이 인간의 보편적 경험이라는 입장에 의구심을 보였으며, 고전적 분석에서 말하는 오이디스푸스적 콤플렉스가 실제로는 병리적 발달의 표현일 수 있다고 생각했다. 그는 다음과 같이 말했다:

> 정상적인 오이디푸스 콤플렉스는 우리가 믿고 있는 것보다 덜 폭력적이고, 덜 불안하며, 자기애적 상처를 덜 준다. 이것은 대체로 더 신명나는 것이며, 고전적 정신분석의 용어로 말하자면, 더 쾌락적이다. 사실 오이디푸스기에 발생하는 아이의 극적인 욕구와 불안들은 공감해주는데 실패한 자기-대상 환경에 대한 반응이라고 간주할 수 있는 반면, 정상적인 오이디푸스 콤플렉스는 이 시기의 아이에게 일어날 수 있는 자연스런 현상으로 간주할 수 있지 않겠는가?(Kohut 1977, 246-7쪽)

오이디푸스기를 적대적인 공격성과 성욕이 강화되는 시기로 보는 고전적인 개념은 이차적인 현상을 일차적인 것으로 착각한 것이다. 코헛은 오이디푸스 단계란 오이디푸스기의 아동과 이에 대한 자기대상 환경과의 관계를 고려하지 않고서는 충분히 이해될 수 없는 것으로 보았다. 그는 자기애적 상처로부터 자유로운 부모는 아이의 자기를 인정하고 강화시키는데 기여한다고 주장한다. 이처럼 온전한 자기를 소유한 부모들은 자녀의 사랑과 경쟁을 위험하거나 위협적인 것으로 경험하지 않는다. 이런 부모들은 자녀의 오이디푸스적 활기에 도전받거나 위협받지 않기 때문에 이 시기의 자녀에게 온전하게 반응할 수 있다. 다른 한편, 아이의 진취적인 움직임을 자기대상이 만나주지 않을 때, 그의 자기는 파편화되기 쉽다. 이때 건강한 오이디푸스적 자기 주장성은 공격적 적의로 왜곡되고, 건강한 사랑은 절망적으로 성화되고 만다. 이 아이의 자기는 연약해지고, 그것의 포부와 이상의 축들은 약해진다. 이 약한 자기는 성인의 삶에서 자기는 죄책감이 아니라 비극적인 인간의 무력감으로 경험된다. 고전적 정신분석 이론은 죄책감을 수반하는 우울증의 기제에 대해서는 잘 설명할 수 있지만, 연약한 자기의 공허한 우울증(죄책감이 수반되지 않는)에 대해서는 적절한 설명을 제공하지 못한다.

분석 상황

이론적 배경에 관계없이 분석가들이 공통적으로 동의하는 바는, 분석적 중립성이 유지되는 분위기 안에서 환자의 성격 구조가 자발적으로 드러난다는 것이다. 따라서 문제는 무엇이 분석적인 중립성을 구성하는가에 있다. 코헛은 중립성과 그가 말한 '평균적으로 기대할 수 있는 분석 환경'(1977, 258쪽)에 대해 아주 분명한 생각을 갖고 있었다. 그는 중립성을 무반응과 동일시하는 입장에 반대하면서, 경직된 분석에 대한 여러 설명들을 시도한다. 코헛은 의사로서 정신분석가가 된 사람들이 정신분석학을 배우기 이전에 받은 훈련이 그러한 편견을 초래했다고 본다. 의학적 훈련을 받은 정신분석가들은 중립성을 분석가 쪽에서 제공하는 감염되지 않는 '위생적인' 환경으로 보는 경향이 있다는 것이다. 코헛에 의하면, 분석적 경직성과 무반응은 분석적 중립성을 오해한 데서 발생한 편견이다:

인간은 산소 없는 환경에서 생존할 수 없는 것처럼, 자신에게 공감적 반응을 주지 않는 심리적 분위기 안에서 생존할 수 없다. 분석가가 정서적 반응을 주지 않거나 침묵하거나 또는 단순히 자료를 수집하고 분석하는 컴퓨터처럼 행동하는 것은 한 개인의 심리적 구조가 지닌 정상적 및 비정상적인 특징을 바르게 분석할 수 있는 심리적 환경을 제공하지 못한다. 이는 마치 산소가 없고 온도가 영하인 환경에서는 정확한 생리적 반응을 측정할 수 없는 것과 같은 이치이다(Kohut 1977, 253쪽).

코헛은 분석가들이 대체로 뛰어난 공감 능력을 갖고 있다고 믿고 있으며, 그것은 그들이 환자에게 따뜻하게 반응을 보이는 자연적인 성향을 갖고 있기 때문이라고 본다. 그러나 이론적 편견은 많은 분석가들로 하여금 긴장을 풀고 자연스런 방식으로 행동하지 못하도록 만든다. 실제로 많은 분석가들은 그들의 환자와의 관계에서 자연스럽게 행동할 때 오히려 죄책감을 느낀다. 그들의 자연스런 성향은 그들이 따르고 있는 이론이 지시하는 것과 갈등을 일으킨다. 코헛은 이 점에 대해, '결과적으로, 경직성, 인위성, 그리고 딱딱하게 침묵을 지키는 것이 분석 상황에서 볼 수 있는 매우 일반적인 상황이 되었다'(1977, 254쪽)고 논평하였다. 분석 상황에서 무반응이 정당화되는 이론적 근거는 무의식적 소망을 좌절시킴으로써 그 소망이 지닌 욕동적 요소를 의식의 영역으로 밀어낼 수 있다는—그래서 소망을 자아의 통제 아래 가져올 수 있다는— 생각 안에 존재한다. 이런 이론에서 분석가의 반응적이고 따스한 태도는 그 소망을 충족시켜주는 것으로 여겨질 수 있기 때문에 가급적이면 피해야만 하는 것으로 취급된다.

분석에서의 무반응은 중립을 지킨다는 주장에도 불구하고 결코 중립적이지 않다. 분석가가 환자의 질문에 응답하지 않고 그러한 자신의 무응답에 대해 설명을 하지 않는 식의 반응은 환자에게 무례한 인상을 주고 상처를 준다. 이것은 우리가 평균적으로 기대하는 환경이 아니다. 그 대신 이것은 자기대상 경험을 심하게 박탈하는 것이며, 때때로 어린 시절에 자기대상으로부터 받았던 외상 경험을 반복하게 하는 것이다. 환자는 이와 같은 상처를 주는 행동에 대해 자주 격노와 퇴행으로 반응한다. 욕동-방어 이론을 따르는 분석가는 이 격노를 자주 해석의 정확함에 대한 표시로 간주하는데, 이는 명백한 오해이다. 물론 무반응과 침묵의 분석 태도가 적절한 경우도 있다. 특히 아이가 성인에 의하여 과도하게 자극을 받아왔을 경우에는 그러하다. 그러나 이런 태도는 종종 환자의 심리적 핵심 영역에 반응하기보다는 전이를 오염시켜서는 안 된다는 기본적 생각에 근거를 두고 있다. 코헛은, 분석가가 의식적으로는 무반응과 침묵이라는 분석 태도를 이론적으로는 믿고 있다 하더라도 무의식적으로나마 부드럽게 말하지 않는다면, 환자는 그런 태도를 공감적이지 않은 것으로 느낄 가능성이 높다고 본다.

코헛은 따뜻한 반응적 환경의 중요성을 강조했음에도 불구하고, 오해를 피하기 위한 목적으로 분석 경험의 핵심은 재구성적-해석적 접근(reconstructive-interpretive approach)에 있다고 주장하였다:

> 분석가의 행동이 아무리 민감하고 반응적인 것이라 해도 … 그것이 환자의 자기 안에 존재하는 구조적 결함과 이런 결함으로부터 오는 자기-대상 전이들을 의식적으로 파악하고, 그러한 인식에 기초해서 재구성적-해석적으로 접근하는 분석가의 활동을 대체할 수는 없다(Kohut 1977, 259쪽).

자기심리학에 기초한 분석 상황에서 요구되는 것은 환자에게 치료자가 적절하게 반응해주는 것과, 환자가 드러내는 과시주의와 이상화를 치료자 편에서 이해해주고 수용해주는 것이다. 고전적 심리학에 기초한 분석 과정에서, 자기애적 장애를 지닌 환자들은 그들의 정지되었던 자기애적 욕구가 출현하는 것을 경험하게 되는데, 이런 욕구들은 빈번히 제대로 이해받지 못한다. 이때 분석가는 이상화의 활성화를 방어적인 행동으로 오해하기 쉽다. 과시주의가 재활성화되는 것 또한 마찬가지로 이해받지 못하고, 발달적인 맥락 안에서 수용되지 못한다. 분석 중에 드러나는 이런 자기애적 구성물에 대한 거부는 환자가 어린 시절에 겪었던 잘못된 자기대상의 반응을 반복해서 경험하는 것이며, 그 결과 환자의 자기는 파편화를 겪게 된다. 이때 환자는 무기력과 격노로 반응한다. 이 격노는 유아적 공격성이 재활성화된 것으로 오해되며, 무기력은 파괴적 소망에 대한 죄책감의 결과로 해석된다.

코헛의 관점에서 볼 때, 치료의 목표—다시 분석의 분위기에 영향을 미치는—는 전이에서 출현하는 과거 자기대상의 실패들을 재구성하고 이해하는 것을 통해서 그러한 외상적 실패들을 극복하는 것이다. 이것은 무의식적 공격성을 길들이고 통제하기 위한 목적으로 환자의 근본적인 적대감과 대면하는 것이 아니다. 코헛은 그의 치료가 사랑을 통한 치료 또는 '친절함'(being nice)을 통한 치료라는 주장에 대해 그것은 오해임을 밝히고 있다:

> 분석 상황에서 분석가의 태도에 대한 나의 견해를 밝히자면, 나는 다음과 같은 말을 하고 싶다. 분석가의 태도는 환자에게 특별한 방법의 사랑과 친절함을 제공하는 것이 그 목적이 되어서는 안 된다. 분석가는 자신의 특별한 기술과 전문화된 지식을 통해서만 환자에게 꼭 필요한 도움을 제

공할 수 있다. 그러나 분석가의 전문적 지식의 본질— 그의 특정한 이론이 갖는 관점—은 분석가가 환자를 대하는 행동의 양식을 결정하는 중요한 하나의 요소이다(Kohut 1977, 261쪽).

후 기

코헛은 「자기의 회복」 마지막 부분에서 그가 1959년에 저술한 논문의 요점으로 되돌아갔다. 그는 여기에서 다시금 정신분석의 본질에 대해서 묻는다. 이 분야의 특성을 규정하는 것은 무엇인가? 그의 답변에 의하면, 이것은 어떤 특정한 이론이나 기법에 있는 것이 아니고, 분석가가 그의 환자를 이해하는 활동 안에 있다. 이 활동은 분석가가 환자의 내면의 삶 속으로 공감적으로 침잠해 들어가는 것이며, 열려진 마음을 지닌 분석가에 의해 행해지는 이러한 공감적 침잠은 이론적 편견을 넘어선다고 코헛은 주장한다. 즉, 공감적 침잠을 통한 이론화 작업은 새로운 이해를 가능하게 만든다는 것이다.

코헛은 「자기의 회복」에서 그가 과학적 태도라고 간주하는 것을 제시하는 것으로 그의 논의를 마무리한다. 그는 자신이 저술한 자기심리학에 관한 모든 글에서 일부러 자기의 정의를 규정하지 않았다고 언급하면서, 그 이유를 다음과 같이 설명한다:

자기심리학에 대한 나의 연구는 수백 쪽에 달한다. 그 중에 자기란 용어에 어떤 고정적인 의미를 부여한 글은 전혀 없다 … 나는 후회나 부끄러움을 느끼지 않고 이 사실을 인정한다. 자기는 모든 실재가 그러하듯이 … 그 본질을 알 수 있는 것이 아니다 … 우리는 자기가 자체를 드러내는 다양한 응집적 형태들을 묘사할 수 있고, 자기를 구성하는 여러 요소들을 보여줄 수 있으며 … 그것의 발생 과정과 기능들을 설명할 수 있다. 우리는 이런 모든 것들을 할 수 있으나, 여전히 겉으로 드러나는 자기와는 구분되는 자기의 본질을 알 수는 없다.

이 진술은 … 다음과 같은 나의 믿음을 표현한다. 진정한 과학자—내가 전에 표현한 것처럼 놀이 정신이 충만한 (playful) 사람인—는 자신이 성취한 것들 중에 부족한 점들—이론의 잠정성, 개념의 불완전함—이 있음을 관용할 수 있다. 사실 그는 이것들을 미래의 유쾌한 여행을 위한 자극제로 비축해 둔다 … 인류 역사 안에서 모든 유사한 인간의 헌신이 그래왔듯이, 기존의 설명 체계를 숭배하는 태도는 … 과학의 역사를 제한하는 것이다. 이상(ideals)은 안내자이지, 신이 아니다. 만약 이상이 신이 된다면, 그것은 인간의 즐거운 창조성을 질식시킬 것이다; 그렇게 되면 그것은 미래를 지향하는 의미있는 인간 정신의 활동을 제한하게 될 것이다(Kohut 1977, 310-12쪽).

제 9 장
Z씨를 두 번 분석함

　1979년에 코헛은 같은 환자를 서로 다른 이론적 관점에서 두 차례 분석한 사례에 관한 글을 발표했다. 욕동-방어 이론의 틀 안에서 이루어진 첫 번째 분석은 코헛이 자기에 대한 가설을 개발하기 전에 행해진 것이다. Z씨는 첫 번째 분석을 끝내고 난 5년 후에 좀더 치료를 받기 위해 돌아왔는데, 두 번째의 분석은 코헛의 새로운 이론의 틀 안에서 수행되었다. 분석은 각각 4년 반 동안 지속되었으며, 일주일에 5회씩 면담을 했다. 이 두 분석은 코헛에게 임상 상황을 사용하여 이론적 관점을 비교할 수 있는 기회를 제공하였다.

　Z씨는 27세의 외모가 준수한 사람으로서, 사회적 고립감과 여성과 관계를 형성하지 못한다는 느낌을 포함한 일련의 막연한 불만들 때문에 치료를 시작하였다. 그의 학업 성적은 좋은 편이었지만, 그는 자신이 지닌 능력을 충분히 발휘하지 못하고 있다고 느꼈다. 그는 손바닥에 땀이 나고, 심장이 조인다든지, 변비, 설

사 등과 같은 경미한 신체적 증상을 갖고 있었다.

Z씨는 외동아들로서 경제적으로 성공한 아버지가 사망한 후에 혼자가 된 그의 어머니와 함께 살고 있었다. 그는 자신에게 중요한 한 남자 친구와의 관계를 이야기했다. 이들은 영화와 음악회에 함께 갔으며, 자주 Z씨의 어머니도 동반했다. Z씨가 치료를 받으려 했던 시기는 한 여자와의 관계로 인해 이 남자 친구가 떠나버린 후였다.

생후 첫 1년 반 동안 Z씨는 행복했던 것으로 보였고, 그 활력의 핵심은 두 부모와의 초기 관계에서 왔던 것으로 보였다. 그러나 Z씨가 3살 반이 되었을 때 아버지는 병으로 입원한 적이 있었는데, 후에 그는 그때 알게 된 간호사와 사랑에 빠져 집을 나갔다. 아버지가 떠난 후에 그는 아버지의 침대에서 잤다. 일년 반 뒤에 아버지가 돌아왔을 때, Z씨는 부모의 침대 끝에 있는 소파에서 잠을 잤다. 그때 그는 반복적으로 부모의 성행위 장면을 보게 되었다.

아버지가 집에 돌아온 후에 그는 자위 행위를 시작했다. 그가 자위 행위를 하는 동안에 가졌던 환상은 아버지가 떠나 있는 동안 어머니가 자신에게 읽어주곤 했던 「톰 아저씨의 오두막집」의 주제와 관련된 것이었다. 그는 환상 속에서 여자가 자신에게 팔려온 노예를 짐승처럼 다루며, 남자에게 아무런 주도권도 주지 않고, 혹독하게 다루는 내용이었다. Z씨는 열 한 살 때 서른 한 살의 캠프 지도자와 동성애 관계를 가졌던 사실을 털어놓았다. 그는 이 상담자를 이상화했으며, 그와 약간의 성기적 접촉이 있었다. 또한 그는 성인이 되어서 피학적인 자위 환상을 갖고 있었다고 털어놓았다. 그것은 지배적인 여자에게 수동적으로 봉사하는 역할을 수행하는 내용이었으나, 그가 실제로 행동으로 옮긴 적은 없었다.

Z씨는 첫 번째 분석을 시작하면서 치료자에게 모든 관심을 자신에게만 기울여달라고 요청하였다. 코헛은 이런 요청을 Z씨가 분석을 통해 자기만을 사랑했던 어머니와의 경험을 반복하길 원한다고 이해했고, 그렇게 해석해 주었다. Z씨와 경쟁자였던 아버지나 서로 다투는 형제가 없는 공간에서, 그의 어머니는 그녀의 모든 관심을 그에게 쏟았었다. Z씨는 이런 해석에 몹시 화를 내면서 심하게 반발하였다. 사실, 분석 1년 반 동안은 자신이 자격이 있는 사람이라는 느낌과 칭찬받고 싶은 소망이 좌절된 데 대한 그의 분노가 분위기를 지배했다. 그러나 이 격노는 갑자기 멈췄으며, 그의 요구가 정당한 것이라는 주장도 중지되었다. 코헛은 이런 변화는 Z씨가 자기애적 망상을 극복한데 따른 것이라고 설명해 주었다. Z씨는 이런 설명도 거부했는데, 아주 조용하게 거부하였다. 그리고 자신의 격노가 경감된 이유를 코헛이 해석하기 전에 달래주는 언급을 해주었기 때문이라고 했다. Z씨에 의하면, 코헛은 해석에 앞서서 '물론 사람이 자신에게 주어질 거라고 상상했던 것이 주어지지 않으면 기분이 상할 수 있습니다'라고 말했다. 코헛은 Z씨가 한 말의 의미를 이해하지 못했고, Z씨의 격노가 경감된 것은 그의 자기애적 요구가 극복된 결과였다는 믿음을 여전히 갖고 있었다.

첫 번째 분석에서 코헛은 Z씨의 불평의 원인이 무의식에 존재하는 유아적 성욕과 공격성과 연관된 갈등에 있다고 생각했다. 코헛은, 자신은 특별하여 경쟁자가 없다는 Z씨의 주장은 그가 어린 시절에 아버지의 부재를 경험했고 어머니에게만 맡겨졌던 사실을 말해준다고 생각했다. 자신이 특별한 존재라는 믿음에서 표현되고 있는 Z씨의 자기애는 그의 아버지가 어머니를 성적으로 소유하기 위해 돌아왔다는 고통스런 인식을 부인하는데 사용되는 것으로 코헛은 이해했다. 즉, Z씨의 '특별하다'는 생각은 그의 아버지와의 경쟁 의식과 그에 따른 거세 불안으로부터 그 자신을 보호하는 역할을 했다. Z씨의 자기애와 부인은 전이에서 재연된 방어적 활동으로 보였다.

코헛은 Z씨가 보이는 어머니와의 강렬한 관계는 그가 오이디푸스기 이전의 심리적 자리로 퇴행했음을 보여주는 것이라고 해석했다. 그 퇴행은 만약 그가 아버지와 비퇴행적인 경쟁적 입장을 취했더라면 경험했었을 거세 불안으로부터 자신을 보호하기 위한 것이었다. 코헛은 Z씨가 캠프 지도자와 가졌던 동성애적 관계를 그의 어머니와 경험했던 전 오이디푸스적 관계에 대한 방어적 행동화로서 이해했다. 첫 번째 분석에서 코헛은 Z씨에게서 출현하는 자기애적 욕구들을 반복적으로 거부했다. 그는 이것들을 Z씨의 남성적 자기 주장성 및 남자와의 경쟁과 관련된 더 깊은 두려움에 대한 저항으로 이해했고 그렇게 해석했다. 코헛은 환자의 자기애를 발달이 정지된 자기애적 구성물이 활성화된 것으로 이해하지도 수용해주지도 않았다.

결국엔 자기애적 특징들은 줄어들었고, Z씨의 전이 안에서 드러나는 요구는 더욱 현실적인 것이 되었으며, 따라서 그는 그의 직무에서 더 자기 주장적이 되었다. 코헛에 대한 공격적인 생각들이 출현했고, 코헛의 사생활과 성생활에 관심을 갖기 시작했다. 첫 번째 분석이 종결 시점에 도달했을 즈음, Z씨는 꿈을 꾸었다. 그 꿈은 몇 해 후 그의 두 번째 분석을 종결하면서 그가 기억해낸 내용이기도 하다. 꿈 내용은 다음과 같다:

그는 집안의 조금 열린 문 안쪽에 있었다. 밖에는 아버지가 선물 꾸러미들을 들고 안으로 들어오고 싶어했다. 그는 너무 놀라서 아버지가 들어오지 못하게 문을 닫으려고 했다 (Kohut 1979, 407-8쪽).

코헛과 Z씨는 이 꿈에 대해서 작업한 후에, 이 꿈은 Z씨의 아버지에 대한 양가적인 태도를 보여준다는 결론에 도달했다. 그들은 Z씨가 그의 사랑하는 아버지에 의해 보복 당하고 거세될 것을 두려워하고 있다고 추측하였다. Z씨는 그러한 두려움에 대해 어머니와의 전 오이디푸스적 애착에로 후퇴함으로써 그리고 복종적인 동성애 태도를 취함으로써 방어적으로 반응했던 것이다. 코헛은 그의 첫 분석을 종결하면서 자신이 가졌던 생각을 다음과 같이 이야기하였다:

> 나는 Z씨가 전반적으로 호전된 것은 실제로 이전에 무의식적이었던 갈등을 의식화하는 것을 통해서 구조적 변화가 일어났기 때문이라고 의심의 여지없이 믿었다. 나의 분석적 눈—프로이트가 말하는 것을 인식하도록 훈련받은—에는 모든 것들이 이론에 정확히 들어맞는 것으로 보였다. 우리는 오이디푸스적 갈등—아버지를 향한 무의식적 양가감정—에 도달했고, 전 오이디푸스적 갈등의 일시적 악화와 함께 퇴행으로 도피하려는 예상된 시도가 있었으며, 분석가와 그와의 관계—신뢰와 협력으로 이루어진 유대—로부터 점차로 벗어나는 애도 기간이 있었다. 모든 것이 제대로 되어 가는 듯이 보였다. 그것은 특히 환자가 가졌던 장애의 본질적 영역에서 의심할 수 없는 호전된 증거가 나타났다는 사실에 의해 뒷받침되고 있었다(Kohut 1979, 408쪽).

돌이켜 볼 때, 코헛은 이상하게 느껴졌던 하나의 특징을 회상한다. 그것은 Z씨가 자신의 감정을 느낄 수 있는 열정적인 사람이었음에도 불구하고, 분석을 종결할 즈음에는 생기가 없는 듯이 보였다는 점이었다. 코헛과의 분석을 떠나는 것에 대한 슬픔을 고려한다고 해도, 그가 내놓는 자료는 거의 활력이라곤 갖고 있지 않았다.

　Z씨는 거의 5년이 지난 후에 코헛에게 다시 연락을 해서 자신의 삶에서 변화된 것이 별로 없다고 불평했다. 그는 자신의 아파트에서 혼자서 살고 있었으며, 여러 여자와 관계를 가졌음에도 불구하고 어떤 특별한 애착 관계도 경험하지 못했다. 그 관계들은 피상적이었고 만족스럽지 않았다. 그는 자신의 일을 즐거워하지 않았으나 잘 하고 있었다. 일은 그에게 아무런 기쁨을 주지 않는, 어쩔 수 없이 져야하는 짐이었다. 그의 피학적인 환상들은 결코 완전히 사라지지 않았으며, 성적 흥분을 위해서 그런 환상들을 사용했다. 덧붙여서 Z씨의 어머니는 정신증적인 상태가 되어 명백한 편집증적 증상을 드러냈다. 코헛은 이것이 Z씨로 하여금 다시 치료를 받게 한 이유였다고 생각했다. 그러나 코헛은 나중에 어머니의 질병이 Z씨에게 미친 영향이 매우 미미한 것이었음을 알게 되었다.

　즉시 치료를 시작하지 않았음에도 불구하고, Z씨는 초기의 접촉만으로도 기분이 좋아졌다고 느꼈다. Z씨에게 자기애적 욕구가 존재한다는 사실을 깨닫고 나서, 코헛은 Z씨가 즉각적으로 기분이 좋아진 것은 코헛이 첫 번째의 분석에서 고려하지 못했던 전이 내용에서 오는 것이라고 가정했다. 코헛은 이제 Z씨가 이상화 전이를 확립했다고 믿을 수 있었다. 이것은 Z씨가 자신의 어머니로부터 캠프 지도자에게로 돌아섰을 때 느꼈던 경험과 비슷한 것이었다. Z씨가 두 번째 분석 초기에 보고한 꿈은 이러한 이상화 전이에 대한 코헛의 가설이 옳았음을 확인해주었다. 그의 연상 내용은 아버지, 상담자, 코헛 등의 이상화된 인물들이 합성된 것으로 채워져 있었다. 두 번째 분석에서 코헛은 첫 번째 분석에서와는 달리 이상화를 방해하지 않았다. 이상화 전이는 곧 그리고 자발적으로 융합 형태의 거울 전이로 대체되었다. Z씨는 첫 번째 분석에서 그랬던 것처럼 요구가 많아졌고, 완전한 공감을 요구했다. 그의 감정 상태들에 대해 조금이라도 정확하게 이해하지 못할 경우에는 격노 반응을 보였다. 그러나 그런 현상에 대해 코헛은 이제 다른 관점을 갖고 있었다. 그는 더 이상 자기애적인 행동을 방어적인 책략으로 보지 않았다. 그 대신 그것을 분석에서 되살아나는 어린 시절의 경험으로 보았다. 코헛은 자신의 변화된 태도가 첫 번째 분석에서 발생했던 격노를 불러일으키지 않게 한 요인이었다고 인정했다. 코헛은 환자의 자기애적 요구를 방어적인 것이라고 했던 자신의 주장으로 인해 격노가 촉발되었다고 보았다. 두 번째 분석에서 코헛은 Z씨의 요구적 행동을 그의 어머니가 과보호했던 관계를 반복하는 것으로 이해했다. 그녀는 아들이 그녀에게 충성을 유지할 때에만 그가 원하는 모든 것을 기꺼이 제공하려고 했던 어머니였다. 코헛은 이러한 자신의 분석적 태도의 변화를 다음과 같이 서술했다:

> 나는 첫 번째 분석에서 환자를 본질적으로 독립적인 주도권을 가지고 있는 사람으로 보았다. 그러므로 그가 분석적 통찰의 도움을 받을 때, 그의 자기애적 요구는 줄어들고 그는 성장할 것이라고 기대했다. 그러나 두 번째 분석에서 나는 나의 강조점을 바꾸었다. 나는 성장은 저절로 일어나는 것이라고 생각하게 되었고, 성숙의 목표에 대해 좀더 차분해진 태도를 취하게 되었다. 나는 전보다 더 진지하게 어떤 목표 지향적인 치료적 포부를 거부할 수 있게 되었다. 다르게 표현하면, 이전에 나에게 동기부여를 했던 건강하고 성숙한 도덕성의 확립이라는 거대한 목표를 포기하고, 나의 목표를 환자가 초기 단계에 경험한 것들—특히 어머니의

병리적 성격과 뒤섞여 있는―을 재구성하는 과제에 국한시켰다. 이제 나는 전이 안에서 관찰되는 환자의 초기 상태의 자기를 깊이 생각하게 되었고, 전이를 더 이상 변화와 성숙을 가로막는 저항으로 간주하지 않게 되었다. 오히려 그 반대로, 전이를 자신에게 해가 되는 자기대상으로부터 벗어나고, 제한으로부터 자유로워지고, 성장하고 독립적이 되기 위한 필사적인―그리고 종종 절망적인―투쟁이라고 간주하게 되었다(Kohut 1979, 416쪽).

두 번째 분석에서, 초기의 작업은 Z씨가 어머니와 가졌던 관계 경험에 초점을 맞추었다. 첫 번째 분석에서 코헛은 Z씨가 어머니를 이상화하는 것을 그녀를 향한 근친상간적 사랑의 표현으로 설명했다. 두 번째 분석에서 코헛은 Z씨가 마음속에 그리고 있는 멋진 어머니는 그녀 자신이 세상에 보여주었던 모습이었음을 깨닫게 되었다. 그러나 그녀와 가까이 지냈던 사람들은 그녀가 그들을 노예로 취급했고 독립하려는 어떤 움직임도 방해하였음을 깨달았다. 두 번째 분석에서 자신의 어머니가 무수한 사랑을 베풀었다는 목록은 더욱 확충되었다. 코헛과 Z씨가 함께 발견한 것은, 그녀가 Z씨에게 무한한 사랑을 베풀었으나 그 사랑은 Z씨가 어머니의 주도권에 순종하며 다른 사람들과 중요한 관계를 맺지 않는다는 타협할 수 없는 조건과 함께 제공되었다는 사실이었다. 이런 시각에서 볼 때, 그의 아버지가 간호사와의 외도로 집을 떠난 사건은 새로운 의미를 갖게 된다. 그의 아버지의 외도는 질식케 하는 아내로부터 자신을 구출하기 위한 탈출이었다는 것이다. 그러나 그 대가로 그의 아들이 희생되었다.

자신의 어머니가 가졌던 정신증적 성격 특성을 점점 더 이해하게 되면서, Z씨는 심한 불안과 저항감에 부딪쳤다. 그는 어머니를 더 이상 이상화할 수 없었고, 원초적 자기대상인 어머니를 상실했으며, 그로 인해 심한 불안을 경험했다. Z씨는 어린 시절에 강한 부정을 사용하여 어머니의 이상스러운 행동에 대한 인식을 차단함으로써 어머니를 계속해서 이상화된 자기대상으로 유지했으며, 멸절 불안의 경험으로부터 자신을 보호했다.

두 번째 분석에서, 초점은 어머니의 성격을 주의 깊게 살펴보고 그녀가 Z씨와 가졌던 이상한 관계 경험이 가져온 결과들을 인식하는데 맞추어졌다. 그녀는 아들을 자신의 주도권을 가지고 있는 존재로 여기기보다는 자신의 부속물로서 대했다. 그녀는 아들과 자신과의 강렬한 관계가 결코 변하지 않을 것이라고 믿었다. Z씨는 어머니의 기괴한 면들을 직면하게 되면서, 어머니와의 관계에 존재해오던 이상화된 분위기가 점차적으로 감소되는 것을 경험했다. 예를 들면, Z씨는 어머니가 6세 때까지 자신의 대변을 자세하게 검사했던 것을 회상해냈다. 그는 어떻게 이런 대변 검사가 나중에 청소년기까지 지속된 자세한 피부 검사로 이어졌는지를 깨닫게 되었다. 그의 어머니는 Z씨의 피부를 상세히 검사하였고, 여드름을 발견할 때마다 그것을 짜냈다. 그녀는 이 일을 하는 동안, 자기 손톱이 지닌 강력함과 자신의 여드름 짜는 비상한 능력에 대해 이야기하곤 했다.

이런 기괴한 이야기들은 첫 번째 분석에서는 거의 의식의 수면으로 떠오르지 않았다. 아주 드물게 이런 이야기가 언급될 경우, 코헛은 어머니의 과장된 관심에 대한 Z씨의 이야기를 그의 방어적인 자기애의 표현으로서 이해했다. 코헛은 그때 Z씨가 자신의 대변에 대해 과도한 가치를 부여했다는 점을 강조했다. 그의 어머니가 자신에게 지대한 관심을 가졌다는 기억을 단순히 유치한 과대주의의 표현으로 이해했다. 첫 번째 분석과는 달리 두 번째 분석에서는, 초점이 그의 어머니의 질식시키는 태도가 야기한 우울감과 절망감에 맞추어졌다. 두 번째 분석에서 Z씨가 깨달은 사실은 어머니의 관심이 그 자신에게 있었던 것이 아니라 그를 통제하는 것에 있었으며, 그를 자신의 가치감을 높여주는 부속물로서 그녀 자신에게 예속시키는데 있었다는 것이었다. 그의 어머니는 그에게 하루 중 아무 때나 노크도 없이 방에 들어와서, 소년으로서의 사생활을 허용하지 않았다. 그의 영역은 그녀의 영역이었으며, 자유롭게 되고자 하는 그의 시도에 대한 그녀의 격노는 대항할 만한 여유를 전혀 허락하지 않을 만큼 강렬한 것이었다. 그녀의 지배는 그의 전적인 복종을 가져왔다. 그의 어머니는 외부 사람들에겐 정상적으로 보였지만, 그녀와 가까운 사람들은 그녀의 핵심이 얼마나 텅 비어있으며 경직된 지배욕에 사로잡혀 있는지를 알고 있었다.

코헛은 첫 번째 분석에서 이런 자료가 부재했던 것에 대해 놀라워했다. 이런 자료가 존재하고 있었지만, 그의 관심을 끄는데 실패했던 것이다. 그는 그 이유를 묻는 곤혹스런 질문에 다음과 같이 답하고 있다:

첫 번째 분석에서 전이의 결정적으로 중요한 측면이 인식되지 못한 채 남겨졌다고 말하는 것이 이러한 수수께끼에 대한 해답이라고 나는 믿게 되었다. 가장 간결하게 말해서, 나의 이론적 확신, 즉 환자가 제시하는 자료를 유아기적 욕동과 그것들 사이의 갈등이라는 관점에서, 그리고 각 정신 기구의 요소들이 서로 충돌을 일으킨다거나 또는 협동하는 것으로 보는 관점에서 이해하고자 하는 분석가의 확신이 문제였다. 이러한 분석가의 확신은 아이에게 세상에 대한 왜곡된 견해를 강요하고 그것을 현실인양 순응적인 태도로 받아들이게 했던, 환자의 어머니가 가졌던 정신증의 복사물이었다. 내가 갖고 있던 부동의 확신에 대해 그는 다시금 순응과 수용의 태도를 사용해서 쉽게 받아들였던 것이다 (Kohut 1979, 423쪽).

첫 번째 분석에서 Z씨의 증세가 좋아졌던 것은 코헛이 갖고 있는 오이디푸스 콤플렉스에 대한 확신을 그가 순응적으로 받아들인 데서 온 것이었다. 물론 두 번째 분석에 대해서도 첫 번째 분석과 똑같은 것이 적용될 수 있다. 그러나 코헛은 두 번째 분석에서 Z씨의 순응을 깊이 탐색했고, 극복 과정을 거쳤기 때문에 그러한 순응적 행동이 재연되었을 가능성은 거의 없다고 주장했다.

Z씨의 어머니가 정신 질환을 앓고 있었다는 사실을 인식하기까지는 몇 년이 걸렸다. Z씨의 첫 반응은 일종의 커다란 안도와 기쁨이었다. 그는 그가 전에 알고 있던 사실을 확인할 수 있게 된 것을 기뻐하였다. 그러나 결과적으로 이런 깨달음은 심각한 우울증과 해체 불안을 가져왔다. 두 번째 분석에서는 Z씨의 유아기적 욕동과 관련된 쾌락의 소망보다는 그의 심층에 존재하는 우울에 대해 다루어야 했다. 코헛은 두 번째 분석기간에 자신이 견지했던 이론적 지향을 다음과 같이 설명했다:

우리가 전에 쾌락의 추구, 욕동의 요구와 충족의 연쇄관계를 보았던 곳에서, 이제 우리는 한계에서 벗어나고 자기 주장을 원하는, 그러나 자기대상의 심리조직 안에 절망적으로 사로잡혀 있는 자기의 우울을 보게 되었다. 우리는 환자의 자위 행위나 원초적 장면에의 노출 모두가 즐길 수 있는 어떤 것들이 결코 아니었음을 발견했을 뿐만 아니라, 그의 어린 시절 대부분이 우울한 절망감으로 채워져 있었다는 것을 깨달았다. 그는 환상 속에서조차도 자발적인 결정을 내릴 수 있는 독립적인 존재가 되는 활기찬 기쁨을 경험할 수 없었기 때문에, 스스로의 신체를 자극하는 것을 통하여 최소한의 쾌감—패배한 자기의 기쁨없는 쾌감—을 얻으려고 시도해야 했다. 달리 말해서, 자위 행위는 욕동에 의한 것이 아니며, 힘있는 자기를 가진 건강한 아이의 쾌락 추구적 행동도 아니다. 그것은 그의 신체 중에 가장 예민한 부분을 자극하는 것을 통해서 자신이 살아 있고 존재한다는 증거를 얻고자 하는 일시적인 시도일 뿐이다(Kohut, 1979, 425쪽).

강한 수치감과 굴욕감과 함께 Z씨는 외로웠던 어린 시절의 기억들을 생각해냈다. 그는 하루를 지루하게 보내면서 침대에서 홀로 자위를 할 수 있는 밤을 기다렸던 때가 있었다고 말했다. 그는 또한 자신의 대변의 냄새를 맡고 맛을 보는 등 항문을 자극하는 행동도 했던 일을 회상해냈다. 코헛은 Z씨가 이런 수치스런 기억들을 되찾는 것을 감당할 수 있게 되었다고 느꼈다. 이런 기억들은 그것이 자신에게 살아있다는 느낌을 주고자 했던 약한 자기의 시도였음을 이해해주는 공감적인 반향이 있었기 때문에 회복될 수 있었다. 코헛의 도움으로 Z씨는 자신의 행동이 혐오스럽거나 악한 것이 아니라는 사실을 발견하였다. 또한 부모의 성행위 장면을 목격했던 경험도 새로운 의미를 갖게 되었다. 그것은 근친상간적 소망이라는 생각 때문에 건강한 호기심의 표현으로 이해될 수 없었다. 그것은 이제 Z씨가 융합되기를 원했던, 과도하게 자극적인 어머니에 의해 유도된 것으로 이해되게 되었다. 두 번째 분석에서, Z씨는 그의 온 관심을 그의 어머니로부터 그의 아버지에게로 돌리게 되면서 치료의 다음 단계로 진입하였다. 그는 아버지가 지배적인 어머니에게 복종했던 것과, 또한 아들을 어머니에게 홀로 남겨두고 집을 떠나는데서 표현되었던 아버지의 연약함에 초점을 맞추었다. 비록 절망감이 지속되었지만, 그것은 전처럼 강렬하거나 압도적인 것은 아니었다. Z씨의 우울은 감소되었으며, 활기찬 요소들이 나타나기 시작했다.

이 시기에 Z씨는 코헛의 삶에 강렬한 호기심을 갖게 되었다. 코헛은 이것을 Z씨가 어린 시절에 가졌던 호기심이 재생된 것으로 해석하였고, 이것을 Z씨가 그의 부모의 성생활에 호기심을 가졌던 일과 연결시켜 생각할 수 있도록 도왔다. 그 해석에 대한 반응으로 Z씨는 우울해 했으며, 코헛이 자신을 오해했다고 주장했다. 그의 간청에도 불구하고 코헛은 자신의 생활에 대해 말해주지 않았다. 그러나 코헛은 Z씨의 호기심에 대한 자신의 이해를 재평가했다. 코헛은 그의 호기심을 관음증의 표현이라기보다는 강한 아버지에 대한 욕구로 이해했다. Z씨의 호기심의 핵심에는 성적인 것이 아니라, 치료자가 지배적인 여자에게 성적으로나 다른 어떤 방식으로 굴종하지 않는 강하고 적극적인 남자인지를 알아보고자 하는 의도가 놓여있었다. Z씨가 캠프 지도자와 가졌던 동성애적 관계는 성적인 것이라기보다는 강한 남자와의 관계에 대한 그의 열망의 표현임을 코헛은 깨닫게 되었다.

코헛은 Z씨의 집요한 질문에 대해 용기와 힘을 가지고 대답을 하지 않음으로써, Z씨에게 일종의 확신감을 갖게 해주었다. 그의 우울은 감소되었고, 전에는 그림자처럼 희미한 인물이었던 그의 아버지의 인격을 구체적인 존재로 느끼기 시작했다. Z씨는 그의 어머니와 연결된 원초적인 자기대상을 용해시키고 나서 강한 아버지에게로 향했다. 그러나 이런 움직임에는 심각한 불안이 수반되었다. 그것은 Z씨의 성격의 주된 영역이 그의 어머니는 강하다는 환상에 기초해 있었기 때문이었다. 그의 어머니가 심각한 손상을 입은 사람이라는 사실에 대한 인식은 끔찍스러운 고립감과 멸절에 대한 불안을 몰고 왔으며, Z씨는 이런 명료해진 인식을 회피하고 싶은 소망과 씨름해야 했다.

Z씨는 코헛을 이상화하기 시작했고, 이어서 그의 아버지에 대한 긍정적인 기억들이 생각났다. Z씨는 아홉 살 때 아버지와 함께 갔던 스키 여행을 기억했다. 그 여행에서 그는 자신의 아버지가 스키도 잘 타는 유능한 아버지임을 발견했다. Z씨는 그 여행에서 아버지와 특별한 관계로 보였던 여인과 만났던 일을 회상했다. 그의 아버지는 그 여자와 관계를 맺어 왔으며, 그 여자가 아버지의 연인이었던 간호원이었을 것이라고 Z씨는 추측했다. Z씨의 추측을 확인할 길은 없었다. 그러나 Z씨는 집에 돌아와서 어머니가 스키 여행에 대해 물었을 때 아무런 언급도 하지 않았던 일을 기억했다. 이것은 마치 그와 그의 아버지가 말없이 어떤 특별한 이해를 공유했던 것으로 보인다. 코헛은 이것을 이상화할 수 있고 자부심을 가질 수 있는 남자에 대한 Z씨의 어린 시절의 욕구가 재활성화된 것이라고 보았다. 이 주제는 두 번째 분석기간 내내 유지되었는데, 코헛의 추론에 의하면, 이 주제는 Z씨의 정신 안에서 가장 깊이 억압된 정신 층을 나타내는 것이었다.

코헛은 그의 주장의 일부로서, Z씨의 아버지가 한 여자에게 관심을 가졌던 자료가 실제로는 Z씨가 아동기에 자신의 오이디푸스적 갈등에 대한 방어적 덮개는 아닌지에 대한 문제를 고려한다. 만약 이것이 숨겨진 오이디푸스적 관심이라고 한다면, Z씨의 기분은 그가 기억들을 회복하고 서술하는 과정에서, 막강한 경쟁자로서의 아버지에 직면하여 우울과 좌절감을 겪을 것이라고 예상된다. 그러나 코헛은 이런 기억들이 방어적 덮개는 아니라고 결론 내린다. 왜냐하면 이런 기억들이 아버지나 분석가를 경쟁자로 인식하는 연상을 담고 있지 않았기 때문이다. 반대로,

이제 Z씨는 그가 강한 남성적 인물로 경험하는 분석가-아버지와의 연결을 통해서 낙관적인 느낌과 활력을 유지하고 있었다. Z씨의 기분은 그의 아버지의 남자다움에 대해 느꼈던 일종의 자부심과 같은 것이었으며, 사로잡는 어머니로부터 자유로울 수 있었던 아버지의 능력에 대해 느끼는 일종의 기쁨과 같은 것이었다.

종결 단계가 곧 뒤따랐다. Z씨는 첫 번째 분석에서 꾸었던 꿈을 기억해냈다. 꿈에서 선물을 가득 들고 있는 아버지가 조금 열린 문으로 들어오려고 애를 쓰고 있었으나, Z씨는 그가 들어오지 못하게 막았다. 첫 번째 분석에서 코헛은 이 꿈을 거세시키려는 아버지에 대해 Z씨가 갖고 있는 양가감정의 표현이라고 해석하였다. 두 번째 분석에서 그의 새로운 이론적 관점에서 수행한 분석을 통해, 코헛은 이 꿈을 Z씨가 아버지의 심리적인 귀환으로 인해 발생한 과도한 흥분을 처리하는 과정에서 겪었던 어려움에 대한 표현으로 이해하게 되었다. 아버지가 가져다준 선물들은 남성성과 심리적 강함이었다. 그가 꿈속에서 약간 열린 문을 닫으려고 했던 것은 이런 선물들을 갖고 돌아온 오랫동안 상실했던 아버지의 귀환으로 인한 흥분을 통제하기 위한 시도였다. 다시 말해서, 이 꿈은 그가 갈망해온 아버지의 심리적 귀환으로 인해 야기된 심리 경제적 불균형을 표현하는 것이었다.

코헛은 아버지와 관련된 강함의 기억들은 Z씨의 정신 안에서 억압 장벽 아래 숨겨져 있었으며, 이것들이 드러나기 위해서는 먼저 어머니와 관련된 분석 작업이 이루어져야만 했다. 아버지와의 건강한 연대는 평생 동안 지속되어온 강한 어머니에 대한 환상을 위협하였다. Z씨의 불안정한 심리적 활력은, 그가 사랑하는 그러나 자신의 사랑을 위해서는 엄청난 대가를 요구하는, 그를 사로잡는 어머니에게 의존되어 있었다. 만약 Z씨가 소년 시절에 아버지에 대한 관심을 인정할 수 있었다면, 그의 어머니는 그에 대한 부단한 관심을 철회했을 것이다.

종결 과정이 진행되면서, Z씨에게는 코헛을 잃는데 따른 슬픔이 출현했다. 또한 첫 번째 분석이 성공적이지 못했고 그로 인해 이미 사망한 아버지와의 우정을 발전시킬 기회를 잃어버린 것을 유감스러워했고 화를 냈다. 그럼에도 불구하고 그는 희망을 느꼈고, 한 여자와 결혼하여 아이들을 낳을 생각을 하기 시작했는데, 특히 아들을 바랐다. 또한 자신의 부모에 대한 Z씨의 공감과 관용이 더욱 커졌다. 그는 자신의 어머니와 융합되지 않은 상태에서—어머니와 분리된 온전한 남성으로서—자기 자신을 바라볼 수 있었다. 그는 이전의 이상화로 인한 왜곡 없이 그녀의 속성들이 지닌 참된 가치를 인식할 수 있었고, 그가 어렸을 때 엄마 역할을 통해 그에게 돌봄을 제공하는 것을 통해서 튼튼한 심리적 핵을 준 것에 대해 감사할 수 있었다. 코헛은 그의 두 번째 분석을 다음과 같이 요약하였다:

전체적으로 나는 지난 여러 주간 동안의 분석 자료에서 분명하게 드러난 것처럼, Z씨의 자기 구조가 형성되는데 그의 부모의 성격이 어떤 영향을 미쳤는지를 이해할 수 있게 되었다고 믿는다. Z씨가 분석을 통해 이룬 가장 의미있는 심리적 성취는 그의 어머니와의 깊은 융합적 유대를 깨뜨린 것이었다 … 나와 맺은 전이 관계의 극복 과정은 그의 아버지의 남자다움과 독립성을 Z씨의 정신 안에 재확립하게 했다. 그래서 그의 포부, 이상, 기본적 기술과 재능의 원천인 정서적인 핵이 결정적으로 변형되었다. 이제 그는 자신의 성격이 지닌 속성들을 자신의 것으로 경험하고 있으며, 피학적 순응에서가 아니라 기쁨으로 주도하는 독립적인 자기의 활동에서 자신의 삶의 목표를 추구하고 있다(Kohut 1979, 443-4).

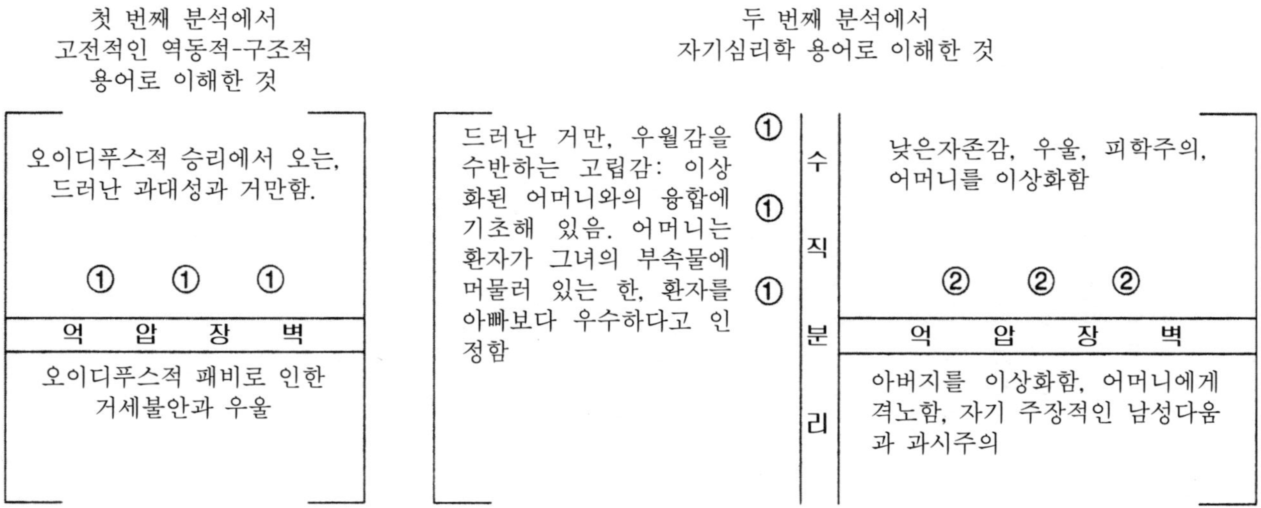

첫 번째 분석에서
고전적인 역동적-구조적
용어로 이해한 것

오이디푸스적 승리에서 오는, 드러난 과대성과 거만함. ①   ①   ①
억   압   장   벽
오이디푸스적 패비로 인한 거세불안과 우울

고전적인 역동적-구조적 개념에 기초하여 진행된 분석 작업은 전 분석 과정 동안 ①①①로 표기된 영역 안에서 일어난다.

두 번째 분석에서
자기심리학 용어로 이해한 것

드러난 거만, 우월감을 수반하는 고립감: 이상화된 어머니와의 융합에 기초해 있음. 어머니는 환자가 그녀의 부속물에 머물러 있는 한, 환자를 아빠보다 우수하다고 인정함 ① ① ①

수직분리

낮은자존감, 우울, 피학주의, 어머니를 이상화함 ②   ②   ②
억   압   장   벽
아버지를 이상화함, 어머니에게 격노함, 자기 주장적인 남성다움과 과시주의

자기심리학적 개념에 기초해서 진행된 분석 작업은 2단계로 진행되었다. 1단계는 ①①①로 표기된 영역 안에서 이루어진다: Z씨는 어머니와의 융합을 상실하고 그래서 자기를 상실할 두려움에 직면한다. 2단계는 ②②②에 표기된 영역안에서 이루어진다: Z씨는 격노, 자기 주장성, 독립적 자기의 성욕과 과시주의를 의식하면서 외상이 되는 과도한 자극과 자기가 해체되는 두려움에 직면한다.

도표 9.1 Z씨에 대한 두 번의 분석을 코헛이 이해한 도표 (출처: Kohut 1977, 446쪽)

도표(도표 9.1)가 보여주듯이, Z씨에 대한 두 번의 분석은 코헛에게 있어서 오래된 문제에 대한 새로운 해결점을 제공하는 흔치 않은 기회가 되었다. 그는 이제 자기심리학이란 새로운 렌즈를 통해서 고전적 이론에 기초한 첫 번째 분석과는 다른 방식으로 Z씨의 분석을 볼 수 있게 되었다. 코헛은 이와 같은 자기심리학적 시각으로 치료가 성공적으로 수행될 수 있는 가능성에 고무되어, 자신의 마지막 논문인 「자기의 치료」를 집필하기 시작했다.

제 10 장

「자기의 치료」Ⅰ : 이론적 고찰

「자기의 회복」에 대한 반응들과
이에 대한 성찰

앞에서 언급했듯이, 코헛의 작업은 한 편에서는 열광적인 환영을 받았으나, 다른 편에서는 신랄한 비난을 받았다. 가장 혹독한 것은 그의 작업을 비분석적인 것이라고 경멸스럽게 분류하는 것이었다. 코헛은 자신의 생각이 옳은 것이라는 확신을 갖고 있었기 때문에 그를 비판하는 사람들의 비과학적 사고와 열린 논쟁을 꺼리는 학문 풍토를 안타까워하면서 괴로워했다. 코헛이 신랄한 비판을 받게된 원인은 아마도 그가 고전적인 욕동 심리학 또는 정신 기구 심리학과 결별하고 자기를 형성하는데 어린 시절의 자기대상이 미치는 영향에 초점을 두는 심리학으로 그의 관심을 옮겼기 때문이었던 것으로 생각된다. 코헛이 이해한 바에 따르면, 자아의 영역을 넓힘으로써 욕동을 길들이는 일은 심리적 발달의 목표도 아니고 정신 건강을 정의하는 것도 될 수 없다. 그에게 있어서 발달의 목표와 정서적 건강의 정의는 자신의 타고난 재능과 기술을 최대한으로 표현할 수 있고 충일한 삶을 창조해낼 수 있는 온전한 자기의 확립에 있다. 우리가 이미 살펴본 대로, 코헛은 이같은 새롭고 실용적인 건강의 정의를 「자기의 회복」(1977)에서 제시하였다. 그 책에서 그는 갈등의 완전한 해결이나 욕동에 대한 통제보다는 온전한 자기의 증진된 기능의 중요성을 강조하였다. 이와 같은 건강에 대한 새로운 정의는 분석의 목표를 재정의하게 하였고, 종결에 대한 평가 기준을 재고하게 만들었다.

그러나 비판자들은 코헛이 미완의 분석 종결을 조장하고 있다고 주장했다. 코헛은 이러한 주장들이 자신의 생각에 대한 오해에서 비롯된 것이라고 보았고, 따라서 그는 그러한 오해를 풀고 또한 새로운 정보를 제시하기 위해서 「자기의 치료」(How Does Analysis Cure?, 1984)를 저술하게 되었다. 이 책은 아놀드 골드버그와 폴 스테판스키가 공동으로 편집했으며, 코헛의 사후에 출간되었다. 그는 이 책을 저술하는 동안 자신에게 시간이 얼마 남지 않았음을 느끼고 있었다. 코헛은 이 책에서 그가 이상적으로 생각했던 엄격하면서도 놀이적인 과학적 사고를 따르면서, 그가 개념화한 내용들의 가치를 인정해준 분석가들의 확고한 지원에 힘입어 그리고 고전적 분석가들의 축출 위협으로부터 자유로워진 상황에서, 그의 심리학의 마지막 진술을 제시했다. 이 책에서는 정신분석학계의 정치적 고려로 인해 야기된 초기의 모호한 부분을 거의 찾아볼 수 없게 되었다. 그는 이 책에서 정서적 건강의 개념을 다시 정의했으며, 거세 불안과 오이디푸스 콤플렉스 개념들을 새로운 빛에서 이해하였고, 그의 이해에 충실한 분석적 과정의 개요를 제시했고, 방어와 저항의 개념을 재정의했으며, 새로운 자기대상 전이의 목록을 소개하였다.

「자기의 치료」에서, 코헛은 이전 저술에서처럼 정신분석학에 대한 논의를 전개했다. 만약 이 책을 정신분석가가 아닌 정신역동적 심리치료가가 읽는다면, 아마도 그는 코헛의 개념들과 기술적 통찰들을 심리치료의 상황에서 어떻게 읽고 적용할 것인가라는 과제에 직면하게 될 것이다. 이 과제를 논의하기 위해서 우리는 잠시나마 심리치료가 정신분석학과 어떻게 구분되는가, 또는 그것들은 본질적으로 같은 것인가에 대한 논쟁적인 토론을 고려해볼 필요가 있을 것이다. 이 질문은 '우리는 무엇을 하고 있는가?' 라는 좀더 의미있는 물음의 또 다른 표현이다. 아마도 후자의 물음이 덜 지적인 것으로 들리기는 하지만 더 유용한 물음일 것이다. 왜냐하면 하나의 절차를 다른 절차와 구별하는 것을 배우기 전에 먼저 자신이 무엇을 하고 있는지에 대한 분명한 이해가 필요하기 때문이다. 게다가, 만약 우리가 우리의 과제를 분명히 이해한다면, 우리는 그 과제를 수행하기 위해 무엇이 필요한가를 좀더 쉽게 결정할 수 있을 것이다.

코헛의 개념화는 이러한 질문들에 대답해야 하는 현재의 과제에 아주 직접적으로 유용하다. 나는 코헛의 통찰을 적용한 논문 중에 아놀드 골드버그가 쓴 "자기심리학과 심리치료의 독특성"(1980)을 검토하고자 한다. 골드버그는 그의 논문에서 우리에게는 합당한 심리치료 이론이 필요하다고 주장하였다. 혼동스러운 것은 정신역동적 심리치료와 정신분석학이 면담의 빈도와 면담 공간 안에서 환자의 신체적 자세가 다르기는 하나, 치료적 기법들은 비슷하다는 사실이다. 방어기제의 이해, 왜곡의 검토, 꿈과 전이의 해석, 억압된 감정의 해소, 발생론적 재구성 등, 모든 기법적 내용은 공통적이다. 이와 같은 공통성이 개념적 혼란을 일으키는 하나의 출처가 되고 있으므로 방법에 기초한 구분은 별로 도움이 되지 않는다. 대신에 그것들은 누가 무엇을 해야만 하는 가에 대한 영토에 대한 논쟁으로 인도한다. 골드버그는 '우리의 일차적 관심은 기법적 절차가 아니라 결과와 관련된 이론적 입장이다'(1980, 67쪽)라고 말한다.

골드버그는 심리치료를 정의하는 기준을 그 방법보다는 목표에 초점을 맞추는 것을 선호한다. 치료의 목표를 정의하기 위해서, 골드버그는 그의 자기에 대한 지식을 적용하여 손상된 자기와 조직화되지 못한 자기를 진단적으로 구분한다. 그는 치료의 적절한 목표는 치료의 대상이 위의 두 자기들 중 어느 것인가에 따라 달라진다고 주장한다. 손상된 자기는 자기애적 상처의 결과로 어느 정도 왜곡이 발생했으나, 자기대상 환경의 공감적 반응이 충분하였기 때문에 자기의 핵심 구조는 조직화될 수 있었다. 그러므로 손상된 자기의 본질적 건강과 응집성을 회복하기 위해서, 치료의 목표는 '자기의 수정, 확장, 또는 자기의 결함을 메우는 것이 되어야 한다. 이것은 자기의 근본적인 구조는 바꾸지 않은 채 미세한 변화를 가져오는 것, 곧 복구(repair)를 의미한다'(1980, 62쪽). 그는 손상된 자기의 특정 부분에 대한 치료가 바로 심리치료의 과제라고 말한다.

초기 자기대상 환경의 잘못된 반응 때문에 자기의 핵심적 구조가 조직화되지 않은 자기의 경우에는 상황이 다르다. 이런 상황의 적절한 치료 목표는 자기 구조의 변경이라고 골드버그는 제시한다. 이에 덧붙여 그는 구조 변경을 위한 작업은 정신분석학의 과제이며, 그 작업의 범위는 다음과 같다고 말한다.

이 작업에는 면담의 빈도와 같은 분석의 수행을 위한 모든 조건이 필요하다. 잘못된 자기-상징을 재조직화하는 것과 같은 과제는 그 일에 도움되는 모든 것들을 활용해야 하며, 접촉의 횟수를 줄이는 일이란 아마도 감당할 수 없는 부담이 될 것이다(Goldberg 1980, 69쪽).

요약하면, 골드버그는 특정 환자나 내담자에게 적절한 치료적 절차는 치료 기법보다는 치료 목표에 의해 결정된다고 주장한다. 그리고 그는 그 목표가 자기의 상태에 의하여 결정된다고 강조한다. '우리가 무엇을 하고 있는가?' 란 질문에 대한 대답은 처방된 치료가 복구인가 아니면 재구조화인가에 달려있다. 이에 덧붙여, 방법보다는 목표에 기초해서 심리치료와 정신분석학을 구분한 골드버그의 사고는 심리치료가들의 부담을 덜어주는데 기여할 수 있었다. 환자를 위해서 시간을 투자해야 할뿐만 아니라 자신의 병원이나 상담소에서 요구되는 업무를 보아야 하는 심리치료가들에게 있어서 자기 구조를 재조직화하는 과제는 지나치게 무거운 짐일 수 있다.

나는 자기심리학이 모든 치료자들에게 효용성이 있다는 것을 보여주기 위해 그리고 동시에 심리치료와 정신분석학을 구별하기 위해 이 주제를 잠시 다뤘다. 내가 언급했듯이, 코헛은 그의 책 전체를 통해 정신분석 과정에 대해 말하고 있지만, 그가 개념화한 내용들은 심리치료 과정에도 똑같이 적용된다. 나는 11장에서 이와 같은 적용 가능성을 보여주기 위해서 하나의 심리치료 사례를 제시할 것이다.

심각한 성격 장애와 행동 장애에 대한
몇몇 분석들은 미완성 상태로 두어야만 하는가?

「자기의 치료」 첫 부분에서, 코헛은 자기심리학과 고전적 이론 사이의 주된 차이에 대해 논의한다. 그는 정신 건강을 자신이 이해하는 대로 정의하였으며, 「자기의 회복」(1977)에서 다루었던 Z씨의 사례가 '미완성된 분석'이었다고 오해한 비판자들에게 응답하였다. 코헛을 비판하는 사람들은 그가 환자들을 고통스럽게 하는 퇴행 경험으로부터 보호하기 위해서 그들이 구조적인 결함을 갖고 있음에도 불구하고 너무 이른 분석 종결을 도입하고 있다고 보았다. 코헛은 이러한 오해를 바로잡고 싶었으며, 이 오해의 원인을 정신적 건강과 정신분석학적 치료에 대한 그의 새로운 정의를 적절하게 전달하지 못한 사실에서 찾았다.

이 오해를 명확히 밝히기 위해, 그는 먼저 그의 이론의 기본적 요소를 반복해서 진술하였다. 분석이 가능한 자기애적 성격 장애의 치료에서는 어린 시절의 좌절된 자기대상 욕구가 자연스럽게 활성화된다. 결함을 지닌 자기는 특정한 자기대상 전이를 활성화시킴으로써 이루지 못한 자기의 발달을 완성하려고 시도한다. 고전적 정신분석 상황에서 일어나는 것과 비슷하게, 이런 전이의 활성화는 해석으로 다뤄야 하는 저항을 수반한다. 자기의 결함은 변형적 내재화와 자기대상 전이의 극복 과정을 통해 수정된다.

그 다음에 코헛은 정신 건강에 대한 새로운 정의를 제안한다. 그는 자기의 목표와 분석 과정에서 얻을 수 있는 최적의 결과는 타고난 기술과 재능의 잠재력을 실현할 수 있는 비방어적이며 온전한 자기를 확립하는 것이라고 주장하였다. 온전한 자기의 확립은 창조적이고 충일한 삶으로 인도한다. 이런 새로운 정의에 따라, 코헛은 치료가 완성되지 않았음에도 불구하고 분석작업의 종결이 가능하다고 제안한다. 그는 이것을 다음과 같이 설명한다.

정신의 발달은 외상으로부터 결코 자유롭지 못하며, 반복되는 심각한 외상에 직면해서도 자기는 심리적 생존을 위한 방도를 추구한다. 자기는 방해받은 발달적 욕구를 극복하기 위한 새로운 해결책을 추구한다. 하나의 자기대상이 외상을 줄 정도로 실망케 하고 중요한 자기애적 욕구를 만족시켜 주지 못할 경우, 발달하는 자기는 다른 가능한 자기대상들에게로 향한다. 어떤 사람들은 어린 시절에 정신 질환을 앓고 있는 어머니처럼 심각하게 혼란된 일차적 자기대상으로부터 자유롭기 위해 그 대상으로부터 벗어날 수 있다고 코헛은 말한다. 그러한 개인들은 탄력성 있는 자기의 회복 능력을 사용하여 또 다른 잠재적 자기대상, 곧 아버지나 삼촌이나 숙모 등의 돌봄을 베풀 수 있는 사람과 새로운 관계를 맺으려고 시도한다. 이 새로운 자기대상이 믿을 만하고 건강할 때, 그러한 시도는 심리적으로 생명을 구조(lifesaving)하는 사건이 된다. 이 자기대상은 아이의 과대성을 적절한 방식으로 반영해줌으로써 그리고 필요한 이상화를 허용해줌으로써 공유된 인간성의 감각을 형성할 수 있게 해주며, 아이에게 본질적으로 중요한 자기애적 욕구들을 충족시켜 준다. 생명을 살리는 자기대상에게로 향하는 보상적 움직임을 통해서, 아이는 외상적이었던 일차적 자기대상과의 관계에서 발생한 자기의 결함을 극복할 수 있다. 앞서 7장과 8장에서 언급했듯이, 코헛은 이차적 자기대상을 통해 보상적 구조를 발달시키는 과정을 내재화(internalization) 과정이라고 불렀다. 이 구조는 실패한 일차적 자기대상과의 경험으로 야기된 결함을 보상하는 구조이다.

그러나 자기애적 성격장애를 갖고 있는 사람들의 경우, 그들의 이러한 시도는 실패할 수 밖에 없었다. 왜냐하면 그들의 보상적 자기대상들이 신뢰할 수 없고 결함이 있는 사람들이었기 때문이다. 또는 보상 구조가 실제로 형성되기는 했으나, 그것이 견고하지 못하고 신뢰할 수 없었다. 코헛이 「자기의 회복」(1977)에서 다루었던 Z씨가 그런 사람이었다. 그는 자신에게 해가 되는 어머니로부터는 벗어났지만, 자신이 이상화했으나 거절당했던 아버지와의 관계로 인해 신뢰할 수 없는 보상 구조를 형성했었고, 그 보상 구조를 강화하기 위해서 분석 경험이 필요했던 사람이었다.

분석 경험을 통한 보상 구조의 안정화가 코헛의 주된 치료 전략이다. 고전적 입장을 취했던 분석가들과는 달리, 그는 일차적인 외상의 재생과 이에 대한 철저한 극복 작업을 주장하지 않았다. 아마도 그는 그러한 작업을 통해서는 어떤 긍정적 소득도 얻을 수 없다고 믿었던 듯하다. 왜냐하면 실패한 자기대상은 심리적으로 쓸모가 없으며, 자기는 엄청난 대가를 치르고 이미 그 자기대상으로부터 벗어났기 때문이다. 코헛은 결함있는 일차적 자기대상과 관련된 모든 끔찍한 외상들을 끄집어내는 작업에서는 아무런 가치를 발견할 수 없었다. 그는 자기의 구조 건설과 공고화는 분석가와의 관계에서 경험되는 특정한 자기대상 전이 안에서 활성화되는, 좌절된 자기애적 욕구의 재생으로부터 온다고 강하게 믿었다. 분석 과정을 통해 강화된 자기는 약화된 보상 구조를 강화할 수 있을 것이며, 이 보상 구조는 자기애적 자양분의 공급과 유지를 위한 중요한 원천이 된다. 이 기본적 원리를 코헛은 다음과 같이 서술한다:

그러나 중요한 쟁점을 강조하자면, 유아기와 아동기의 외상적 상황—자기가 초기 발달 과정에서 살아남기 위해 반응했던—은 재활성화될 수 없다. 설령 그러한 상황이 실제로 재생된다고, 별다른 유익을 가져오지 못한다.

이 점을 강조함으로써 나는 「자기의 회복」의 특정 부분에 관한 나의 호의적 비판가들의 오해를 깨끗이 해소하고자 한다. 내가 1977년에 주장했고 지금 다시 반복하는 것은, 유아의 핵 자기가 그것으로부터 성공적으로 철수할 수 있었던 초기 자기대상의 외상적 측면들은 자기애적 전이로 재생될 수 있는 것이 아니라는 주장이다. 이런 측면들이 재생될 수 없는 이유는 발달하는 자기가 생의 초기에 본래의 자기대상들로부터 돌아섰기 때문이다. 즉, 그 자기는 구조 형성을 위한 다른 원천—곧 보상 구조 형성을 가능케 하는 원천—으로 전환할 수 있었다. 그러나 바로 그런 이유로 그러한 개인은 나중에 자기대상에 대한 욕구를 갖지 않는다 (Kohut 1984, 43-4쪽).

자기가 자체의 생존을 확보하기 위해 노력할 뿐만 아니라 자기의 구조적 복원을 추구한다는 코헛의 이해는 그의 정신 건강에 대한 정의와 분석의 목표 설정에 영향을 미쳤다. 내가 이미 강조했듯이, 그는 정신 건강을 구조적으로 온전하거나 또는 회복된 자기를 갖고 있는 것으로 정의한다. 보상 구조에 의해 강화된 자기가 강하고 견고하며 즐겁게 삶을 경험할 수 있을 때, 분석은 종결될 수 있다고 코헛은 본다. 그는 여러 정신분석학적 이론이 금과옥조로 여기는 완전주의적인 분석 목표를 고집하지 않는다. 그는 다음과 같이 말한다:

나는 자기가 전이 안에서 자체를 드러낼 때—방어적이지 않은 방식으로—표현되는 것은 병리의 정도가 아니라 풍부한 자원과 건강의 징표라고 확신을 가지고 말할 수 있다고 믿는다. 즉, 그것은 자기가 초기 발달 과정에서 절망적인 좌절로부터 돌아서서 새로운 길을 발견했거나 또는 적어도 새로운 방향을 추구하는 시도가 부분적으로 성공했음을 말해준다. 치료 과정에서 그러한 자기를 그것이 과거에 연결을 단절했던 영역을 향해 밀어 부치려는 시도는 실패할 수밖에 없을 뿐만 아니라, 환자를 심각하게 오해하고 있음을 드러낸다. 환자의 질환이 치료자 자신이 보편적이라고 신봉하고 있는 특성들에 들어맞는다고 주장함으로써, 그리고 치료자가 분석의 필수 조건이라고 여기는 특정한 치료적 과정—그것이 오이디푸스 콤플렉스의 해소이든, 편집적-우울적 감정의 재경험이든, 출생 시에 입은 외상의 정화이든, 자기의 초기 상처의 재경험이든, 또는 다른 만병통치 이론이든 간에—에 환자가 따라야 한다고 주장함으로써, 환자를 밀어 부치는 치료자가 있다면, 그는 환자의 회복을 위한 길에 장애물을 설치하고 있는 것이다(Kohut 1984, 44-6쪽).

코헛에게 있어서, 적절한 분석의 종결 시기는 분석가가 이론적 생각으로 미리 예상했던 것과는 상관없이 자기의 구조 회복으로 인해 기능이 충분히 호전되었다고 여겨질 때이다.

코헛의 비판자들은 그가 자기의 기능적 재활(the functional rehabilitation)을 강조한 것을 오해했다. 그들은 코헛이 정신의 혼돈된 심층에 도달할 수 있기 전에 분석을 조급하게 종결함으로써, 환자를 '심한 혼란'으로부터 보호하고 있다고 비난했다. 그러나 코헛은 실제에 있어서 정서적 혼란을 두려워하지 않는다. 사실 그의 저술 전반을 통해서 특히 「자기의 분석」에서, 그는 그의 환자에게 발생한 심한 정신증적 퇴행에 대해 서술하고 있으며, 퇴행은 분석적으로 가치있는 것이며 시간이 지나면 증세가 좋아질 것이라는 그의 확신을 조용히 피력한다. 내가 믿기로는, 코헛이 받았던 격노에 찬 비판의 일정 부분은 코헛이 불필요한 정서적 혼돈을 피하라고 제안했을 때 그의 비판자들의 치료적 포부를 손상시킨 것과 관련되어 있다.

거세 불안의 재검토

「자기의 치료」(1984)에서, 코헛은 거세 불안에 대한 자신의 최종적 이해를 제시했다. 그는 자신의 이해가 그의 임상 작업에서 경험한 전이에 대한 관찰로부터 온 것임을 강조한다. 그러한 관찰에 대한 결론을 이끌어내면서, 그는 그의 이론화 작업이 하나의 기본적 가정 위에서 이루어지고 있음을 인정하고 있다. 그것은 분석 과정이 표면에서 심층으로 진전하며, 드러나는 전이 순서는 발달 과정을 반복하는데, 이것들은 모두 반대의 순서로 진행된다. 즉, 가장 최근에 형성된 구성물이 가장 먼저 드러나고, 초기의 구성물은 나중에 나타난다.

코헛은 자기애적 성격 장애와 행동 장애를 지닌 사람들의 성공적인 분석에서 분석 말기에 오이디푸스 단계의 측면들이 출현했다고 말한다(1977). 그는 이들의 자기가 강화됨으로 해서 처음으로 오이디푸스 주제를 다룰 수 있었다고 보았다. 이런 주제들이 전에는 경험되지 않았기 때문에, 분석에서 출현하는 오이디푸스 단계의 발달적 문제들은 비공감적인 오이디푸스기 자기대상에 의해 외상적인 영향을 받지 않은 것이다. 코헛은 이런 발달 기간을 '오이디푸스 단계'라고 불렀으며, 이것을 병리적인 형태인 오이디푸스 콤플렉스와 구별했다.

코헛은 분석 과정에서의 오이디푸스 단계 동안에 출현한 세 단계의 전이를 차례로 서술한다. 각 전이는 아래 묘사된 저항의 단계들에 앞서서 발생한다:

1. 그 정도가 보통 심한 최초의 저항 단계(resistance stage);
2. 심한 거세 불안의 경험에 의해 지배되는 오이디푸스 콤플렉스가 드러나는 전이 단계;
3. 심한 저항의 국면(resistance phase);
4. 해체 불안에 의해 특징지어지는 전이 단계(transference stage);
5. 경미한 불안으로 특징지어지는 저항 국면으로서, 이 불안은 거세 불안과 구별되고 즐거운 기대감과 교차한다;
6. 성적 자기의 발달이 두드러지게 나타나는 오이디푸스 단계의 전이 국면(transference phase).

코헛은 임상적 상황에서 관찰된 비외상적인 오이디푸스 드라마에 기초해서 정상적인 오이디푸스 단계와 그것의 병리적인 결과에 담긴 역동을 설명한다. 이 역동 안에서 건강한 오이디푸스기의 아이는 적절한 방식으로 반응해준 자기대상의 경험을 가지고 오이디푸스기로 진입한다. 여기에서는 반영해주는 자기대상에 의해서 활기와 자기 주장을 인정받으려는 아이의 욕구가 거절되는 일이 없다. 이상화된 자기대상으로부터 위로받고 드높임을 받으려는 욕구는 좌절되지 않으며, 제2 자아(alter ego)의 지속적인 현존에 대한 욕구 또한 충족된다. 아이는 이전에 항상 그랬던 것처럼 이해해주는 자기대상이 반응해줄 것이라고 예상하며, 강렬한 애정과 자기 주장의 느낌에 의해 특징지어지는 새로운 단계, 즉 오이디푸스 단계로 열정을 갖고 진입한다. 이것이 정상적인 오이디푸스 단계의 모습이다.

코헛은 오이디푸스 콤플렉스가 형성되는 것은 자기대상이 실패한 경험의 병리적 결과라고 믿었다. 오이디푸스기의 아이는 놀라운 경험을 하게 되는데, 그 이유는 전에는 자신의 감정에 조율해주던 부모들이 전과 같이 반응해주지 않기 때문이다. 이런 부모들은 아이의 강렬한 정서에 자극을 받아 전의식적으로 과도하게 자극하는 방식으로 아이에게 반응하거나, 또는 아이의 강렬한 자기 주장성에 도전을 받아 전의식적으로 아이의 자기 주장성에 적대적-경쟁적 태도로 반응하는 부모들이다. 코헛은 이런 과거의 경험들을 재구성하는 과정에서 잘못된 부모의 반응들은 대부분이 언어적 반응이 아니라는 것을 발견했다. 부모들은 대체적으로 아이의 새로운 정서에 당황하여 그 아이로부터 철수하고 억제된 상태가 된다. 이때 정상적인 오이디푸스적 아이의 강했던 자기는 부모의 자극과 도전과 철수에 의해 약해진다. 그때 약해진 자기는 파편화되며, 비성적인 오이디푸스적 애정과 비적대적인 오이디푸스적 자기 주장성은 성화되거나 적대적인 행동으로 나타나게 된다. 오이디푸스 경험에 대한 코헛의 진술은 고전적 입장과 뚜렷한 차이를 드러낸다. 그의 이해에 의하면, 오이디푸스 콤플렉스는 전적으로 내적이며 환경의 영향을 받지 않는 생물학에 근거한 욕동의 표현이라기보다는 비공감적 환경에 대한 반응으로 형성되는 것이다. 그는 오이디푸스기의 소녀와 소년들의 적극적인 역동성을 다음과 같이 서술한다:

아이의 애정있고 자기 주장적인 태도가 좌절됨으로 인해 야기되는 오이디푸스적 긴장은 아이가 병리적인 성적 욕동과 파괴적인 적대감을 경험할 때 발생한다. 그리고 그러한 성적 욕동과 파괴적인 적대감은 자기가 파편화되거나 약해졌을 때 발생한다. 부모가 아이에게 건강하게 반응해주는데 실패함으로써 오이디푸스 단계가 손상되고, 그 결과로 아이의 자기 안에 결함이 생긴다. 그때 우리는 사랑스럽고 시기 적절한 성적 기능을 즐길 수 있고 목표를 추구함에 있어 확신에 찬 자기 주장을 할 수 있는, 확고하고 응집적인 자기로 발달하는 모습을 보는 대신에, 평생에 걸쳐 지속되는 다음과 같은 성향을 발견하게 된다. 그것은 사랑보다는 사랑의 파편들(성적 환상) 그리고 자기 주장보다는 자기 주장성의 파편들(적대적 환상)을 경험하고, 이런 경험들—아이 시절에 겪은 건강하지 못한 자기대상 경험의 재활성화를 포함하는—에 불안하게 응답하는 것이다(Kohut, 1984, 24-5쪽).

전이 신경증에 대한 코헛의 임상적 접근은 고전적 정신분석학에서 행히는 것과 차이가 없다. 분석에서 오이디푸스 전이가 활성화되며, 이것은 방어에 대한 체계적인 분석과 적대감의 해석을 통해 극복된다. 고전적 분석가의 목표는 환자가 자신의 유아적 성욕과 적대성에 대해 배우고 조절하도록 돕는 것이다. 고전적 이론은 환자가 자신의 무의식적 충동, 소망, 욕동들을 경험할 때, 정신의 가장 깊은 층에 도달하게 된다고 가르친다. 그러나 코헛의 입장은 이와 다르다. 그는 오이디푸스 콤플렉스란 좌절된 오이디푸스적 자기대상 경험이라는 모체(matrix) 안에서 형성된 것으로 보는 입장을 견지한다. 그에게 있어서, 분석 작업의 핵심은 오이디푸스기의 아이가 겪었던 결함있는 자기대상 모체와 관련된 우울과 자기애적 격노를 다루는데 있다. 그는 이런 내용이 항상 적대감과 성욕의 표면 아래 존재하고 있다고 보았다.

코헛은 오이디푸스 콤플렉스가 심리 발달 과정의 정상적인 현상이라고 말하는 고전적인 가설에 대해 다룬다. 오이디푸스 콤플렉스가 보편적으로 존재한다는 사실이 이것이 정상적인 것이라는 증거로 자주 인용되고 있기는 하나, 코헛은 보편성과 정상성은 구별되어야 한다고 주장한다. 오이디푸스 콤플렉스가 빈번하게 나타나며 널리 퍼져 있다고 해서 그것이 정상이라는 증거는 아니며, 그것은 단지 이 콤플렉스가 널리 퍼져 있다는 증거일 뿐이라고 말한다. 코헛은 자기대상의 불완전함 또한 보편적인 현상이라고 주장한다. 오이디푸스 단계 동안에 불완전한 자기대상들이 불완전한 반응을 준다는 사실이 오이디푸스 콤플렉스의 보편적인 현상을 설명해준다는 것이다.

과학적 객관성의 문제와
정신분석학적 치료 이론

코헛은 정신분석이 어떻게 치료를 가져오는가 라는 질문을 다루기 전에, 분석 환경이 환자에게 끼치는 영향을 고찰하는 것이 필수적이라고 느꼈다. 고전적 입장은 분석 환경이 중립적이어야만 무의식의 내용이 오염되지 않은 전이의 형태가 출현할 수 있다고 본다. 코헛은 이 입장에 강하게 반대하면서, 분석 환경은 중립적이 될 수 없으며, 그것은 항상 분석 과정에 영향을 끼친다고 주장했다. 그는 고전적 입장에 대한 자신의 반대를 분명히 하기 위해서 그가 「자기의 회복」에서 시작했던 과학적 객관성에 대한 토론을 확장하여 과학의 역사와 과학적 객관성에 대한 관념들의 변화를 다루었다. 19세기 말 프로이트의 사고를 주도했던 당시의 과학적 태도는 물질의 거대 입자의 관찰을 다룬 뉴톤의 물리학적 연구 방법에 따른 학문 모델이었다. 그 모델은 관찰자는 연구 대상에게 어떠한 영향도 주지 않은 채 실험하며, 관찰하고, 자료를 수집할 수 있다고 믿었고, 이러한 자료는 순수하고, 진리를 나타내는 것이라고 간주되었다. 프로이트는 분석가가 환자에게 어떤 영향도 미치지 않는 중립적 관찰자라는 생각을 정신분석학의 기초로 삼았다. 코헛은 원본능, 자아, 초자아와 같은 거대한 정신적 행위자(macro-agencies)를 탐구하면서 분석 상황에서 분석가의 중요성을 간과하는 고전적 정신분석학을 '거대 입자'(large particle) 정신분석학이라고 불렀다.

코헛은 자신의 관점이 20세기의 양자 물리학의 모델을 닮았다고 말한다. 이 물리학은 미립자를 연구하며, 그러한 미세 대상을 관찰하는 도구는 그 자체가 연구 환경 안에 존재하기 때문에 관찰되는 대상에게 영향을 미치는 것으로 간주된다. 여기서 코헛은 분석가 자신의 역전이를 통해 분석 상황에 미치는 영향보다는, 경청하는 현존을 통해서 환자에게 미치는 분석가의 영향을 중시하고 있다. 그는 다른 곳(1971, 1984)에서 역전이 주제를 다루고 있음에도 불구하고, 여기서는 경청과 이해의 분위기가 환자에게 초래하는 결과에 관심을 가질 것을 촉구한다.

코헛(1984, 216쪽)은 프로이트가 분석가가 환자에게 미치는 비-역전이적 영향을 인정한 짧은 논평에 주목한다. 이 유명한 진술에서 프로이트는 환자가 분석가와 적절한 친밀 관계를 형성할 때까지 분석가가 환자에게 영향을 미치는 위치에 있지 않다고 시사했다. 프로이트는 다음과 같이 말했다:

치료의 첫째 목표는 환자가 치료와 치료자의 인격에 애착을 갖게 하는데 있다. 이것을 보장하기 위해서 치료자는 환자에게 시간을 주는 것 외에는 아무 것도 할 필요가 없다.

만약 분석가가 환자에게 깊은 관심을 표명하고, 처음부터 생길 수 있는 저항을 조심스럽게 제거하며, 특정한 실수들을 피할 수 있다면, 환자는 그 사람과 아주 좋은 애착 관계를 형성할 것이고, 치료자를 그 동안 환자에게 애정으로 대해 주었던 사람들 중의 하나와 연결시킬 것이다(Freud 1913, 139-40쪽).

프로이트의 언급은 영향력의 영역—코헛이 프로이트가 간과했던 영역이라고 느꼈던—을 가리킨다. 물론 이것은 분석 과정에 대한 자기심리학적 이해에서 중심 부분을 차지하고 있는 자기대상 환경을 가리킨다. 경청해주고 이해해주는 자기대상 환경이 환자에게 미치는 이와 같은 영향력에 대해 코헛은 다음과 같이 서술한다:

우리는 왜곡된 역전이를 통한 영향이 아니라, 의미있는 인간으로서 현존하는 분석가의 영향을 인정하고 검토할 수 있는 이론을 필요로 한다. 일반적으로 정신분석 상황에서 분석가의 인격적인 영향력이 분석 상황을 특징지으며, 특히 극복 과정에서 가장 뚜렷이 드러난다. 나의 요점을 분명하게 다시 말하겠다. 만약 우리가 누군가가 우리를 이해하고 설명해주기 위해서 우리에게 경청하고 있는 상황 안에 있다면, 그리고 그러한 경청과 설명이 오랫동안—처음에는 무제한의 기간처럼 느껴지는—지속될 것임을 우리가 알고 있다면, 그것은 중립적인 상황이라고 정의될 수 있는 것이 아니다. 반대로, 심리적 영향이라는 측면에서 볼 때, 우리는 중립과는 거리가 먼 상황에 있다. 실로 이것은 인간의 심리적 생존과 성장을 위해 최고로 중요한 정서적 경험을 우리에게 제공하는 상황이라고 말할 수 있다. 자기대상 환경 즉 공감해주는 인간 환경은 우리의 심리적 삶을 이해하고 참여하려고 시도하는 환경을 가리킨다 … 실로 분석가가 관심의 초점을 환자의 내적 삶에 맞추는가, 그리고 환자를 제대로 이해하는데 실패하는가 성공하는가의 문제는 정신분석 과정의 핵심적인 동력으로 작용한다(Kohut 1984, 37-8쪽).

코헛은 과학적 객관성이란 하나의 신화이며, 그것은 상대적 객관성으로 이해해야 하며, 따라서 우리는 분석 환경에서 분석가가 갖는 역할에 대한 새로운 이해가 필요하다고 주장한다. 분석가는 신화적인 중립적 태도를 통해서 환자에게 영향을 끼치지 않는 관찰자가 아니라, 경청하는 존재로서 분석 과정에 영향을 끼친다. 사실, 분석가의 공감적 현존이 잠들어 있는 자기대상 욕구를 활성화시키고 치료적 과정을 이끌어 가는 동력으로서 기능한다.

정신분석 치료의 본질

정신분석 치료에 대한 코헛의 논의는 그의 교수법을 엿볼 수 있게 해준다. 그는 고전적 이론과 자신의 이론을 비교할 수 있게 하기 위해서 자신이 통달하고 있는 고전적 이론에 관한 지식을 활용한다. 그는 프로이트의 지형론적 모델에서 말하는 치료는 무의식의 내용에 대한 증가된 자각의 결과라고 말한다. 프로이트의 모델에서, 질병은 억압 장벽의 힘에 의해 격리된 무의식 내용 안에 담긴 길들여지지 않은 욕동과 소망에서 유래한다. 이때 치료는 억압을 약화시키고 무의식의 내용을 의식으로 끌어올림으로써 발생한다. 이 모델에서 치료의 본질은 지식의 확장에 있다. 그러나 코헛의 이해에 따르면, 비록 자기 인식의 확장이 발달에 도움이 되기는 하지만, 치료의 본질은 지식의 확장에 있지 않다.

프로이트의 삼중구조 모델은 치료 이론에 변화를 초래하였다. 프로이트의 구조 모델은 인간의 정신을 욕동의 표현과 관리와 통제 등과 관련된 갈등 안에 있는 여러 심리 기구들로 구성된 일종의 기계와 같은 기구(machine-like apparatus)로 간주하는 모델이다. 이 모델에서 치료는 자아가 자체의 영역을 확장함으로써 욕동을 지배할 수 있게 되는 것을 말한다. 그리고 이것은 다시 욕동의 파생물에 의해 산출된 죄책감과 불안으로부터 방어적으로 퇴행하고 싶은 욕구를 감소시키는 것으로 간주된다. 코헛은 이러한 관점을 자신의 관점과 비교하였는데, 그는 자아의 확장이 분석의 결과로서 발생하는 것이 사실이지만, 그것은 치료의 핵심에 해당하는 것도 필수적인 것도 아니라고 주장한다. 코헛의 모델에서 보는 자아의 확장은 이차적인 결과일 뿐이다.

치료를 가져오는 요소들

그렇다면 코헛의 치료 이론은 무엇인가? 자기심리학은 치료 과정을 어떻게 이해하는가? 코헛에게 있어서 치료 과정은 세 요소로 구성되어 있다. 처음의 두 가지는 기법적인 것인데, 첫째는 방어의 분석이고, 둘째는 드러나는 전이의 극복 과정이다. 이 두 기법적 요소는 고전적 정신분석에서도 해당되지만, 방어와 전이에 대한 자기심리학적 이해(1966, 1968, 1971, 1977)는 고전적인 입장과 다르다.

코헛의 분석적 치료 이해의 세 번째 요소는 가장 중요한 것으로서, 고전적 입장과 현격하게 다르다. 코헛은 이것을 '본질적인 차이라고 간주하는데, 그것은 그것이 치료의 목표와 결과에 대한 정의와 관련되어 있기 때문이다'(1984, 66쪽). 그것은 자기와 자기대상이 억압된 또는 분리되어 수정되지 않은 자기애적 욕구의 수준에서가 아니라, 성숙한 성인 관계의 수준에서 공감적인 의사소통을 확립하는 것이다. 분석 목표에 대한 이러한 변화는 정상적인 자기애의 발달과 자기대상의 중요성에 대한 코헛의 새로운 이해에서 유래한다. 그는 자신의 임상적 관찰에 근거하여, 자기대상에 대한 욕구는 평생에 걸쳐 존재한다고 역설한다. 그는 분석을 통하여 자기가 원초적 자기대상에 고착된 초기 욕구로부터 자유로워진다고 주장한다. 즉, 분석을 통해 이상화된 자기대상과 융합하고 싶어하는 수정되지 않은 욕구와 또는 자기대상이 반영해주기를 바라는 수정되지 않은 욕구가 경감된다. 그러나 원초적 자기대상에 얽매어 있던 자기가 분석을 통해 좀더 성숙한 수준에서 자기대상을 자유롭게 선택하게 되는 것은 사실이지만, 자기대상과 이것의 기능에 대한 욕구는 결코 사라지지 않고 인생 전체를 통해 존속한다.

코헛의 견해에 의하면, 분석의 목표는 지속되는 자기대상 경험을 좀더 건강한 방식으로 선택하는데 필요한, 강화된 자기의 능력을 증가시키는데 있다. 이 견해는 분리와 독립이란 서구적 가치를 지향하는 고전적 입장과 근본적으로 다르다. 자기대상 욕구가 항구적으로 존재한다는 코헛의 생각은 자아심리학의 영향권에서 활동하던 그의 초기 연구로부터 발전된 것이다. 1971년에 코헛은 성인의 성격을 자율적인 성격 조직, 곧 '자기대상에게 의존되는 얽매임을 포기하고, 양육적인 자기대상 환경에 대한 욕구를 극복한 성격 조직'(1984, 218쪽 [주 #2 참조: 역주])으로 개념화한 바 있다. 코헛은 서구적 윤리인 '독립'과 '자율'로부터 벗어나 평생동안 지속되는 자기대상에 대한 욕구를 인식할 수 있었다. 분석 치료에 필수적인 것은 '자율'보다는 성숙한 자기대상과 갖는 공감적 접촉이라는 사실이 점진적으로 확립될 수 있었다.

최적의 실패를 통한 자기의 강화

코헛은 분석의 본질적 목표와 결과를 정의한 후에, 분석에서 자기를 강화하는 과정에 관심을 기울인다. 그는 자기대상인 분석가 편에서 외상이 되지 않는 정도의 공감적 실패가 분석 과정에 필수적인 요소라고 말한다. 이 점에서 코헛은 다음과 같은 기법을 권장한다:

(분석 초기 국면에 자발적으로 나타나는) 분석가를 자기대상으로 경험하는 전이의 출현에 의해 제공되는 지지적 모체는 불가피한 분석가의 실패로 인해, 다시 말해서 일시적이며 외상이 되지 않는 공감의 실패—분석가가 행한 '최적의 실패'—로 인해 반복해서 붕괴된다. 분석가가 시도하는 이해나 해석이 틀리거나 부정확하거나 또는 적절치 않을 때, 환자는 이에 대한 반응으로 분석가의 공감에 대한 자신의 신뢰를 포기하고 원초적인 자기대상 관계로(즉, 원초적이며 이상화된 전능한 자기대상과 융합하려는 욕구로, 또는 즉각적이고 완벽하게 인정받으려는 욕구로) 일시적으로 후퇴한다. 환자의 이러한 후퇴를 인식한 분석가는 환자의 행동을 주목하고 환자의 연상에 대해 열린 마음으로 경청해야만 한다. 열린 마음으로 경청한다는 것이 의미하는 바는,

분석가가 자신의 환자에 대해 갖고 있는 경직된 형태의 이론적 선입견(theoretical pre-conceptions)을 버려야만 한다는 것이다. 그 이론적 틀이 클라인학파, 랑크학파, 융학파, 아들러학파, 고전적 정신분석학파, 또는 자기심리학파 등 어떤 학파의 것이든 달라지는 것은 없다. 분석가는 환자의 욕구의 본질에 대해 정확히 파악할 때까지 그리고 더욱 정확한 해석을 통해 환자에게 자신의 이해를 전달할 수 있을 때까지, 환자를 특정한 이론 틀에 끼워 넣으려는 유혹에 빠져서는 안 된다(Kohut 1984, 66-7쪽).

코헛은 자신의 설명적 이론을 교조적으로 엄격하게 적용하려는 행위를 경고하면서, 환자의 경험 속에 공감적으로 몰입하는 것이 최적의 분석 환경을 창조하는 요소라고 강조한다. 물론 그는 경청자로서의 분석가는 무엇을 듣고 경험해야 할 것인지에 관한 지침을 얻기 위해 이론에 대한 지식을 반드시 갖고 있어야 한다고 인정한다. 그러나 이론이란 조력자이지 주인이 아니라고 경고한다. 분석가가 환자의 각각의 경험을 최근에 유행하는 이론이 제안하는 틀 속에 억지로 끼워 맞추는 일없이 경청하는 동안, 이론은 배경에서 조직자로서 봉사해야 한다는 것이다. 그러나 아무리 분석가가 열린 마음을 갖고 있다 하더라도, 환자를 오해할 수 있다. 이때 만약 분석가가 자신의 실수를 인정하고, 환자가 자신의 잘못을 바로잡아줄 수 있도록 허용한다면, 환자는 어떤 해도 입지 않을 수 있다. 이처럼 분석가가 잘못을 자각할 수 있고, 후퇴, 격노, 불안과 같은 환자의 반응을 인식할 수 있다면, 분석가의 실수는 '최적의 실패'가 될 수 있을 것이다. 따라서 분석가의 과제는 자신이 잘못 이해한 것과 이에 대한 환자의 반응을 방어하는 일없이 인식하고, 환자의 후퇴에 포함된 역동을 비판적이지 않은 방식으로 해석해주는 것이다. 그리고 이 일은 분석 과정 중에서 아주 여러 번에 걸쳐 일어날 것이다. 코헛은 다음과 같이 서술한다:

> 각 최적의 실패는 분석 상황의 안과 밖에서 공감적 실패를 회복해내는 환자의 능력을 증가시킨다; 즉, 최적의 실패가 있은 후에 새로운 자기 구조가 획득되고, 기존의 구조는 더욱 견고해진다. 이러한 구조의 증가가 아무리 미미한 것이고 환자나 분석가가 인식할 수 없는 것이라고 해도, 이러한 발달들은 환자의 자존감을 높여주는 쪽으로 이끈다(Kohut 1984, 69쪽).

공감적 반향(empathic resonance)과 외상이 되지 않는 좌절

코헛은 건강한 자기가 형성되는 정상적인 발달 과정에 필수적인 두 사건에 주목한다. 첫째는 자기와 자기대상 사이의 기본적인 조율(basic attunement) 경험이고, 둘째는 코헛이 '최적의 실패'라고 부른, 자기대상과의 외상이 되지 않는 실패를 반복하는 것이다. 이러한 두 가지 경험은 다음의 두 결과를 낳는다:

1. 최적의 좌절은 변형적 내재화(Kohut, 1971) 과정을 통해서 새로운 내면 구조를 창조하게 되는 원인으로 작용한다.
2. 이 같은 새로운 내면 구조는 자기로 하여금 이상화 대상, 반영해주는 대상 그리고 제2 자아 대상과 융합하고 싶은 욕구—온전한 자기를 느끼기 위해—로부터 성인 자기대상과의 공감적인 반향에의 욕구로 이동할 수 있게 한다. 이때 자존감의 기능은 예전에는 어린 시절의 융합된 자기대

상에 의해 수행되었으나 이제는 점차 가족, 친구, 일과 문화 등의 성인 세계의 자기대상 환경에 의해 제공되게 된다.

코헛은 정신분석 치료를 다음과 같이 요약한다:

치료의 성공은 … 환자가 자기대상 전이에서 어린 시절에 발달할 수 없었던 자기의 욕구를 재활성화함으로써 가능해진다. 분석 상황 안에서 이렇게 재활성화된 욕구는 계속 유지되고, 최적의 좌절 경험에 반복해서 노출된다. 이 상황은 환자가 자신의 환경에서 활용이 가능한 자기대상의 지원을 받을 수 있고, 자기를 유지할 수 있을 만큼 확실한 능력을 최종적으로 획득할 때까지 지속된다. 따라서 자기심리학에 의하면, 분석 치료의 본질은 환자가 새롭게 획득한 능력 안에 존재한다. 곧 환자가 그 자신의 환경 안에서 적절한 자기대상들—반영해줄 수 있고 이상화를 수용해줄 수 있는—을 발견하고 추구할 수 있는 능력 안에 분석 치료의 본질이 있다(Kohut 1984, 77쪽).

분석 과정은 자기에게 구조와 견고함을 가져다주지만, 자기대상 경험에 대한 욕구를 소멸시키는 것은 아니다. 코헛은 신체적 삶을 위해 산소가 필요하듯이 심리적 삶을 위해서는 공감적 반향이 필요하다는 유비(analogy)를 말한다. 우리의 생존에 산소가 필수적이듯이 공감도 필수적이다. 성공적인 분석은 대상으로부터의 독립을 가져다주는 것이 아니라, 좀더 건강하고 적절한 자기대상을 선택할 수 있게 하고, 자신의 자기애적 욕구를 위해 평생동안 자기대상들을 선용할 수 있는 자기를 확립하는 것을 말한다.

코헛은 분석 치료의 본질을 개괄하면서, 분석은 통찰보다는

'교정적 정서 경험'(corrective emotional experience)을 제공하는 것이라고 주장했다. 자기의 결함은 공감적 태도 안에서 이해받는 경험을 통해서 그리고 외상적이지 않은 '최적의' 좌절을 통해서 교정된다. 코헛은 '교정적 정서 경험'이란 용어가, 비록 그 용어를 처음에 사용한 프란츠 알렉산더(Franz Alexander)[1]가 가졌던 분석 과정에 대한 불행한 오해로 인해 좋지 않은 인상을 주었음에도 불구하고, 유용한 개념이라는 입장을 견지한다. 코헛은 오해를 피하기 위해서 자신은 결코 사랑과 공감과 이해를 통한 교정적 정서 경험을 제안하는 것이 아님을 강조한다. 그 이유는 일차적으로 공감은 분석가가 자료를 수집하는 도구이지 치료를 가져오는 적극적 대리자(active agent)가 아니라는 것이며, 이차적으로 자료를 수집하는 도구인 그 공감이 유익한 효과를 제공하기 때문이라는 것이다. 코헛이 언급했듯이, 공감적으로 이해받는 경험은 정신적 삶에 산소가 된다. 이런 경험이 환자를 분석가에게 영원토록 매이게 한다고 말하는 사람들의 두려움을 감소시켜주기 위해, 코헛은 공감적 반향은 환자로 하여금 분석 상황 밖에서 그의 자기애가 지지받는 새로운 존재 양식을 향하여 나아가게 하는 추진력이 된다고 말한다.

---

1 알렉산더는 "치료의 기본적 원칙에는 과거에는 처리할 수 없었던 정서적 상황에 환자를 보다 우호적인 환경에서 노출시키는 것이다. 환자가 도움을 받기 위해서는 이전의 외상적 경험을 수정하기에 적당한 교정적 정서 체험을 겪어야만 한다는 것"이다. 곧 치료는 지적인 통찰만으로는 부족하고, 반드시 정서적 요소와 체계적인 현실검증이 있어야 한다는 주장이다. F. Alexander & T. French, Psychoanalytic Therapy: Principles and Applications. (New York: Ronald Press, 1946); 어빈 얄롬, 「집단 심리 치료의 이론과 실제」 제4개정판, 최 해림 · 장 성숙 옮김, (서울: 하나의학사, 2001), 45쪽에서 재인용.

제11장

「자기의 치료」Ⅱ:
치료 과정의 재고찰

자기심리학에서 본 치료과정에 대한 재평가

분석 상황:
분석가의 태도, 분석 환경, 치료 이론

이론의 변화는 궁극적으로 치료 기법의 변화를 초래한다는 점에서, 우리는 '코헛의 새로운 이론이 어떤 기법상의 변화를 초래하였는가'를 물어야 할 것이다. 그의 이론은 분석 태도에서 어떤 새로운 점을 가져왔는가? 그로 인해 면담실의 분위기가 변화했는가?

자기의 장애를 지닌 환자에 대한 분석적 접근은 고전적 정신분석학의 접근과 동일하다고 코헛은 믿었다. 그러나 환자가 지닌 자기애적 욕구에 대한 새로운 자각은 이 욕구들의 표현에 대한 분석가의 태도를 수정하였으며, 따라서 면담실에 새로운 분위기를 만들어내었다. 코헛은 이러한 새로운 이해를 통해 분석가로서의 자신을 환자의 발달이 정지된 자기대상 욕구에 대한 표적으로 간주하게 되었다. 이제 그는 환자의 이상화된 대상과의 융합 욕구, 반영 대상의 인정을 바라는 욕구, 또는 제2 자아의 쌍둥이적 관계를 위한 욕구를 이해하게 되었고, 이것들을 이전에 차단되었던 발달을 재개하고자 하는 움직임으로 환영하게 되었다. 코헛은 이런 발달이 정지된 자기애가 쏟아내는 표현들을 거부하거나 비난하지 않고 그것들을 어린 시절에 겪었던 외상으로 인한 좌절 때문에 자취를 감추었으나 치료 과정에서 되살아난 정당한 욕구들로 간주한다. 즉, 환자의 재활성화된 자기대상 욕구들은 분석 과정에서 나타나는 긍정적인 움직임으로 환영된다.

대조적으로, 욕동 심리학자는 그와 같은 환자의 이상화 욕구와 과대적-과시적 소망을 근저에 존재하는 성욕 및 공격 욕동과 연관된 죄책감과 불안에 대한 방어로 간주한다. 따라서 이러한 재활성화된 자기대상 욕구들은 욕동을 밝히는 분석작업을 방해한다고 여긴다. 욕동-방어 이론은 자기애적 요소의 출현을 치료에 대한 방해 책략으로 오해하기 때문에, 그러한 방어적인 움직임을 제거하고자 시도한다.

욕동-방어 심리학과 자기심리학은 매우 다른 치료적 태도를 지닌다. 코헛은 자기애적 전이를 근저의 자기대상 욕구와 함께 수용함으로써, 면담실의 분위기를 더욱 친밀한 것으로 만들었다. 자기심리학적 관점의 분석가는 친밀한 분위기를 창조하기 위해 별도의 행동을 하지 않는다. 단지 환자가 겪고 있는 경험의 현실을 이해하고 수용하며 종종 굴욕스런 자기대상 욕구가 출현하도록 허용할 뿐이다. 고전적 이론가들은 발달하지 못한 자기애의 표현을 방어적 활동으로 인식하고, 환자가 경험하는 현실보다 그 현실 배후에 숨겨진 힘을 밝히는데 치중하는 비판적인 태도를 취한다.

코헛은 자기대상 욕구를 인식하게 된 결과, 자신의 분석 태도가 어떻게 바뀌었는지를 보여주기 위해 "Z씨에 대한 두 번의 분석"(Kohut 1979)을 인용한다. 그는, 돌이켜 볼 때, 자기애적 욕구의 표현을 '현재의 문제'로부터 도피하는 퇴행으로 이해하던 시절에 자신 안에는 환자를 거부하고 비난하고 있다는 미묘한 느낌이 있었다고 언급했다. 그러나 그가 자신의 환자가 지닌 자기애적 욕구를 유용하고 정당한 것으로 이해하고 수용했을 때, 분석의 분위기는 변했으며, 좀더 친절하고 덜 도덕주의적인 분위기가 자리잡게 되었다. Z씨의 경우, 발달이 정지된 어린 시절의 자기애적 욕구는 Z씨가 지닌 장애의 일차적인 요소였으며, 분석에서 이런 욕구들의 활성화기 발달의 재개를 가능하게 했다고 코헛은 이해했다. Z씨의 자기대상 욕구들을 일차적이고 방어적이 아닌 것으로 이해함으로써, 코헛은 이것들의 출현을 분석의 진보로 환영할 수 있었다. 코헛은 다음 글에서 자신의 면담실의 변화된 분위기에 관해 말하고 있다:

> 분석가로서 내가 배운 것이 있다면, 환자가 나에게 말하는 것이 진실이라는 것이다. 곧 내가 옳고 환자가 틀렸다고 믿었던 많은 것들이 장기간의 탐구를 거치면서 뒤바뀌었고, 그들의 진실은 심오하였지만 내 진실은 피상적이었음이 자주 드러났다(Kohut 1984, 94쪽).

기법적 고찰:
이해, 설명, 잘못된 해석의 영향

무엇이 치료를 초래하는지에 대한 질문에 대해서 우리는 두 개의 측면에서 다룰 수 있다. 첫째는 치료를 가능케 하는 재활성화된 발달 과정이라는 측면이고, 둘째는 발달 과정을 활성화시키는 기법에 관한 고찰이라는 측면이다. 코헛은 그의 많은 저술을 통해서, 첫째 측면을 매우 자세하게 설명했다. 그는 어떻게 해서 정지된 발달 과정의 재활성화가 치료 요인으로 작용하는지를 서술했다. 그는 「자기의 치료」(1984)에서 둘째 측면인 이 과정을 활성화시키는 기법에 관심을 기울였다. 여기에서 그는 실천적 쟁점, 곧 무엇이 잠재되어 있는 구성물을 활성화하도록 돕고 또 무엇이 이것들을 발달 경로를 따라 이동하도록 돕는가에 대해 말했다.

분석가가 '어떻게' 이 일을 하는가에 대한 질문에 대답하기 위해, 코헛은 만약 자신의 이론이 옳다면, 고전적 이론을 따르는 분석가가 오이디푸스 신경증을 성공적으로 치료하는 것이 가능한가라는 당혹스런 질문을 제기한다. 우리는 서로 다른, 심지어 상반되는 이론들을 사용하는 분석으로 자기애적 장애를 성공적인 치료하는 현상을 어떻게 설명할 수 있는가?

코헛은 이같이 역설적으로 보이는 기법을 다루기 위해, 클라인(영국의 유명한 정신분석가. 그녀에 관한 우리말 입문서로 「멜라니 클라인」[한국심리치료연구소, 1999]이 있다: 역주) 학파에 속한 한 분석가의 저술을 소개한다. 이 분석가는 자신의 환자에게 가까운 시일 안에 면담 약속을 한번 취소하게 되었다고 말한다. 이런 통보가 있은 다음 면담시간에 그 환자는 침묵을 지키며, 무슨 경험을 하고 있느냐는 분석가의 물음에 대답조차하지 않았다. 이 분석가는 이런 후퇴에 대해 온화한 말투로 자신의 면담 취소 통보가 분석가에 대한 인식을 이전에 경험했던 좋고 따뜻한 젖가슴에서 나쁘고 차가우며 젖이 나오지 않는 젖가슴으로 바꾸었던 것 같다고 말했다. 여기에 덧붙여, 그가 가학적 격노를 느끼고 분석가를 물어뜯어 조각 내고 싶었을 것이며, 이런 충동을 누르기 위해 자신의 활동, 특히 입의 활동을 억제했고, 따라서 더 이상 말을 할 수 없었다고 분석가는 말했다. 그 환자는 편안해졌다. 그녀는 분석가를 깨무는 환상을 표현했고 그리고 나서 기분이 좋아졌다. 분석가가 이전의 좋은 젖가슴의 역할을 회복했다는 데에 두 사람은 동의했다.

코헛은 이 해석이 만약 오이디푸스적 용어로 표현되었다고 해도 똑같이 효과적일 수 있다고 제안한다. 그때 환자는 아버지와 성관계를 갖기 위해 침실 문을 잠갔던 엄마에게서 버림받았다고 느꼈다는 설명을 들었을 것이다. 또한 이것은 자기심리학적 용어로도 효과적으로 표현될 수 있다. 그때 환자는 그의 자존감이 분석가가 면담에 나타나지 않을 것이란 통보에 의해 낮아졌다는 설명을 들었을 것이다. 마치 어린 시절에 그녀를 지지하고 격려해주는 요리사를 자신의 냉정한 어머니가 갑자기 해고했을 때, 그녀의 자존감이 낮아졌던 것처럼 말이다.

위의 이야기는 코헛이 어떤 것이든 수용할 수 있는 절충주의자임을 말해주는 것인가? 정 반대로, 코헛은 모든 이론이 유익한 효능을 가지고 있음에도 불구하고 오직 단 하나의 해석만이 정확한 것이라고 믿는다. 어떻게 이것이 가능한가?

코헛은 에드워드 글로버(Edward Glover)를 인용한다. 글로버는 부정확한 해석의 치료적 효과를 다룬 그의 논문(1931)에서 부정확한 해석의 유익한 효과는 환자의 암시성에 기인한다고 제안했다. 코헛은 이러한 글로버의 생각에 코헛은 동의하지 않는다. 코헛은 해석의 내용이 부정확할 것일 수는 있으나, 의사 소통된 중요한 메시지는 옳은 것을 수 있다고 생각한다. 클라인계 분석가에 관한 일화에서, 분석가에 의해서 인간적이고 따뜻하게 표현된 본질적인 메시지는 면담 약속이 취소됨으로 인해 환자가 매우 화가 나 있는 것을 분석가가 이해하고 있다는 것이었다. 그 환자가 화가 나 있음을 분석가가 이해하고 있다는 것이 환자가 분석가에게 들은 내용의 본질이다. 환자의 화에 대한 역동적인 설명은 본질적인 것이 아니며, 이것은 클라인 학파, 프로이트 학파 또는 자기심리학의 용어로도 표현될 수 있다. 그러나 만약 분석가의 메시지가 적절한 따뜻함이나 환자의 분노를 이해하고 있음을 나타내는 말없이 전달된다면, 분석가는 자신의 이해를 전달할 수 없을 것이고, 따라서 회복적 반응을 창조할 수도 없을 것이다.

코헛은 완전한 기법적 개입에는 다음의 두 가지 구성 요소가 포함되어야 한다고 말한다:

1. 이해적 구성 요소
2. 설명적 구성 요소.

실제 임상에서 이 두 구성 요소들 또는 해석의 국면들은 상호 연결되어 있으며, 종종 하나의 개입에 동시에 등장한다. 코헛은 특별히 어떤 환자는 설명이 있기 전에 오랜 기간 동안 이해만이 필요한 시기를 갖는다고 말한다.

코헛은 클라인계 분석가의 일화를 하나의 표본으로 사용한다. 그는 이것을 이해 국면과 설명 국면으로 구분한다. 클라인계 분석가는 취소된 면담 약속으로 인해 자신의 환자가 겪은 좌절 경험을 정확하게 이해하고, 그 이해를 전달했다. 코헛이 느끼기엔 부정확한 역동적 설명임에도 불구하고, 분석가의 '빗나간' 설명은 환자에 의해 용납되었다. 왜냐하면 환자의 핵심적인 경험은 이해받았다는 느낌이었기 때문이다. 여기에서 부정확한 해석은 유익했는데, 그 이유는 틀린 해석도 해석의 두 국면 중에 첫 국면에서 정확하게 작용하였기 때문이다. 해석이 부정확했음에도 불구하고, 그러한 '빗나간' 설명이 심리 구조의 건설에 기여했다. 이에 대해 코헛은 두 국면의 해석 과정에서 첫 번째 국면의 해석만으로도 구조 건설에 효과가 있는가 라고 묻는다. 어떻게 이해로만 구조 건설이 가능한가? 이것은 사랑, 친절, 이해를 통한 치료 이론의 또 다른 모습이 아닌가?

코헛은 이에 대한 답변을 위해서, 자신의 핵심적인 원리를 언급한다. 즉 심리 구조를 건설하는 과정은 최적의 좌절로 시작된다는 것이다. 그렇다면, 최적의 좌절을 이해하는 분석가의 의사 소통은 어떤 것인가? 코헛은 다음과 같이 답한다:

분석가가 환자의 느낌을 이해하고, 환자가 화를 내는 것이 정당하다고 인정함에도 불구하고 환자가 좌절을 느끼게 되는 것은 … 분석가가 여전히 환자의 욕구에 일치하는 행동을 하지 않기 때문이다. 클라인계 분석가의 경우에는 정규적으로 계속되던 면담이 그의 부재로 인해 방해받게 되었지만, 환자는 이것을 최적의 좌절로 경험했다. 왜냐하면 분석가의 의사 소통이—약한 정도이기는 하나—환자의 욕구와 일치하고 있기 때문이다. 이것은 최적의 욕구 충족이라기보다는 최적의 좌절이 된다. 왜냐하면 분석가가 어느 정도 정확한 이해를 통해 사실상 환자의 욕구 실현을 대체하는 공감적 유대를 확립(재확립)했기 때문이다. 중요한 점은 이 모든 구성 요소들이 기본적인 치료 요소 중 이해 국면에 속한다는 사실이다(Kohut 1984, 102-3쪽).

분석가는 이해 국면의 개입에서 환자가 분석가에게 화가 난 것을 알고 있다는 자신의 인식을 전달한다. 이 화는 좌절에서 온 것이다. 분석가가 자신이 환자를 이해하고 있음을 알려주는 것은 이 화난 경험을 최적의 좌절 경험으로 만들어주는 역할을 한다. 코헛은 최적의 좌절을 자세하게 연구하여, 그것이 3개의 연속된 작은 사건들을 포함하고 있다고 결론 내린다:

1. 욕구. 초기 자기애적 욕구의 재활성화는 분석가에게 향하는 자기대상 전이로 경험된다. (앞의 일화에서 이상화된 자기대상과 지속적으로 융합하려는 환자의 재생된 욕구는 분석가가 지속적으로 현존해 있기를 바라는 소망으로 표현된다.)
2. 붕괴. 자기대상에 의해 야기된 문제로 인해 환자의 재활성화된 자기애적 욕구는 실망을 경험한다. (앞의 일화에서는 분석가의 면담 취소가 환자의 재생된 자기대상 욕구를 실망시킨다.)
3. 복구. 자기와 자기대상 사이의 공감적 유대가 재확립된다. (면담취소 통보가 환자의 내면 상태를 혼란에 빠뜨렸음을 알고 있다고 분석가가 말해 줌으로써, 전이가 복구된다.)

코헛은 욕구-붕괴-복구로 이어지는 일련의 과정은 최적의 좌절의 일부로서, 건강한 발달에서뿐만 아니라 분석 상황에서도 발생한다고 주장한다. 이것은 보편적으로 존재하며, 고전적 정신분석학에서뿐만 아니라 자기심리학적 분석 상황에서도 일어난다:

정신분석학—고전적 정신분석학—은 내가 제시한 이 3단계 과정을 통해 항상 분석의 성공을 성취해왔다. 자기심리학이 정신분석학의 발전에 기여한 부분은 분석 이론의 확장에 있다고 나는 생각한다. 특히 자기대상 전이의 발견을 통해서, 전이 안에서 왜곡된 발달적 욕구가 재활성화되는 것과 관련된 영역을 밝혀줌으로써 정신분석학의 진전에 기여했다(Kohut 1984, 104쪽).

사실, 코헛은 어떤 것이 '분석적'인가라는 종종 헐뜯기 위한 질문을 제쳐두고, 무엇이 진정한 분석적 개입인가라는 질문을 던진다. 그가 보기에, 진정한 분석적 개입은 그 해석에 이해와 설명의 두 요소가 반드시 포함되어야 한다. 이 두 요소는 분석 과정에 본질적인 요소이다. 또한 이것은 또 다른 질문을 야기한다. 만약 오직 최적의 좌절을 주는 이해 국면만으로 구조 건설이 가능하다면, 왜 설명 국면이 꼭 있어야 하는가? 이 설명 국면의 기능은 무엇이며, 분석 과정에 무엇을 추가하는가?

이 대답을 위해서, 코헛은 설명 국면을 고찰하고, 그 안에 포함된 두 가지 요소에 관해 말한다:

a) 역동적 요소. 이것은 분석가의 진술로서, 환자가 현재 경험하는 정서적 반응을 전이에서 나타나는 재생된 발달적 욕구라는 측면에서 설명해주는 것을 말한다.
b) 발생학적 요소. 이것은 분석가의 진술로서, 환자의 초기 삶의 경험들을 고려하고 그것들을 현재의 전이 경험의 기원을 설명하기 위해 사용하는 것을 말한다.

다음의 내용은 우리가 다루고 있는 완전한 해석을 좀더 확대해서 보여주고 있다. 이 사례의 내용은 분석가가 다음 면담의 취소를 통보한 후, 환자가 보인 후퇴에 대한 분석가의 반응을 보여준다.

1. 이해 국면:

 '당신은 나와 이야기하고 싶지 않군요. 조만간 한번의 면담을 못할 거란 나의 통보에 화가 난 것 같아요. 그 통보는 즉흥적이고 갑작스런 것처럼 보였고, 그래서 상처를 입으신 것 같아요.'

2. 설명 국면:

 '당신은 이렇게 느끼고 있습니다. 왜냐하면:'

a) 역동적 진술:

 '당신은 안전감과 온전감을 얻기 위해 나에게 의존해왔는데, 나를 보지 못하게 되자 붕괴되는 것을 경험했습니다.' (이 진술은 이상화 전이와 그것이 붕괴되는 경험에 대해 설명하고 있다.)

그리고

b) 발생학적 진술:

 '당신은 특히 이런 종류의 붕괴에 민감합니다. 왜냐하면 당신이 어렸을 때, 다른 모든 어린아이들처럼 자신도 안전하고 온전하고 느끼기 위해 방해받지 않고 계속되는 어머니의 현존이 필요했기 때문이지요. 외롭고 우울한 당신의 어머니는 자주 예고도 없이 당신을 떠나 자신의 어머니와 멀리 여행을 가곤 했는데, 그때 당신은 당신을 잘 모르는 낯선 보모에게 맡겨지곤 했죠.'

 이 진술은 판단하지 않는 방식으로 이상화된 자기대상에 대한 환자의 원초적 욕구와 어린 시절에 겪었던 그의 외상적 붕괴 경험에 대해 설명해준다. 또 이것은 환자가 현재 겪고 있는 붕괴 경험을 민감하게 느낄 수 있게 해준다.)

코헛은 설명 국면의 기능에 대해 말하면서, 이 국면이 이해 국면의 영향력을 증가시킨다고 한다. 그에 의하면, 설명 국면은 해석의 전체적인 성격을 질적으로 변화시키며, 완전한 발생학적-역동적 설명은 환자에게 이중의 효과를 가져다준다:

1. 분석가와 공감적 유대를 맺고 있다고 믿는 환자의 신뢰는 분석가가 자신의 깊은 이해를 전달하는 과정에서 강화된다. 이런 경험은 또한 환자 자신의 공감적 이해를 심화시킨다.

2. 2단계로 이루어진 발생학적-역동적 설명은 환자로 하여금 자신의 전이 경험의 의미에 대해 지속적으로 생각할 수 있는 기회를 제공한다. 시간이 지나면서 이해 국면은 그 자체만으로는 모호해지고 연결을 상실하는 경향이 있었다. 이것에 완전한 발생학적-역동적 설명이 보태질 때, 환자는 자신의 삶의 이야기라는 맥락 안에서 자신의 전이 경험에 대해 성찰할 수 있게 된다. 맥락 안에서 이해할 때, 붕괴는 더 큰 의미를 갖게 되고, 환자는 분석가가 함께 하지 않는 다른 상황에서 일어나는 비슷한 경험들도 이해할 수 있게 된다. 발생학적-역동적 설명은 극복 과정에서 꼭 필요한 중요한 도구이다.

분석 과정에서 여러 번 반복되는 이 2단계 해석—이해와 설명—은 정신분석학적 치료를 가져오는 기법적 절차라는 것이 코헛의 믿음이다. 이론적 성향에 관계없이, 전이가 해석되고 극복되는 분석에서 이런 기법적 절차는 동일하게 적용된다. 이 절차는 자기심리학적 치료에만 적용되는 특수한 것이 아니다.

새로운 구조는 창조될 수 있는가?

심리 구조의 건설은 치료 과정의 본질적 요소이다. 분석 과정에서 형성되는 구조는 새로운 것인가, 아니면 어린 시절부터 현존하고 있었던 약한 구조를 재강화한 것인가 라고 코헛은 질문한다. 그의 답변에 의하면, 전적으로 새로운 구조는 창조될 수 없다. 왜냐하면 자기의 핵은 새로 확립되는 것이 아니기 때문이다. 분석에서 말하는 구조는 거짓되며 흔들리는 옛 구조를 재강화한 것을 말한다. 분석 치료는 원래 존재하지 않았던 것을 제공할 수 없다. 이런 이해는 분석이나 처방에 관한 다음과 같은 관점을 시사한다. 정신분석학적 치료가 효과적이기 위해서는 환자가 자기의 핵심 요소를 반드시 갖고 있어야만 한다는 것이다. 분석 치료가 가능하기 위해서는 분석 상황에서 활성화되는 전이 안에 어린 시절의 발달이 정지된 자기애적 욕구를 재활성화시킬 수 있는 능력이 요구된다. 코헛이 제시한 분석 치료는 드러난 또는 잠재적 형태의 정신증 환자들에게는 효과적이지 못하다.

정신분석 치료의 본질적 요소에 대한 코헛의 요약

코헛은 분석 치료의 중요한 요소들을 다음과 같이 개략적으로 요약하였다. 이 개요는 코헛의 치료에 대한 생각과 자료를 일목요연하게 제시하기 위한 것이다.

1. **심리적 건강**: 건강에 대한 코헛의 새로운 정의와 그에 따른 분석 치료의 새로운 목표.

   a) 코헛에 의하면, 심리적 건강은 자기의 한 축으로부터 반대편의 다른 축에 이르는 기능적 연속체를 형성하는 것으로 이해된다. 이것은 어린 시절에 건강한 구조를 발달시킨 결과이거나, 어린 시절에 왜곡된 구조가 성공적인 분석에서 발달이 정지된 자기애적 구성물의 재활성화를 통해서 새롭게 발달한 결과이다.

   b) 심리적 건강은 타고난 재능과 기술을 표현할 수 있고, 그것이 다시금 자기애적 만족감의 자원을 높여주는, 기능적이며 온전한 자기의 삶에서 표현된다.

2. **구조-건설 과정**: 분석에서 재활성화되는 발달적 과정은 새롭게 강화되는 구조를 가져오는 요인으로 작용한다.

   a) 결함있는 구조의 재강화는 발달이 정지된 자기애적 욕구의 활성화를 통해 일어난다. 이 욕구는 분석가를 자기대상으로 경험하는 전이의 형태로 나타난다.

   b) 자기애적 욕구의 활성화에 뒤따라오는 변형적 내재화(최적의 좌절에 의해 시작되는)는 자기를 강화시키는 과정으로 작용한다.

3. **기법**: 두 개의 국면으로 이루어진 구조화를 촉진시키는 개입.

   a) 이해 국면: 분석가는 환자의 정서적 경험에 대한 공감적 몰입을 통해 환자의 내면 생활에 대한 자료를 얻어내어,

적절한 때에 그의 이러한 이해를 환자에게 알려준다. 공감이 치료적 도구가 아닌 분석가의 자료-수집 도구이기는 하나, 공감적으로 이해받는 환자의 경험은 심리적 삶에 본질적으로 중요한 기능을 가지며, 이차적인 치료적 유익을 가져다준다.

b) 설명 국면: 분석가는 환자가 겪은 초기 경험에 대한 이해(발생학적 재구성)를 현 상황에 대한 이해에 첨가한다. 분석가는 주지적이지 않은 방식으로 특정한 초기 경험이 현재 상황의 역동 안에서 어떻게 재연되었는가를 설명한다. 아무리 민감하게 전달한다고 해도, 설명은 현재 경험의 직접성과는 거리가 있다. 이것은 이해에 인지적 요소를 첨가한다. 설명은 환자에게 자신의 경험을 자기 삶의 상황 안에서 생각하도록 허용하고, 극복 과정을 도우며 궁극적으로 자기를 강화한다.

방어와 저항에 대한 자기심리학적 접근

질병을 일으키는 세력에 대한 이해가 치료를 위해 도움을 준다는 자명한 이치에 대해 다시 한번 말해 보겠다. 잠시 신체의 병리에 관한 예를 살펴보자. 신체의 한 부분에 박테리아 균이 침입하면, 신체는 침입한 박테리아를 방어 구조로 둘러싸서 신체 전체에 감염되는 것을 막는데, 이렇게 해서 종기가 생기게 된다. 그러나 종기의 벽은 신체의 면역 기능으로부터 침입한 박테리아를 보호하기 때문에 박테리아는 그 안에서 성장한다. 이런 이해에 근거해 볼 때, 종기를 치료하는 방법은 종기의 벽을 열어 그 안의 내용물을 빼내는 것이 된다.

　종기의 형성 과정에 대한 우리의 이해가 그것의 치료를 결정하는 것처럼, 환자의 심리 상태에 대한 깊은 이해 또한 그것에 대한 치료적 접근법을 결정한다. 한 개인이 가지고 있는 마음에 대한 이론이 심리적 문제에 대한 그의 임상적 접근을 결정한다. 이런 사실을 염두에 두면서, 정신분석학에서 말하는 방어와 저항의 기술적 처리에 대해 생각해보겠다. 정신은 고통스런 감정과 정서의 위협에 대해 일련의 방어로 대응한다. 임상 상황에서 방어는 저항이라고 불린다. 역사적으로 방어와 저항의 분석은 정신분석학의 도구 가운데 중심적 위치를 차지해 왔으며, 프로이트가 제시한 마음의 모델에 의해 지지받아 왔다. 나는 먼저 방어와 저항에 대한 고전적 접근을 다루고 난 다음에 이것들에 대한 코헛의 방어에 대한 이해를 다루려고 한다.

　프로이트의 지형론적 모델은 정신 병리를 욕동-소망을 담은 무의식이 마치 종기의 독소가 신체로부터 차단되는 방식과 비슷하게 의식으로부터 차단된 결과라고 인식한다. 이 이론에 의하면, 정신 질환을 치료하는 기법은 종기를 다루는 의학적 치료와 비슷하다. 보호 구조―정신질환의 경우 방어와 저항으로 구성되어 있는―의 구멍을 뚫어 그것의 내용물(욕동-소망과 이와 관련된 장애를 일으키는 정서)을 노출시켜야만 한다. 방어와 저항의 분석―해로운 무의식의 내용을 감싸고 있는 방어적 갑옷을 뚫는 일―은 고전적 정신분석 기법의 주요한 구성 요소이다. 프로이트는 이런 의료적 접근을 다음과 같이 공식화했다. 곧 분석가는 '정신분석 치료에서 외과 의사를 본받아야 한다. 외과 의사는 자신의 모든 감정을 심지어 그의 인간적인 동정심까지도 무시한다'(1912, 115쪽).

　이후 프로이트의 구조 이론은 정신적 대리자(psychic agencies)의 개념을 도입했다(1923). 이 모델에 의하면, 치료란 자아가 무의식의 욕동을 길들이는 것이다. 이 모델의 분석 기법은 전이나 다른 행동화에서 드러나는 욕동의 존재에 관해 환자를 교육시키는 것을 수반한다. 욕동-소망은 불안과 죄책감으로 인해 고통스럽기 때문에, 환자는 무의식적인 성격의 특성을 드러내는 여러 가지 방어들을 사용하여 욕동-소망에 대한 자각을 가로막는다. 고전적 분석가는 방어의 출현을 분석의 진전에 대한 저항으로서 이해한다. 왜냐하면 방어들이 욕동의 자각을 가로막기 때문이다. 분석가의 경청은 저항이 있는 곳에서 환자가 보이는 반응의 민감성에 의해 안내 받는다. 분석가의 주된 기법적 핵심은 저항의 존재를 확인하고 이것의 방어적 기능을 해석해 줌으로써, 저항을 극복하도록 돕는데 있다. 고전적 분석가에게는 방어와 저항의 분석 그 자체가 분석의 목표가 된다. 코헛이 성격의 핵심이라고 간주하는, 자기의 근저에 있는 우울과 왜곡된 발달은 그의 주된 관심사가 아니다.

프로이트의 전통적인 모델은 말의 실수, 꿈, 금지, 다양한 증상 등의 정신 과정에 대한 설명을 제공하지만, 인류의 복합적인 정신 상태에 대해서는 설명을 제공하지 않는다. 이 모델은 성격이나 자기의 형성에 끼치는 발달 정지의 영향에 대해서는 적절한 설명을 제공하지 않는다. 자아 심리학자들이 발달적 쟁점들을 고찰하고 발달이 정지된 자아의 성장에 관심을 기울이면서 구조 모델을 확장시켰음에도 불구하고, 이들은 여전히 핵심적인 고갈의 문제보다는 자아의 기능을 강조했다.

이에 비해 자기심리학자들은 심리적 질병이란 무의식적 욕동의 결과가 아니라 자기의 발달이 정지된 결과로 본다. 치료적 노력은 지식의 확장이나 자아의 지배를 증가시키는 데 있지 않다. 자기심리학자의 치료는 연약해진 자기 구조를 재강화시킴으로써 이루어진다. 이러한 재강화는 자기대상 전이가 활성화될 때 분석가가 이 전이를 자기대상 욕구의 표현으로 이해해주고, 그것을 환자의 역사적 맥락 안에서 설명함으로써 성취된다. 코헛은 방어에 대한 전통적인 접근과 자신의 새로운 견해에 대해 다음과 같이 말한다:

> 욕동-소망, 방어, 그리고 저항의 분석은 오랫동안 치료의 종착역이었다. 분석가는 … 전통적으로 중간 단계의 주제들—환자에게 더 의미있는 근저의 문제를 가리키는—에 초점을 맞추지 않았다. 그 대신 그들은 욕동-소망, 방어, 그리고 저항이 철저하게 분석되고 극복된다면, 다른 모든 것들이 뒤따르리라는 신념을 갖고 이런 것들에 오랫동안 집중하였다. 말할 필요도 없이, 자기심리학은 과학적 객관성과 그에 따른 이론적 헌신이라는 두 가지 점 모두에서 이러한 전통적 믿음에 이의를 제기하였다 …
>
> 내가 개인적으로 선호하는 것은 환자의 '방어'에 대해 이야기하는 것이지 … 환자의 '저항'에 대해 이야기하는 것이 아니다 … ·
>
> 따라서 상당한 수준의 치료적 기술을 터득한 분석가는, 특히 자기심리학적 치료를 지향하는 분석가는 거의 자신의 환자를 욕동-소망과 방어라는 시각에서 바라보지 않을 것이다; … 분석 중에 방어의 동기는 심리적 생존을 위한 행위라는 시각에서 이해될 것이다. 곧 환자 자신의 핵을 구성하는 자기의 소영역을 보호하려는 시도로서 이해된다. 아무리 이 자기가 미미하고 불안정한 것이라 해도, 적어도 그 환자는 어린 시절에 자기대상 모체가 심각하게 부적절했음에도 불구하고 그러한 자기를 구성하고 유지할 수 있었던 사람이다(Kohut 1984, 114-15쪽).

코헛은 고전적 관점으로부터 방향을 전환하여 환자의 방어적 보호를 과거 자기대상의 실패로 인해 형성된 파괴성과 침범에 대한 불안으로부터 자기를 지키려는 시도로 이해한다. 그는 환자의 방어적 보호를 분석의 진행을 방해하는 저항으로 간주하지 않는다. 그 대신 그는 그것을 자기가 중지된 성장을 재개할 수 있는 희망의 시간이 오기까지 자기의 안전과 온전함을 보장하기 위해 사용하는, 유용하고 건강한 수단으로 이해한다.

코헛은 성격이 사용하는 방어 원리를 '자기 보존 우선성의 원리'(the principle of the primacy of self preservation)라고 부른다. 심리적 자기의 보존은 인간의 기본적 충동이며, 해로운 환경으로부터 자기 자신을 보호하려는 노력이다. 즉, 자기는 보호막 아래로 숨는다. 이때 자기는 순응에서 공격적인 태도에 이르기까지 그리고 철수로부터 유능함에 이르기까지, 자기 자신을 감추고 안전하게 유지하는데 필요한 것이면 어떤 것이든지 가리지 않고 사용한다. 치료의 과정에서 이런 방어적 보호의 특성을 탐색한다면, 소위 저항은 자기를 안전하게 보호하기 위한 것이며 욕동-소망의 자각을 방어하지 않는다는 사실을 알게 될 것이다.

비록 이러한 이해가 방어를 노출시키는 고전적인 정신분석 기법과 유사하게 보이지만, 사실 그것과는 크게 다르다. 자기심리학적 시각에서 시행하는 보호막 고찰은 그 목표가 욕동-소망을 길들이기 위한 자아 지식의 확장에 있지 않다. 그 목표는 환자로 하여금 자기의 온전성이 위협받고 있는 정도를 이해하도록 돕고 또 어떻게 그런 일이 일어났는지를 설명해주는데 있다. 분석 작업에서 자기심리학적 분석가는 방어가 실패한 자기대상의 파괴적인 영향으로부터 자기를 온전하고 안전하게 지키는데 봉사하는 기능이라는 점을 강조한다. 보호 책략에 대한 분석가의 공감적 이해는 환자가 치료자와 형성한 자기대상적 유대를 강화하고,

치료의 진전을 돕는다. 코헛은 자기의 보호 책략에 대한 자신의 견해를 다음과 같이 서술한다:

> 환자가 전이에서 활성화되는 자신의 결함있는 자기의 욕구를 감추는 행동은 고전적 분석가가 환자에게서 발견하는 고통과 불안—욕동-소망이 아버지-분석가와의 관계 안에서 출현할 때 직면하게 되는—을 회피하는 행동과 유사한 것인가? 결코 그렇지 않다. 소위 저항이라 불리는 모든 것들은 자기의 기본 목적에 봉사하고 있다; 이것들은 결코 '극복'될 필요가 있는 것들이 아니다(Kohut 1984, 148쪽).

임상 사례

내 환자 중의 한 사람의 사례는 정신역동적 심리치료에 코헛 개념이 어떻게 적용될 수 있는지를 잘 보여준다. 나는 이 사례에서 상처받은 자기를 보호하고자 하는 방어적 자세에 초점을 맞추고자 하는데, 이 논의에서 골드버그(1980)가 손상된 자기와 조직화되지 못한 자기를 구별한 것은 유용성을 갖는다. 나는 환자가 무엇을 보호하려고 하는지를 깨닫게 되자 그의 상처 깊은 곳에 도달할 수 있었다. 그리고 결국 상처의 복구가 이루어졌고, 자기는 원래의 발달 궤도 안으로 복귀하였다.

신디는 수동적이며 거의 무력감에 빠져 있었고, 자신의 삶에서 어떠한 결정도 내릴 수 없었다. 그녀는 연약한 어린아이처럼 보였고 또 그렇게 행동했으며, 단순한 상황을 어떻게 이해해야 하는지 걱정스럽게 묻곤 했다. 그녀는 영리한 여성이었으나, 자신에게는 스스로 대답할 수 있는 능력이 없다고 믿고 있었다. 그녀는 마치 자신의 마음을 소유하지 않은 듯 보였다. 얼마 지나지 않아

나는 그녀가 강한 정서적 경험에 의해 자극될 때마다 이런 '지능이 모자라는' 자세를 취한다는 것을 깨달았다. 정서의 내용은 무엇이든 관계가 없는 것으로 보였다. 그녀의 '지능이 모자라는' 반응들은 정서의 내용보다는 그 강도에 의해 자극되는 것으로 보였다.

신디는 4자녀 중 둘째 아이로서, 잠재적 정신증을 지닌 어머니에게서 태어났다. 그녀의 어머니는 사교적으로는 기능하였으나, 어머니의 역할을 수행하는 데는 무능하고 비합리적이었다. 그녀의 어머니는 신디가 어린 시절에 가졌던 호기심과 놀이와 지능을 이해하지 못했고 적절하게 반응하지 못했다. 사실, 그녀의 어머니는 신디가 무언가를 잘했을 때 그것에 대해 격노하곤 했다. 그녀는 자신의 어머니 및 자매와 강한 연대를 유지했다. 이들 세 사람(신디의 어머니, 할머니, 이모)은 그들 자신의 규율과 문화를 지닌 하나의 유기체로서 기능하였다. 이 가족 문화의 밖에서 활동하는 가족 구성원은 누구든지 격노의 대상이 되었고, 또는 죽은 듯이 조용한 철수를 경험하게 되었다. 복종과 순응엔 보답이 주어졌지만, 주도적 행동과 독립적인 행동에는 처벌이 따랐다.

심리적으로 무능했던 신디의 어머니에게는 한 명의 하녀가 있었고, 그녀가 네 명의 자녀들을 양육하는 일을 도왔다. 이 하녀는 따뜻하고 위안을 주는 조용한 사람이었으며, 아이들과 지내기를 좋아하고 그들을 사랑하는 강한 여자였다. 신디는 그녀에 대한 많은 즐거운 기억들을 갖고 있었으며, 그녀는 공포스런 상황에서 신디를 구해주곤 하였다. 이에 비해 그녀의 어머니는 공포 상황을 더 악화시켰던 듯하다. 신디의 아버지는 가정에서 또 한 사람의 공감적인 존재였다. 그는 친절했고, 생기가 넘쳤으며, 어머니의 독에 대한 해독제 역할을 했다.

신디가 열 여섯 살이었을 때, 비극적이게도 그녀의 아버지가 돌아가셨다. 신디의 어머니는 이 비극을 직면할 능력이 없었다. 신디의 아버지는 심근경색이 일어난 후 며칠 동안 살아있었음에도 불구하고, 어머니는 자신의 자녀들 누구에게도 아버지의 병이 얼마나 위독한지 알려주지 않았다. 이들에게는 병원에 입원해 있는 아버지를 방문하는 것이 허용되지 않았으며, 신디는 아버지와 작별인사를 나누지 못한 것에 대해 애통해 했다. 그녀의 아버지가 돌아가셨을 때, 신디의 어머니는 소아과 의사를 보내서 아이들에게 진정제 주사를 놓아주었다.

신디의 아버지는 살아있는 동안에 신디에게 가장 중요한 존재였다. 그는 실제보다 더 큰 존재로서, 신디가 갖고 있는 모든 질문에 대한 답을 알고 있는 것 같았다. 아마도 실제로 그는 통제적이고 지배적이었음에도 불구하고, 신디는 그를 긍정해주고 해를 끼치지 않는 힘있는 존재로 기억하였다. 그녀는 어머니의 파괴적인 정서적 부적절성을 보상하기 위해 아버지에게로 향했다. 따라서 갑작스런 아버지의 사망은 그녀에게 치명적이었다. 이것은 심각하고 장기적인 장애를 야기했다. 오랜 기간 동안 신디는 아버지를 상실했다는 사실을 현실로 인정할 수 없었다. 그녀는 다른 사람이 자신의 두뇌 역할을 해야 한다는 믿음과 함께, 마술과 의례 행동과 아무 것도 모르는 무기력한 아이의 자세를 취하는 것을 통해서 자신이 사랑하는 아버지와의 연대를 유지했다.

신디는 두뇌를 갖고 있지 않은 한에서만, 아버지가 현존하고 있다는 느낌을 유지할 수 있었다. 또한 신디의 두드러진 수동성은 격노하는 어머니와의 고통스런 연대를 유지하도록 도왔다. 어머니는 신디가 강하고 유능하게 보일 때마다 그녀를 거부하였다. 그녀는 그 점에 화가 났지만, 어머니와의 연대가 끊어져 고립되어 외로움을 경험하는 것보다는 낫다고 느꼈다. 그녀는 자신을 안전하게 보호하기 위해서, 어머니와 연대하고 있는 동안에는 지능이 모자라고 무기력한 아이의 가면 뒤로 숨었다.

고전적 이론은 이 여성과 같이 심하게 위축된 수동성을 성욕과 능력 및 유능함으로부터 그녀가 방어적으로 후퇴한 것이라고 볼 것이다. 이 방어는 어머니의 격노로부터 자신을 보호하려는 무의식적 시도로 이해될 것이다. 이 어머니의 격노는 신디의 아버지에 대한 사랑과 어머니보다 유능한 것에 대한 보복적인 반응으로 이해될 것이다. 신디의 퇴행적 행동은 고전적 분석가에게는 '어머니, 나는 어머니에게 위협이 되지 않아요; 나는 무기력한 작은 소녀잖아요' 라는 진술로 이해될 것이다.

신디의 심각한 수동성은 자신에게 부과한 처벌의 표현으로 이해될 것이다. 처벌의 필요를 불러일으키는 환상은 그녀의 아버지를 죽게 한 사람이 자기 자신이라고 보는 그녀의 믿음 때문일 것이다. 이 환상에서 아버지의 죽음은 신디의 근친상간 욕망과 살인적인 욕동-소망에 대한 형벌로 해석될 것이다. 고전적 치료의 목표는 자아로 하여금 무의식적 소망을 자각하게 함으로써, 자아가 욕동을 지배할 수 있도록 하는데 있다. 이것을 성취하기 위하여, 치료는 전이와 다른 저항들에서 표현된 욕동-소망을 자각치 못하도록 반복적으로 방해하는 신디의 방어에 초점을 맞출 것이다.

그러나 자기심리학적인 접근은 이러한 고전적인 접근과 근본적으로 다르다. 비록 내가 신디의 두드러진 수동성과 어리석은 행동에 대해 의미를 충분하게 파악하는데 오랜 시간이 걸렸지만, 나는 그녀의 수동성이 연약하고 숨겨진 자기를 보호하고 있다고 이해했다. 그녀의 수동성은 노출되어야 할 필요가 있는 그녀의 욕동-소망으로부터의 퇴행이 아니며 그녀의 환상적 삶 또한 무의식적인 욕동의 결과로 이해하지 않았다. 대신, 나는 코헛의 이론을 따라 신디를 자기대상 환경이라는 상황 안에서 이해했다.

이 치료에서 이해의 국면이 여러 해 동안 지속되었으며, 이 기간 동안에 신디는 그녀의 우울증과 정신증적인 어머니와 가졌던 소름끼치는 경험들을 이야기하였다. 드디어 신디는 자기 어머니가 겪고 있는 질환의 심각성과 이것이 자신의 심리적 발달에 끼친 영향, 그리고 그녀가 안전하기 위하여 '아무 것도 아닌' 존재가 되었어야 했던 사실을 이해하게 되었다.

우리의 작업 과정에서, 신디는 프랭크 바움(Frank Baum)이 쓴 「오즈의 마법사」에 나오는 도로티에 대해 자주 이야기했다. 그녀는 자신이 바로 자기를 잃어버린 젊은 여성이라고 말했으며, 온전함과 가정의 안전을 추구했던 도로티와 자신을 동일시하였다. 신디는 도로티의 여행 친구들을 부서진 자기의 파편으로 이해했다: 두뇌가 없는 허수아비, 살아있는 감정을 느끼지 못하는 심장이 없는 깡통 인간, 그리고 겁쟁이 사자. 그녀는 전능한 아버지처럼 주술적인 힘으로 그녀를 다시 통합시켜 주는 마법사를 열망했다.

이 치료에서 두드러진 전이는 이상화 전이였으며, 나는 초기에 그것을 이상화된 자기대상에 대한 신디의 발달 정지된 욕구의 재활성화로 이해하였다. 그러나 이상화가 오랜 시간 동안 변하지 않는 점이 놀라웠다. 나는 구조가 생기면서 이상화가 점차 감소되리라고 기대했지만, 그것은 같은 형태로 머물러 있으면서 약해지지 않았다. 결국 나는 다시 시작된 성장을 돕는 이상화는 존재하지 않는다는 사실을 깨닫게 되었다. 그것은 두려워 떠는 연약한 자기를 보호하기 위한 수많은 가면들 중의 하나였다.

우리가 함께 배운 사실은, 무능하며 지능이 없고 '아무 것도 아닌' 존재는 정신증적인 어머니의 격노에서 신디를 안전하게 보호하는 역할을 했다는 것이었다. 또한 이것은 그녀의 삶을 지탱시켜 주는데 필요한, 상실된 아버지와의 관계 유지에 도움이 되었다. (신디가 갖지 못한 모든 대답을 내가 그 안에서 찾을 수 있었던) 전이는 신디의 무의식적 욕동과 연관된 위험으로부터의 퇴행이 아니었고, 또한 이것은 이상화 자기대상에 대한 욕구의 재활성화에 기인한 것도 아니었다. 그것은 전이 속에서 상실된 아버지에 대한 어린 시절의 기억을 되살아나게 함으로써 온전하고 안전하게 느끼고자 하는 신디 편에서의 노력이었다. 게다가, 신디의 어린애 같은 상태는 정신증적인 어머니의 위협으로부터 숨을 수 있는 피난처이기도 했다.

내가 신디의 어머니와 그리고 삶을 지탱시켜주는 아버지와의 유대와 관련된 전이의 보호적 기능을 이해한 후에야, 비로소 효과적인 치료 작업이 가능했다. 우리가 일단 아버지 전이의 측면에 대한 작업을 시작하게 되자, 오랜 세월 동안 지연된 애도 과정이 시작되었다. 애도 중에, 신디는 숨겨져 왔던 상처받은 자기의 목소리를 낼 수 있었다. 그녀는 선언하기를, '내가 깨닫게 된 것은 아버지가 돌아가셨을 때 나는 미쳐버렸다는 사실입니다. 그가 돌아가셨을 때, 나는 관속으로 기어 들어갔죠. 그 곳만이 유일하게 안전한 장소인 것 같았으니까요.'

치료가 진행되면서, 아무 것도 아닌 존재가 되는 것이 어떻게 신디를 안전하게 보호했는지가 차츰 분명해졌다. 그것은 그녀의 상처 입은 자기가 아버지의 상실을 감당할 수 있을 정도로 회복되고 힘있게 될 때까지 그녀에게 제공된 피난처요 가면이었다. 신디는 정신증적인 어머니의 해로운 영향을 피해 아버지에게로 향했다. 그러나 아버지의 죽음은 그녀를 온전함의 유일한 원천으로 보였던 어머니와의 관계로 되돌아가도록 했고, 따라서 그녀에게 사로잡히게 했다. 그러나 어머니에 대한 그녀의 기대는 착각이었다. 왜냐하면 어머니의 파괴성은 끝없는 것이었기 때문이었다.

상처입은 자기가 복구되어가면서, 신디가 정신증적 어머니와 가졌던 유대가 차츰 느슨해졌다. 그녀는 어머니의 파괴성의 현실을 파악했고, 그녀가 갖지 못한 어머니를 애도했다. 더욱 강해진 신디는 감당할 수 없었던 아버지의 죽음을 직면할 수 있었다. 우리는 신디의 정신증적인 어머니가 끼친 해로운 영향에 대해 여러 해에 걸쳐 작업을 했지만, 아버지의 상실에 대한 작업은 그녀에게 더욱 고통스러운 것이었다. 그것은 신디가 어머니의 해로운 영향으로부터 생명을 구해주는 아버지에게로 향했었기 때문이었다. 아버지는 신디의 삶과 건강을 위해 두 번째로 제공된 최고의 기회였다. 그러나 그가 너무 일찍 사망함으로써 그녀는 치명적인 충격을 입었다. 그는 그녀에게 건강과 안전을 제공했던 보상적 부모였다.

우리가 신디의 아버지의 죽음에 대한 경험을 다룬 후에, 치료는 아주 빠르게 진전되었다. 그녀를 안전하게 보호해주는 역할을 하는 것으로 보였던 이상화에 대한 욕구는 감소되었다. 이즈음에 나는 내가 곧 갖게 될 휴가 계획을 알려주었다. 그때 신디는 내가 떠나는 것에 대해 드러내놓고 화를 내었고, 여러 가지 사항들에 대해 나에게 화를 내었다. 그녀는 처음에는 산만하고 분산된 방식으로 화를 표현했으나, 나중에는 배신감과 버림받았다는 느낌에 집중했다. 전에는 인식하지 못했던 아버지의 병과 사망에 대한 감정이 활성화되었고, 이런 감정을 다루는 것을 통해서 그녀는 이제 더 이상 아버지의 죽음에 대한 심층적인 경험을 부정할 필요가 없게 되었다. 그녀는 자신의 애도와 고통에도 불구하고 자신이 온전하다고 느끼기 시작했다.

마법사에 대한 그녀의 연상은 매우 흥미롭다. 그는 더 이상 마술적인 사람이 아니었다; 그는 단순히 커튼 뒤에서 거칠게 줄을 잡아당기는 어리석은 사람일뿐이다. 상처입은 자기를 치료하고 나서 그리고 마술적인 아버지를 애도하고 나서, 신디는 이제 그녀를 '작은 자'로 머물게 했던 속박에서 자유로워졌다. 그녀는 더 이상 이상화의 보호적 기능을 필요로 하지 않았다. 그녀는 바깥 세상에서 자신감을 갖고 그녀 자신을 유능한 사람이라고 느낄 수 있었다. 그녀는 자신의 재능을 개발하고 장차 자신의 인생을 충만하게 살 것이라고 믿게 되었다. 도로티의 슬리퍼가 도로티를 집으로 데려다 주었던 것처럼, 신디는 자신의 인생의 방향을 스스로 정할 수 있다고 느꼈다. 그녀는 한 면담시간에 '이제 나는 온전한 인간이에요.. 나는 가슴과 머리와 영혼을 가지고 있어요'라고 말했다.

자기심리학적 관점이 신디의 방어적 자세 안에 숨어 있던 건강성을 인식할 수 있게 했다. 겁에 질리고 상처입은 자기—안전하게 머물려고 시도하는—라는 멀리서 빛나는 등대와 같은 개념에 의해 인도를 받아서, 나는 신디의 수동성이 생명을 유지시켜 주는 가면이었음을 이해할 수 있었다. 나는 그것을 무의식적 욕동으로부터의 후퇴라고 보지 않았다. 이런 입장으로부터 우리는 상처입은 자기를 복구할 수 있었고, 그 자기는 자신을 가두는 감옥으로부터 탈출하여, 발달적 궤도로 되돌아올 수 있었다.

제12장
마지막 연설

코헛은 캘리포니아 버클리에서 열린 제5차 자기심리학 연례학회에서 "공간에 대해"(1981)란 제목으로 즉흥 연설을 한지 3일 후인 1981년 10월 8일에 사망했다. 학회가 가까워 오면서, 코헛은 자신의 죽음이 임박했고 이번 발표가 마지막이 될 것임을 알았다. 그가 무엇을 논의 주제로 택했을까? 무엇이 그의 마지막 연설의 주제가 될 것인가? 흥미롭게도 그는 1959년에 잠깐 소개했었던 창의적인 주제인 공감의 문제로 되돌아갔다. 그는 왜 이 주제를 택했을까?

코헛은 자기를 비판하는 사람들이 공감의 개념을 전적으로 오해하고 있음을 심각하게 우려했다. 그는 자신의 입장이 아닌, '공감이 치료를 가져온다'는 개념 때문에 자신이 오해받고 있다고 느꼈다. 그는 이런 오해에 대해 심각한 우려와 함께 '사실을 밝혀야겠다는 의무감'(1981)을 느꼈다. 그는, '사랑과 자비로써 혹은 단지 환자와 함께 존재하고 친절하게 환자를 대하는 것을 통해서 치료할 수 있다는 심리치료에 대한 감상적인 오해를 풀어

줄 해독제'(1981)를 제공하고자 했다.

이 과제를 이루기 위해서, 코헛은 자신의 핵심적 견해를 말하기에 앞서 공감에 대해 여러 수준에서 논의했다. 먼저 그는 공감을 심리적 영역을 정의하는 도구(1959)라는 그의 최초의 주장을 언급하면서 자신의 초기 명제를 재진술한다. 즉, 외부 세계는 과학적 연구 방법에서 사용되는 외부 성찰 도구들을 통해서 연구되지만, 내면 세계는 관찰자의 공감이란 도구를 통해서 연구된다는 것이다. 분석가는 공감이란 도구를 사용하여 환자의 복합적인 정신 상태의 정보를 얻는다. 분석가는 환자가 경험하는 지각 속으로 침잠해 들어가 그 경험의 성질에 대해서 성찰해본다. 코헛이 반복적으로 강조하는 것은, 공감은 관찰자가 인간 경험의 내면 세계에 관한 정보를 수집하는 도구라는 것이다. 즉, 공감은 자료 수집 도구이다. 생물학자의 현미경이 그의 연구영역을 정의하듯이, 공감은 심리학자의 연구영역을 정의한다. 만약 생물학이 현미경으로 연구가 가능한 영역이라면, 심리학은 공감으로 연구가 가능한 영역이다.

이런 이해 수준에서 볼 때, 공감은 행위가 아니라 특정 영역을 규정하는 도구이다. 그것은 그 이상의 아무 것도 아니다. 공감이 심리적 영역을 정의하기 때문에, 오직 공감적으로 획득된 정보만이 정신분석학적 학문의 영역에 속한다. 코헛은 정신분석학을 이런 식으로 정의함으로써, 다른 영역의 원리가 정신분석학을 침범할 수 있는 가능성을 배제한다. 그는 정신분석학 안에 생물학적 원리가 침범하는 것—프로이트가 생물학적 본능이란 개념을 도입한 것과 같은—에 특별히 관심을 기울인다. 그 다음 이해의 수준에서, 코헛은 적절한 행동이 어떤 것인지를 알려주는 자로서의 공감을 말한다. 만약 한 사람이 다른 사람에게 어떻게 행동해야 할지 알기를 원한다면, 그는 자신을 다른 사람의 입장에 둘 필요가 있다고 지적한다. 적절한 행동은 다른 사람에 대한 지식에 달려있다. 이 지식은 호의적으로도 악의적으로도 사용될 수 있다. 분명한 것은 한 사람이 누군가에게 도움이 되기 위해서는 그 사람을 이해할 필요가 있다는 것이다. 또한 만약 누군가가 다른 사람에게 고통을 주기 원한다면, 그 사람을 잘 알아야 할 것이다. 왜냐하면 다른 사람의 취약성을 알게 됨으로써 그 사람에게 쉽게 고통을 줄 수 있기 때문이다.

공감을 통해 얻은 정보의 예로, 코헛은 가장 극도의 정서적 고통을 주기 위해, 독일의 나치가 그들의 희생자들의 취약성을 어떻게 이용했는지를 제시한다. 이와는 아주 다른 맥락에서, 코헛은 자녀를 이해하고 반응하기 위해 자신의 공감을 사용하는 어머니의 경우를 예로 든다. 그는, 이와 비슷한 방식으로 분석가는 자신의 환자를 알기 위해 그리고 자신의 분석적 행동에 대한 정보를 얻기 위해 공감을 사용한다고 말한다. 공감은 의도와 상관없이 행동을 위한 정보 제공자의 역할을 한다고 코헛은 주장한다.

그 다음 수준에서의 공감에 대한 이해는 가장 설명하기가 어렵다고 코헛은 말한다. 그는 공감은 행위가 아니지만, 그것은 유익한 효과를 가져오며 폭넓은 치료적 유익을 유발한다고 믿는다. 그에 따르면, 공감이 치료적 행위는 아니나 치료적 효과를 가지고 있다는 역설이 그의 저술을 둘러싼 혼란의 원천이 되고 있다. 그는 역설적이게도, 자신이 살고 있는 환경 안에 공감이 현존하는가의 문제가, 공감이 선하거나 악한 목적으로 사용되는가에 관계없이, 심리적 생존에 본질적으로 중요하다고 주장한다. 공감은 좋든 나쁘든 다른 사람의 현실적인 존재를 인정한다. 이것은 다른 사람의 인간성을 긍정한다. 공감의 파괴적 이용이 특별히 끔찍스런 것임에도 불구하고, 코헛은 공감 없는 환경은 더욱 끔찍스러운 것이라는 입장을 갖는다. 그런 상황은 마치 다른 사람들을 빗자루로 쓸어버리고는 그들이 전혀 존재하지 않았던 것처럼 여기는 것과 같다는 것이다. 이런 점에서 나치가 그들의 희생자를 괴롭혔던 잔혹 행위 중 가장 극심한 것은 희생자의 인간성을 전적으로 무시한 것이었다고 그는 주장한다.

공감적 인간 환경의 본질적 특성에 대한 그의 주장을 뒷받침하기 위해, 코헛은 우주선의 고장으로 우주선에 대한 통제를 상실했던 우주 비행사들의 이야기를 인용한다. 고장이 점검되고 수리되기도 전에, 그들은 우주에서 영원히 미아가 되든지 진입 과정에서 불타버릴 수도 있는 지구로 귀환을 시도하느냐를 선택해야만 했다. 비행사들은 논의할 것도 없이 지구로의 귀환을 결정했다고 코헛은 말한다. 그들은 우주 공간을 영원히 맴돌기보다는 불타버릴 수도 있는 위험을 선택했다. 이 선택은 공감적인 인간 환경과 접촉하기를 원하는 인간의 심층적 소망이 드러난 것이며, 생명이 없는 우주 공간에 영원히 고립되는 것에 대한 두려움을 말해주는 것이라고 그는 주장한다.

코헛은 공감적인 인간 환경과의 연결이 인간의 심리적 생존에 본질적으로 중요하다고 주장한다. 그는 자신의 분석 작업으로부터 '공감적 환경의 상실 또는 이해해주는 환경의 상실은 올바른 행동의 상실뿐만 아니라 모든 이해의 상실'(1981, 531쪽)을 가져오며, 이것은 모든 불안 중에서 가장 심각한 해체 불안을 야기한다고 가정한다. 공감적 환경의 상실은 개인을 무능력하게 만든다. 왜냐하면 그것은 가장 기본적인 인간의 욕구인 인정받고자 하는 욕구의 상실을 가져오기 때문이다—인간은 심지어 고통스런 상황에서도 그러한 인정을 추구한다. 이런 점에서 코헛은 부모의 무지가 끔찍한 정서적 흉터를 만들어내는 것이 사실이지만, 가장 심각한 고통은 돌보는 사람의 공허하고 진공과 같은 성격으로 인한 미묘한 부재에서 기인한다고 본다. 코헛이 조용한 확신을 가지고 주장하는 것은 가장 심각한 고통을 야기하는 것은 텅 비어 있는 돌보는 이의 인격이라는 것이다. 아이가 존재하고 있다는 현실을 무시하고, 아이를 물건이나 그 자신의 일부로 취급하는, 돌보는 이의 정신증은 질식케 하는 심리적 분위기를 만들어 낸다. 이런 사람의 돌봄을 받는 아이들은 무엇이 잘못되었는지에 대해 알 수 없는데, 그것은 그들이 그 안에서 살고 있는 환경이 정상이라고 믿기 때문이다. 이런 아이들은 자신들의 보호자가 제공할 수 없는 것을 바라는 것에 대해 은밀한 죄책감을 느낀다. 코헛은, 결론적으로 공감은 발달적 경로를 가지고 있다고 제안한다. 이 발달은 돌보는 이의 안아주기와 접촉해주기와 냄새맡아주기에서 표현되는 초기의 공감적 형태에서부터 시작해서 말과 표정을 통해서 표현되는 친근하지만 약간 거리감이 있는 경험의 형태로 진전한다. 코헛은 이 점을 설명하기 위해서 새로운 영역을 탐구하기 위해 어머니의 품을 떠나는 모험적인 어린아이의 이야기를 예로 든다. 이 아이는 앞으로 더 멀리 나아가기 전에 인정해주고 격려해주는 어머니의 미소를 바라보기 위해 잠시 멈추어 서서 뒤를 돌아본다. 코헛은 이때 아이에게 자부심과 용기를 주는 어머니의 미소는 상당히 높은 수준의 공감을 나타낸다고 제안한다. 이것은 안아주고 만져주는 신체적 경험을 경험적을 좀더 거리감이 있는 미소—아이의 능력에 대한 자부심과 믿음을 나타내는—로 대체하는 것을 말한다.

공감에 대한 낮은 수준의 경험에서 발달적으로 좀더 높은 수준의 경험으로 옮겨가는 움직임은 치료 상황에서 일어나는 진전과 유사한 것이라고 코헛은 본다. 분석 초기에 환자는 분석가의 이해에 힘입어 공감적 융합을 경험하며, 그 융합 안에서 분석가에게 '안겨' 있는 초기 형태의 공감을 경험한다. 어떤 사람들은 이 단계에서 좀더 오랜 시간 머물러 있지만, 결국 다음 단계로 나아갈 수 있게 되며, 좀더 높은 수준의 공감 형태로 이동하게 된다. 환자가 발달 경로를 따라 진전해가면서, 분석가의 반응은 '경험에 가까운' 낮은 수준의 공감 형태에서 '경험으로부터 약간 떨어진' 높은 수준의 공감 형태로 이동한다. 높은-수준의 공감 형태는 분석가가 이전의 낮은 수준에 속한 '경험에 가까운' 이해에 설명을 덧붙이게 될 때 표현된다.

결론 부분에서, 코헛은 공감의 복잡성을 강조한다. 그에 따르면, 공감은 경험에 가까운 이해와 좀더 높은 수준의 '경험으로부터 떨어진' 이해가 혼합되어 있는 요소들을 포함하고 있는 것이며, 또한 그것은 과거의 복잡한 이야기가 어떻게 오늘의 감수성, 상처와 반응들 속에 살아 있는지에 대한 인식을 포함하고 있는 것이다. 배려와 함께 제공된 설명은 일종의 높은 수준의 공감의 형태이다. 이러한 공감에서 분석가는 여전히 내면 세계를 관찰하고 있지만, 그 세계를 이차 과정 수준인 언어로 표현한다. 코헛은 공감을 자신의 책「자기의 치료」(1984)에서 말하고 있는 가장 중요한 요점이라고 선언했다. 그것은 그가 공감의 발달적 본성에 대해서 그리고 그 공감이 발달적 순서를 따라 이동하는 것의 중요성에 대해서 확신했기 때문이다. 그는 이것을 다음과 같이 진술한다:

정신분석은 설명, 즉 해석의 수준에서 이루어지는 개입—으로 치료한다; 그것은 '이해'에 의해서도 아니고, 환자가 느끼고 말한 것을 반복하고 수긍하는 것을 통해서도 아니다. 그것들은 오직 첫 단계일 뿐이다; 분석가는 더 나아가 해석을 제공해야만 한다. 분석에서 해석은 발생학적으로, 역동적으로, 그리고 심리 경제적 용어로 무엇이 진행되고 있는지에 대해 설명해주는 것을 가리킨다 … 내가 믿기로는, 이해 단계에서 설명 단계로 이동하는 것은, 분석가가 환자가 느끼고 생각하고 상상하는 것을 알고 있다고 확인해주는 것 (분석가가 환자 자신의 내면적 삶과 조율하고 있음을 말해주는)으로부터 해석을 제공하는 다음 단계로 나아가는 것을 말하며, 그것은 또한 낮은 수준의 공감에서 높은 수준의 공감으로 이동하는 것을 말한다(Kohut 1981, 532쪽).

언제나 임상가였던 코헛은 짧은 사례를 사용해서 결론을 내린다. 이 사례는 그가 분석가로서 머물러 있으면서도 가장 낮은 공감적 이해의 수준에서 환자와 관계 맺고 있음을 잘 보여준다. 그는 심한 자살 충동을 가진 상처에 취약한 여성에 대해 말한다. 이 여성은 카우치에 처음 누웠을 때, 마치 방금 뚜껑이 덜커덕 닫힌 관 속에 누워 있는 것처럼 느껴진다고 말했다. 그녀는 매우 심한 우울증 상태에 있었고, 코헛은 자주 그녀를 잃게 될지도 모른다고 생각했다. 상황이 아주 절박한 순간에, 코헛은 그녀가 말하고 있는 동안 그의 손가락 두개를 주어 잡을 수 있게 한다면 어떻겠느냐고 물었다. '그것이 당신에게 도움이 될까요?' 그는 이 경험을 다음과 같이 설명한다:

이것은 의심스러운 시도였다. 나는 그것을 권장하지 않지만, 당시에 나는 절박했다. 나는 정말 염려스러웠다 … 그게 어째서 멋진 이야기인지 말해보겠다. 그것은 분석가는 항상 분석가로서 머물러 있기 때문이다. 나는 그녀에게 손가락 두 개를 내밀었고, 그녀는 그것을 붙잡았다. 그리고 나는 즉시 나 자신에게 발생학적인 해석을 했다. 나는 텅 빈 젖꼭지를 물고 있는 어린아이의 이빨 없는 잇몸을 느꼈다. 나는 아무 말도 하지 않았다. 나는 그 느낌이 옳은 것인지 알 수가 없었다. 그러나 나는 그 순간에도 분석가로서 반응했다.

한번 이런 일이 있은 후에는 그것은 결코 다시 필요하지 않았다. 나는 그 사건이 치료의 흐름을 바꿔놓았다고 말하지는 않겠지만, 그 일은 당시의 매우 위험하고 어려운 난관을 통과할 수 있게 했으며, 그로 인해 우리는 계속해서 치료를 끌어갈 수 있는 시간을 벌 수 있었다(Kohut 1981, 535쪽).

코헛은 어째서 그의 마지막 연설에서 많은 임상 사례 중에서 이것을 이야기했을까? 그의 마음속엔 무엇이 있었을까? 왜 그는 또 다시 '비분석적'이라고 공격받을 수 있는 상황에 자신을 두고 있는가? 그는 여기에서 사랑과 친절을 통한 치료를 말하고 있는 것은 아닌가? 왜 그는 자신이 바로 잡아야 한다고 느끼는 그 문제를 혼동시키고 있는가?

첫째 코헛은 이 이야기를 들려주기에 앞서서 자신은 '꽉 막힌 분석가'가 아니라고 말한다. 그는 자신의 경험과 확장된 이해가 분석 작업에서 더 큰 자유를 가져다주는 것을 발견했다. 위의 사례는 그의 자유로움을 보여주는 하나의 예이다.

그러나 내가 보기에 코헛의 이러한 혁명적인 사례가 갖는 요지는, 공감이란 환자와 분석가에 의해 다양하게 경험되는 다중적인 형태를 갖고 있음을 입증하고 있다는 것이다. 그는 앞에서 「자기의 치료」가 말하고자 하는 가장 중요한 요점은, 공감이 발달적인 연속성 가운데 존재한다 라는 것이라고 주장했다. 정상적인 성장에서, 어머니와 아이는 이 연속성을 따라 앞으로 전진한다는 것이다. 어머니는 신체적으로 안아주고 접촉해주는 초기의 공감적 의사소통으로부터 '저 만치 떨어진 곳에서 보내는 격려의 미소'로 표현되는 후기의 공감적 의사소통에 이르기까지 이동한다. 저 만치 떨어진 곳에서 보내는 어머니의 미소는 아기가 스스로 앞으로 이동하려고 시도하면서 갖게 되는 많은 감정들을 어머니가 알고 있다는 것과, 또한 그가 그렇게 할 수 있다고 어머니가 믿고 있다는 것을 아이에게 전달해준다. 이와 비슷한 방식으로, 환자와 분석가는 발달적 연속성을 따라 앞으로 나아간다. 환자가 성숙해가면서, 분석가는 환자에게 낮은 수준의 공감—환자가 분석가의 이해와 공감적 융합 안에 안겨 있는—으로부터 언어를 사용해서 설명하는 높은 수준의 공감으로 이동한다.

코헛이 「자기의 치료」에서 설명한 개입 단계에서의 설명적 국면은 이해 국면에 인지적 요소를 첨가하는 것을 요한다. 이것은 환자로 하여금 자신의 역사적 맥락 안에서 자신을 이해하도록 돕는다. 인지적 요소를 첨가함으로써, 적절한 설명은 내적 구조의 작은 부분을 산출한다. 그 내적 구조는 환자로 하여금 그 자신을 이해하게 하고, 종국에는 분석가의 부재중에도 자신을 관리할 수 있게 한다. 이해 국면 하나 만으로는 치료자의 개입은 결국 모호해지고 기억에서 사라지게 된다. 두 가지 국면의 개입 중 설명 국면의 개입이야말로 정신분석을 분석적인 것으로 만드는 요소이다.

코헛의 위의 짧은 사례를 소개하면서, '그게 어째서 멋진 이야기인가' 하면 그 이야기가 '분석가가 어떻게 항상 분석가로 머물러 있는지'를 보여주기 때문이라고 말했다. 이 말은 무엇을 의미하는가? 그가 말하고자 했던 것은, 내 생각에, 그가 환자와 아주 초기의 공감 수준에서 관계했음에도 불구하고, 분석가로서의 자신의 기능을 유지했다는 것이다. 언어가 별 효과가 없는 아주 절박한 순간에 그는 자신의 환자에게 결핍된 심리적 연속성을 확립하도록 돕기 위해서 그녀에게 신체적으로 접촉할 수 있는 연결점을 제공했다. 그러나 그는 개입의 두 번째 국면인 설명 국면으로 이동함으로써 분석가로서의 그의 기능을 유지했다. 코헛은 발달적으로 높은 수준의 이해에 속하는 인지적 설명을 경험에 가까운 낮은 수준의 이해에 첨가했다. 분명히 공감은 환자와 분석가에게 다른 기능과 의미를 갖는다. 분석가에게 있어서 공감은 여러 수준의 성숙에 관한 자료를 수집하는 도구가 되고, 또한 적절한 분석적 행동이 무엇인지를 알려주는 정보의 제공자이다. 환자에게 있어서 공감은 생명의 호흡과 같다.

이렇게 해서 코헛은 그의 위대한 생애를 마쳤다. 그는 토마스 만의 「베니스에서의 죽음」에 나오는 아쉔바흐의 붕괴에 대한 연구를 시작으로, 친숙한 사실들을 새로운 시각으로 바라보는 용기 있는 연구자의 삶을 살아왔다. 그의 생애는 비극적으로 그의 학문적 능력의 절정기에 끝이 났고, 따라서 우리는 그의 사상이 계속 발달하는 모습을 볼 수 없게 되었다. 코헛은 정신분석학에 새로운 방향을 제공하였다. 자기심리학으로 불리는 이러한 그의 새로운 사상은 그의 부재에도 불구하고 발달을 계속해야 마땅하다. 나는 코헛 사상이 발달해 나온 과정을 개괄함으로써, 정신분석적 심리치료를 공부하는 학생들에게 도움을 주고자 했다. 내가 믿기로는, 하인즈 코헛은 자기애의 문제에 대한 이해를 통해 인류에게 자신을 바라볼 수 있는 하나의 새로운 창을 제공하였다. 나는 그가 공개 연설의 마지막 부분에서 역설했던, 미래의 정신분석가들에게 권면하는 내용을 소개함으로써 이 글을 마무리하겠다.

이제 저는 저의 이야기를 끝내고자 합니다. 여러분들이 저를 불러주신 것에 대해 매우 고맙게 생각합니다. 저는 이번이 제가 참석하는 마지막 자기심리학 모임이 되리라고 생각합니다. 그러나 저는 제 약속을 지킬 수 있기 위해 최선을 다하기를 원합니다. 이제 우리 모두 자기심리학에 담긴 사상의 밝은 미래를 희망합시다.

안녕히 계십시오(Kohut 1981, 535쪽).

제 13 장
비판과 결론

하인즈 코헛의 작업을 비판할 때 염두에 두어야 할 사실은 그의 작업이 '지금도 진행되고 있는' 미완성의 작업이라는 사실이다. 프로이트의 사상처럼, 코헛의 사상도 계속해서 발전하고 있다. 그의 때 이른 죽음으로 인해 그런 발전 과정에 그의 참여할 수 있는 가능성은 없어지고 말았다. 코헛 사상이 발전하고 있기 때문에, 그의 특정 사상을 고려하는 연구자는 '코헛 사상의 발전 과정에서, 그가 언제 이런 특정한 사상에 대해 논의했는가? 그가 어떤 사고를 하고 있었는가? 그의 논리는 어디로 향하고 있는가?' 등과 같은 질문들을 물어야만 한다. 동시에 연구자는 코헛의 논리의 약점을 '그는 아직 그곳에 이르지 못했다'와 같은 말로 쉽게 자신의 생각을 정당화시키지 않도록 조심해야만 한다. 이런 반응은 논쟁을 중단시키며, 이론을 화석화하고, 사상의 추가적 발전을 중단시킨다. 그렇다면, 비평적 회고라는 과제에 접근할 때 우리가 지녀야 할 적절한 태도는 무엇인가? 코헛의 작업을 비평함에 있어서, 나는 코헛이 제안했던 과학적인 노력의 정신을 채용한다:

이런 진술들은 … 진정한 과학자—내가 전에 놀이적으로
사고하는 과학자라고 부른—는 자신의 성취가 지닌 결점
들—이론의 임시성과 개념의 불완전성—을 관용할 수 있
는 사람들이라는 나의 믿음을 나타낸다. 실로 그는 그 결점
들을 또 다른 즐거운 탐구를 위한 자극제로 받아들인다 … 확
립된 설명 체계를 숭배하는 태도는 … 실로 인간이 역사 안에
서 보여준 모든 헌신이 그러하듯이, 과학의 역사를 제한하는
것이 된다(Kohut 1977, 310-12쪽).

나는 코헛이, 프로이트가 그러했듯이, 영속적 가치를 지닌 개념
들을 발달시켰다고 믿는다. 프로이트의 역동적 무의식이라는 개
념은 인류를 위한 영구적인 공헌에 해당된다. 무의식에 대한 서
술과 관련된 어원적 논의와 상관없이, 마음속에 있는 미지의 정
서적 세력이 지닌 영향력은 항상 현존하고 있으며 부인될 수 없
다. 마찬가지로, 코헛의 개념 중 몇몇은 비록 아직은 역사의 시험
을 받지 못했지만 지속될 수 있을 것이다.

나는 우선 코헛의 공헌들을 요약해보겠다. 우선 그는 공감을
정신분석학적 영역을 정의하는 도구로서 묘사했다. 코헛은 자신
의 개념을 정립함에 있어서 비심리학적인 관심으로부터 오는 편
견을 차단하고자 했다. 그래서 그는 정신분석학적 영역을 오직
성찰과 공감이란 도구를 통해서만 연구할 수 있는 인간 내면의
삶에 관한 과학으로 정의하였다. 코헛은 (환자의 내면의 삶에 관
한 자료를 수집하는 도구인) 공감만을 사용하여 새로운 가설과
개념의 정립을 시도했다. 이것들 중 첫 번째 가설은 자기애는 정
상적이고 건강한 발달 과정을 갖고 있다는 생각이었다. 이런 견
해는 자기애를 퇴행적 병리로서 간주하는 판단적 태도로부터 우
리를 자유롭게 했다. 코헛은 자기애가 발달하면서 그 구성물이

변화한다고 주장했다. 특히 초기 구성물(이상화된 부모 원상과 과대 자기로 구성된)로 시작해서 종국에는 이상과 포부를 확립하는 후기 구성물로 발달해간다고 보았다.

성인 환자와의 분석 경험을 통해서, 코헛은 특정 욕구들이 자기애의 초기 형태와 관련이 있다는 것을 배웠다. 이런 욕구들은 이상화 대상에 대한 욕구, 대상으로부터 인정받고 가치있게 여겨지며 반영받고자 하는 욕구, 그리고 쌍둥이처럼 다른 사람과 동일하게 느끼고픈 욕구들을 포함한다. 코헛은 이런 욕구들이 아이의 발달, 생존, 활력에 본질적으로 중요하다고 주장한다. 그는 한 걸음 더 나아가, 발달하는 자기에게 이런 중요한 심리적 기능을 제공하는 대상들은 자기의 일부로서 경험된다고 주장한다. 대상들이 자기의 일부로서 경험되기 때문에, 그는 이런 대상을 자기대상으로, 그리고 이런 욕구를 자기대상 욕구로 불렀다. 그는 또한 자기대상 욕구가 강렬하게 드러나는 경험을 자기대상 전이라고 불렀다.

나는 코헛이 공감적 침잠을 분석에서 자료를 수집하는 방법으로 정의한 것, 자기애를 정상적 발달의 건강한 측면으로 묘사한 것, 자기대상 욕구가 전 생애를 통해 지속된다는 믿음, 자기대상 전이의 개념 등은 정신분석학과 인류에게 항구적인 공헌으로 남을 것이라고 예상한다.

코헛의 작업에 대한 나의 첫 비평은 그의 글쓰기 스타일과 관련되어 있다. 그의 글은 읽기가 어려우며, 특별히 그의 초기 저술들은 더욱 그러하다. 그의 문장은 아주 심한 독일어식 표현에 속한다. 독자는 그의 글에서 동사를 찾기 위해 긴 문장들을 찾아 헤매야만 한다. 코헛의 글을 읽으면서, 나는 그가 음악의 즐거움에 관해 쓴 글을 생각했다. 그에 의하면, 작곡가는 먼저 음악의 서두를 제시하고, 그 서두와 어울리지 않는 음악으로 반전시켜 긴장을 창조해내고, 그리고 나서 지각할 수 있는 곡조로 되돌아와 질서를 회복한다. 코헛의 글을 읽는 것은 마치 이와 같다. 독자는 뒤얽힌 그의 문장들의 불일치를 견뎌야 하며, 마침내 그 고통에 상응하는 보상을 얻기 위해서는 반드시 참고 견디어야만 한다.

콕스(Cocks, 1994)는 코헛이 주고받은 서신들을 수집하면서, 코헛이 말하는 방식과 그가 저술하는 방식 사이에 엄청난 차이가 있다고 말한다. 내가 일찍이 언급한 것처럼, 코헛은 유창하고 서정적인 연설가였다. 그 자신 스스로도 그가 많은 주제에 대해 즉흥적으로 그러나 일관되게 말할 수 있는 능력에 대해 커다란 자부심을 갖고 있었다. 그런데 왜 그의 저작은 그의 연설과 그렇게 차이가 있는가? 나도 동의하는 콕스의 추론에 의하면, 코헛의 초기 저술 방식은 그가 제안하는 내용에 대한 그의 불안을 반영하고 있다는 것이다. 코헛이 잠재적 비판을 염두에 두고서, 고심하며 너무 신중한 방식으로 자신의 요점을 진술하다보니, 그 글은 매우 읽기가 어려운 글이 되고 말았다.

코헛은 그의 사상과 고전적 이론이 제공하는 중심적인 설명들 사이의 관계에 대해서도 모호한 입장을 취했다. 그의 사상이 정신분석학의 지위를 위협한다는 것을 의식한 그는 프로이트의 사상을 대치하는 것이라기보다는 확장하는 것으로 자신의 사상을 제시하기 위해서 엄청난 고통을 감수하였다. 그러나 시간이 흐름에 따라 그의 용기가 증가한 것과, 동료 집단의 지원, 질병과 임박한 죽음 등이 결국 정신분석학계에 대한 코헛의 모호한 태도를 바꾸는데 도움을 주었다. 흥미롭게도 그가 전문가로서의 삶에서 겪었던 투쟁이 그의 작업 가설을 확인시켜 주었다. 그가 자신의 새로운 사상으로 인해 주류에 속한 정신분석학 동료들로부터 비난받고 버림을 받는 것에 대한 그의 불안은, 지지적이고 공감적이며 긍정적 환경에 대한 욕구가 결코 종결되는 것이 아니라는 그의 견해를 뒷받침해주고 있다. 질량이 변하지 않듯이, 초기의 자기대상 욕구는 사라지지 않는다; 그것은 단지 형태가 바뀔 뿐이다.

그럼에도 불구하고, 코헛의 모호함이 그의 많은 저작에 특히 아주 초기 저작에 존재하고 있다. 그리고 이것은 그의 저술에서 수많은 혼동의 원인으로 지목된다. 오른스타인 부부는 코헛의 이런 특성을 다음과 같이 서술한다. 그는 '여전히 한 발은 옛 틀에 딛고 있고 다른 발은—처음에는 마지못해—새로운 개념의 틀에 딛고 있다'(1995, 387쪽).

내가 이 장의 서두에서 언급했듯이, 코헛의 저작 중의 어떤 특정 주제에 대해 고려할 때, 우리는 반드시 그 주제가 등장한 시점에 대해 물어야 한다. 즉, 그 문제를 코헛의 학문적 발달 과정 안에서 이해해야 한다. 이것은 특히 고전적 이론에 대한 그의 모호성과 관련해서 중요하다. 이 모호성의 핵심 축은, 코헛의 심리학에 비해 고전적 정신분석학에서 중심적인 위치를 차지하고 있는, 오이디푸스적 형태에서 드러나는 이중-본능 이론에 있다.

코헛은 「자기의 회복」(1977)에서 분명하게 자기심리학을 고전적인 '욕동-방어 심리학 또는 정신 기구' 심리학과 구별했다. 그는 결함있는 자기가 대부분의 정신 병리의 핵심에 존재한다고 주장했다. 따라서 정신분석의 가장 심층적 작업은 본능적 욕동 사이의 갈등을 드러내기보다는 결함있는 자기와 관련된 근저의 우울을 밝히고 극복하는데 있다. 그의 주장에 의하면, 오랫동안 오이디푸스적 정신병리의 핵심에 존재한다고 믿어왔던 공격성과 성욕은, 사실상 자기의 붕괴로 인해 나타나는 산물이다. 이 자기는 자기대상 환경의 부적절한 초기 반응으로 인해 약화된 자기이다. 고전적 분석가가 성욕과 공격성을 일차적 욕동이라고 간주했던 것과는 달리, 코헛은 그것들을 파편화된 자기의 이차적 표현이라고 간주했다. 강렬한 애정이 깨어져 성욕으로 나타나고, 자기 주장성이 균열되어 공격성과 파괴적 적의로 나타난다.

불행하게도 코헛이 「자기의 회복」(1977)에서, '욕동 요소'를 애정과 자기 주장성이 붕괴된 산물로서 언급했을 때, 거기에는 혼동이 포함되어 있었다. 이 혼동은 그가 자신의 심리학에서 욕동 개념에 대한 정의를 배제함으로써 초래된 것이었다. 그는 '욕동'을 생물학적 원리가 심리학의 영역을 침범한 것으로 보고, 공감이나 내면적 성찰에 소용이 없는, 그래서 심리학의 일부가 될 수 없는 것으로 보았다.

코헛은 분석학계의 비난을 염려한 나머지 다음과 같은 모호한 진술을 했다: '우리는 고전적 이론의 중심에 위치한 오이디푸스 콤플렉스의 진실을 꼭 부정하는 것이 아니라, 단지 그 이론의 보편적인 적용 가능성을 부정하는 것이다'(1977, 223쪽). 또한, '고전적 이론에 자기-심리학적 차원을 첨가하는 것은 고전적 이론이 지닌 위대한 설명적 능력을 존경하지 않는 것이 아니라 … 오히려 그것을 풍부하게 하는 것이다'(1977, 227쪽).

코헛의 불안은 그가 죽기 얼마 전까지 그를 따라다닌 것 같다. 그의 유고작인 「자기의 치료」(1984)에서 조차, 코헛은 고전적 이론의 중심에 있는 오이디푸스 개념이 진정한 의미에서 심리적 개념이 아니라는 주장을 하면서도 그 점에 대해 확고한 입장을 밝히지 못했다. 그는 다음의 진술을 하면서 거의 분명한 입장을 밝힐 뻔했다: '그러나 현재 시점에서 심리학적 접근(공감을 통해 수집된 자료들)이야 말로, 그것의 모든 한계에도 불구하고, 환자의 정신 병리를 포함한 인간의 내적 삶을 탐구할 수 있는 유일하게 유용한 방법이다'(1984, 32쪽).

코헛은 자신의 죽음이 임박해지자 더 강해졌고, "성찰, 공감 그리고 정신 건강의 반원(semicircle)"(1981b)이라는 글(그가 1981 년 11월에 발표하려고 준비했지만 결국 유고작이 된)에서, 모호 했던 그의 입장을 분명하게 밝히고 있다: '욕동 개념은 … 정신 분석학에 상당히 해로운 영향을 끼쳤다'(1981b, 553쪽). '욕동 개념은 심리학적 체계에 속하지 않는다'(1981b, 554쪽). 정의적 진술에서 코헛은 다음과 같이 말했다:

> 자기심리학은 고전적 분석학이 신봉해온 인간에 대한 왜곡된 견해로부터 해방되었다. 그것은 자기심리학이 성찰과 공감이 심리적 영역에 대한 유일한 관찰 도구라는 사실을 수용함으로써, 생물학 또는 심리생물학의 입장을 배제하고 철저하게 심리학적인 입장을 취하는 것에서 반영되고 있다(Kohut 1981b, 556쪽).

최종적으로, 그가 1981년 10월 8일 죽기 3일 전에 행한 연설("공감에 대해")에서 코헛은 명확하게 선언한다:

> 저는 제아무리 노력한다 해도 심리생물학이나 또는 생물심리학 또는 그런 종류의 다른 어떤 것을 만들어낼 수 있다고 믿지 않습니다. 불행히도 이런 시도가 행해졌고, 그 결과 인간 이해에 있어서 가장 심각한 왜곡이 발생했는데, 그것은 바로 욕동 개념의 도입입니다. 정신분석학은 이것에 대해 책임이 있습니다(Kohut 1981b, 529쪽).

그 자신의 내적 고투에 더해서, 외부로부터 오는 강한 압력이 코헛으로 하여금 자신의 사상과 고전적 이론을 통합하도록 밀어 부쳤다. 그는 이런 압력에 대해 자신의 사상을 발전시키는데 전

넘할—이론적 통합에 대한 관심 때문에 방해받지 않을—시간이 필요하다는 주장으로 대응하였다. 많은 시간이 요구되는 이론적 통합 작업은 그의 동료들과 학생들에 의해 이루어질 것이라고 그는 응답했다. 회고컨대, 그가 시간이 없다는 인식을 가졌던 것은 그가 숨기고 있었던 질병 때문이었음이 명백하다. 그러나 말할 것도 없이, 이런 그의 반응은 심각한 비판을 불러일으켰다.

이제 나는 코헛이 창안한 방법론적 문제에 관해 생각해보겠다. 그는 정신분석학의 영역을 오직 공감과 내면적 성찰을 통해 수집된 자료만으로 제한했다. 이런 규정은 정신분석학을 다른 학문적 원리의 침범으로부터 보호했으며, 또 정신분석학을 왜곡된 문화적 가치와 편견으로부터 보호했다. 그러나 이것은 또한 다른 영역으로부터 고립을 야기했고, 다른 영역에서 빌려올 수 있는 가치있는 정보를 활용할 수 있는 기회를 박탈했다. 인간 발달에 관한 연구는 코헛의 정의가 세운 보호 장벽이 어떻게 정신분석학을 고립시켰는가를 보여주는 하나의 실례에 불과하다. 발달적 개념이 코헛 이론의 중심에 자리잡고 있음에도 불구하고, 초기 발달에 관한 상세한 요소들은 거의 연구에 사용되지 못했다. 우리는 이것을 성인을 위한 정신분석만으로 재구성해낼 수는 없다. 왜냐하면 코헛이 언급한 것처럼, 우리는 너무 멀리 떨어져 있는 것을 공감할 수는 없기 때문이다. 아기에게 중요한 초기 상태는 정신분석가에게는 접근이 가능하지 않다. 기껏해야 우리는 성인의 생각을 통해서 접근할 수 있을 뿐이다. 그러나 유아에 대한 관찰 연구는 놀랄만한 연구 도구를 가지고 우리가 추구하는 정보에 접근하고 있다. 이들의 풍부한 관찰은 정신분석학에 가치있는 정보와 설명들을 제공할 수 있다. 코헛은 당시에 이런 발견들에 대해 개방적이지 못했다. 초기 발달에 대한 연구는 상보성의 원리(principle of complementarity)가 유용하게 적용될 수 있는 영역이다. 바쉬(Basch)는 학문 공동체의 다른 영역으로부터 정신분석학이 고립되어 있는 문제를 다루면서, 상보성의 가치에 대해 다음과 같이 언급했다:

> 만약 나의 경험이 어떤 환자의 경험을 이해하는데 충분치 못하다면, 그리고 만약 환자가 억압과 부정에 의해 눈이 면 채 분석가인 나를 일깨워주지 못한다면, 무엇이 나로 하여금 내가 듣고 있는 내용의 의미를 추론할 수 있게 하겠는가? … 내가 인간이 기능하는 방식에 대해 더 많이 알수록, 즉 신경 생리학, 유아 연구, 정서 이론, 인지 심리학, 의미론, 정보 이론, 진화 생물학, 그리고 다른 적절한 학문들이 인간 발달에 대해 말하는 것을 더 잘 알수록, 나는 특정 시간에 특정 환자의 치료에서 그와의 공감적 의사소통을 더 잘 할 수 있을 것이다 (Basch 1995, 372쪽).

그 다음에 나는 코헛 이론 자체에 내재된 문제점들을 고찰해보겠다. 나는 그가 이중 축의 자기 모델을 창안했을 때 한가지 문제에 부딪쳤다고 본다. 그것은 이 모델이 유용한 것임에도 불구하고, 모든 모델에 내재되어 있는 사물화(reification, 추상적인 내용을 지나치게 구체적인 것 인양 설명함으로써, 개념이 화석화되는 것: 역자)의 문제에 노출되어 있다는 점이다. 아무 것에도 얽매이지 않는 과학자의 역할에 대한 코헛의 전제에도 불구하고, 유용한 모델은 시간이 지나면서 이상화되고 그 내용은 잠정적인 밑그림으로서보다는 '절대 진리'로 취급되기 쉽다. 이런 사물화가 발생할 경우, 모델의 유연성과 함께 그 효용성은 사라지고, 창조적 사고는 얼어붙고 만다. 코헛은 프로이트의 삼중구조 모델에 내재된 사물화, 특별히 하트만과 자아 심리학자들이 주장하는 자아의 사물화 현상을 비판하였다. 그러나 그 자신도 같은 비판에 노출되고 있다.

코헛이 이중 축의 자기—포부와 이상의 축 사이에 긴장 포물선을 지닌 자기—란 개념을 구체적 존재인양 개념화한 것은 그에게서 보통 볼 수 있는 일이 아니었다. 코헛은 하나의 특정 체계 안에 자기가 사물화되는 것을 주의 깊게 피해왔기 때문에, 이런 일은 특별히 흔치 않는 일이었다. 그는 이런 태도에 대한 인식론적 자부심을 다음과 같이 드러내고 있다:

> 자기심리학에 대한 나의 연구는 수백 쪽에 달하지만, 나는 결코 자기란 용어에 어떤 불변의 의미를 부여하지 않았다 … 나는 후회나 부끄러움 없이 이 사실을 인정한다. 자기는 … 모든 실재처럼 … 그 본질을 알 수 있는 것이 아니다 … 우리는 자기가 나타나는 여러 응집적인 형태를 서술할 수 있고, 자기를 구성하는 여러 구성 요소들에 관해 논증하며 … 그것들의 생성과 기능을 설명할 수 있을 것이다. 우리는 그러한 모든 일을 할 수 있다. 그러나 우리는 여전히 자기의 표현과는 구별되는, 존재로서의 자기의 본질에 대해서는 알 수 없다(Kohut 1977, 310-12쪽).

비록 코헛이 놀이적으로 생각하는 과학자의 태도를 주장하고 그런 정신으로 그의 모델을 제안했음에도 불구하고, 나는 그 모델이 본래의 유용성을 능가하지 않을까 염려한다. 모델은 사물화되기 쉽다. 이중 축의 자기 모델이 이 경우에 해당되는 것으로 보이는데, 그 이유는 대다수의 자기심리학자들이 그 모델을 작업 가설로서 사용하는 것을 포기한 듯 보이기 때문이다. 흥미로운 것은 코헛의 모델은 프로이트의 수력학적 모델과 내용상 구별되기는 하나 그 형태에서는 유사하다는 점이다. 그 둘은 모두 물리학의 법칙에 기초하고 있으며; 둘 다 경험과는 거리가 있는 모델이다.

코헛의 이론이 갖고 있는 또 다른 문제는, 변형적 내재화를 성장을 촉진하는 내재화를 가져오는 유일한 과정으로 보는 것과 관련되어 있다. 코헛은 그의 초기 저술 (Kohut 1960; Kohut and Seitz 1963)에서 그는 '대상을 통한 경로'를 내재화를 일으키는 또 다른 과정으로 서술하였다. 즉, '대상을 통한 경로'를 통해 아이는 마음을 진정시켜 주고 달래주는 갈등이 없는 부모의 특질들을 동일시한다는 것이다. 그는 이런 특질들은 갈등을 일으키지 않기 때문에 비갈등적이고 비전이적인 중립화된 영역 안에 자리를 잡게 된다고 보았다. 이 개념은 수많은 의문을 불러일으킴에도 불구하고, 변형적 내재화와 똑같이 중요하고 효과적인 구조-건설 과정을 가리키고 있다. 알 수 없는 이유로, 코헛은 '대상을 통한 경로'라는 개념을 더 발전시키는 과제를 소홀히 했으며, 그 대신 아무런 설명없이 변형적 내재화의 개념을 강조했다.

변형적 내재화 개념은 프로이트의 가설에 그 기원을 갖고 있다. 곧 리비도 대상이 지닌 특질은 그 대상의 상실에 이어 내재화된다는 가설이 그것이다. 프로이트는 이 내재화 과정을 "애도와 우울"(1917)이라는 글에서 서술하였다. 코헛은 프로이트의 개념을 확장하여, 실망에 뒤이어 발생하는 이상화 요소의 내재화를 포함시켰다. 코헛은 자기대상이 지닌 기능 중의 하나가 실패하고 따라서 이상화된 자기대상이 부분적으로 상실될 때, 이런 내재화가 일어난다고 서술했다.

나는 최적의 좌절이 내재화 과정에 관련되어 있으며, 부분적으로 정서적 성장에 관해 설명해준다는 사실을 의심하지 않는다. 예를 들면, 아이가 자전거를 배울 때, 만약 아이의 부모가 아이

스스로 균형을 유지하는 두려움과 즐거움을 동시에 경험하도록 허용하지 않는다면, 아이는 자전거 타기를 배울 수 없을 것이다. 부모가 아이를 혼자 내버려두는 것은 하나의 좌절이다. 그러나 이런 좌절로부터 아이를 보호하는 것은 아이에게 앞으로 전진할 기회를 빼앗는 것이다.

최적의 좌절과 뒤이어 발생하는 변형적 내재화는 새로운 구조를 건설하지만, 다른 과정 역시 내재화의 원인이 될 수 있다. 베베와 라흐만(Beebe and Lachmann)은 분석가 및 유아 연구가로서의 경험에 근거하여, 내재화의 다른 과정이 있음을 인정하고 있다:

> 이러한 [변형적] 내재화의 모델과 대조적으로, 우리는 환자가 지속적인 규제와 그러한 규제의 붕괴를 회복하는 경험을 통해서 상호성의 기대를 획득한다는 사실을 강조했다 (Beebe and Lachmann, 1992; Beebe and Lachmann, 1994). 더욱이 비록 기대의 '붕괴'가 '내재화'로 이끌 수는 있지만, 내재화는 다른 방법들을 통해서도 일어난다. 상호적 및 스스로 부과하는 규제와 고양된 정서들 또한 내재화된다(Beebe and Lachmann, 1994).
>
> (Beebe and Lachmann 1995, 377쪽)

이상의 모든 비판들은 그가 주장한 것과 관련된 것이지만, 코헛은 또한 그가 생략한 부분에 대해서도 비판을 받았다. 이것들 중에 주목할 만한 것은 정상적인 성욕에 대한 깊이 있는 고찰의 부재에 관한 것이다. 그러나 코헛 사상이 지닌 설명력에 매료된 그의 동료와 학생들과 다른 사람들은 이런 모든 점들에 대해 작업을 계속해 가면서 자기심리학의 이론을 확장하고자 노력하고 있다.

사실, 자기심리학은 여러 방향으로 발달하고 있으며, 이제 우리는 소위 '후기-코헛 학파' 시대로 진입했다. 이 영역에서 현재 발생하고 있는 다양성은 다양한 논문들의 출현으로 증명되고 있다. 예컨대 "세 종류의 자기심리학—또는 하나의 자기심리학"(Lachmann and Beebe 1991)과 "코헛 이후의 자기심리학: 하나의 이론인가 아니면 다수인가?"(Shane and Shane 1993) 등을 들 수 있다. 그 밖에도 「정신분석학 대화」라는 잡지는 그 책 전체에서 그간 제기된 질문들을 다루었는데, 그 이유는 '본래 하나였던 목소리가 지금은 서로 복합적인 관계 안에 있는 다양한 목소리로 대체되었기 때문이다'(Michell 1995, 351쪽).

이런 목소리들 중 몇몇은 치료자를 환자의 전이 욕구와 소망을 받아주는 사람 이상으로 보는 이해를 통해서 정신분석학적 사고에 기여하고 있다. 이런 관점에서 치료자는 면담실의 심리적 신계를 환자와 함께 만들어 가는 적극적 참여자로 간주된다. 이런 상호-행동적 모델은 여러 가지 이름으로 불린다: 베베(Beebe 외, 1993)는 이자(dyadic) 체계적 관점이라 부르고; 호프만(Hoffman 1991)은 사회적 구성주의(social constructivism)라 부르며; 애트우드·스톨로우(Atwood and Stolorow 1984; Stolorow et al. 1987; Stolorow and Atwood 1992)는 상호 주관성(intersubjectivity) 이론이라고 부른다.

코헛의 작업이 이 책의 주제이기 때문에, 나는 코헛의 작업을 확장하는 시도와 관련된 하나의 주제를 제외하고는, 자기심리학 분야 안에서 현재 진행되는 논쟁과 현안들을 생략하였다. 나는 다만 '어떤 치료적 입장과 행동이 성장을 촉진시키고 내재화를 증진시키는가?' 라는 최근의 논의에 대해 생각해 보겠다.

이 논의는 코헛의 가설(1984)로부터 시작된 것이다. 곧 최적의 좌절이 내재화의 과정을 가져온다는 생각이 그것이다. 여러 저자들이 이 논의를 계속했다. 베이컬(Bacal 1985)은 자기대상인 치료자 쪽에서의 '최적의 공감적 반응'은 치료 상황에서의 중심적인 경험을 제공한다고 주장하였고, 톨핀(Tolpin 1988)은 '최적의 정서적 참여'가, 그리고 쉐인(Shane 1994)은 '최적의 억제'가 치료적 노력에 결정적인 요소라고 주장하였다.

우리는 여기에서 '최적'(optimal)이란 형용사가 이 논의의 핵심적 단어란 사실에 주목해야 한다. 위의 저자들은 모두 '최적'이란 형용사를 치료적 노력을 기술하기 위해 사용했다. 이들이 제안한 치료적 행위들은 '적절한 양의' 공감적 반응, 참여, 또는 억제를 제공하는 것이었다. 그러나 코헛은 '최적'이란 형용사를 치료적 상황에서 일시적이며 피할 수 없는, 그러나 희망하기로는, 처리할 수 있는 사건을 진술하는데 사용했다. 코헛의 '최적'이란 말은 특정한 치료적 행위를 제공하는 것을 의미하지 않으며, 그 행위에 적합한 자격을 주는 것이 아니다. 그것은 좌절에 대한 설명이며, 구조 건설에 관련된 심리 경제적 개념의 일부분이다.

코헛은 명백히 이런 논의에 참여할 수 없지만, 그의 저술은 최적의 치료적 자세는 어떤 특정 행위나 방편의 제공을 필요로 하지 않는다고 말한다. 코헛은 환자의 심리적 실재를 무비판적으로 수용하기, 환자 경험에 대한 심층적 이해, 이런 경험에 대한 조심성 있는 설명 등이 적절하게 이루어질 때, 내재화와 성장을 촉진시킨다고 주장한다.

이 글을 마무리하면서, 나는 '코헛의 작업'이 정신역동적 심리치료에 어떤 유익을 가져왔는가?'라는 물음을 묻고 싶다. 내 생각에, 그 대답은 면담실의 새로운 분위기에서 발견될 수 있다. 왜냐하면 그곳이 코헛의 통찰과 개념화가 만나는 곳이기 때문이다. 코헛은 결함있는 자기가 환자를 고통스럽게 하는 원인이라고 확신했기 때문에, 자기에 귀를 기울였고, 생존을 위한 그것의 투쟁을 이해하고자 했다. 그는 환자가 사용하는 방어적 책략들을 자기-지식에 대한 장애물로 간주하기보다는, 자기를 보호하기 위한 시도로서 이해한다. 코헛은 숨은 욕동에 대한 심리학으로부터 자기에 대한 심리학으로 전환함으로써, 치료적 만남을 미묘한 적대자의 경험으로부터 사이좋은 동반자로 변화시켰다. 위협받는 자기와 맺는 동맹 관계는 안전한 분위기를 만들어낸다. 이제 치료 상황은 치욕스런 욕구가 이해받고, 과거의 외상이 탐구되며, 숨고 상처받고 조직화되지 못한 자기가 안전하게 출현하며, 정지되었던 성장을 재개하는 장소가 되었다.

코헛은 공감적 침잠을 고통 가운데 있는 사람들을 이해하는 일차적인 방법으로 강조함으로써, 심리치료의 전망을 변화시켰다. 코헛에게 있어서 이론은 안내자이지 신이 아니다. 이론은 유용하지 않을 경우, 변화될 수도 버려질 수도 있다. 안내자로서의 공감을 가지고, 코헛은 정상적인 발달과 정서적 고통에 관한 중심적인 문제들을 다시 정의했다. 그는 관심의 초점을 본능적 욕동에서 야기된 위협으로부터 위협받고 있는 자기의 상태로 옮겼다. 우리가 자기와 그것의 경험에 관심의 초점을 둘 때, 우리가 경청하는 내용이 바뀐다. 자기의 욕구는 보편적이다. 이 욕구에 대한 우리의 이해가 우리에게 도움을 요청하기 위해 찾아온 사람들에게 치료적 효과를 증진시킬 수 있다.

오늘날 많은 종류의 치료법들이 있다. 수많은 치료법들 중에서 우리는 어떻게 하나의 적절한 치료법을 선택할 것인가? 우리들은 다음의 물음들을 묻는다. '이 사람이 지금 내게 온 핵심적인 문제가 무엇일까?' '이 사람은 본질적으로 안정된 자기를 가진 사람으로서 단지 그의 성격의 특정 영역에서 발생한 외상으로 인해 고통받고 있는 사람인가?, 아니면 이 사람은 심리적 생존을 위한 목적으로 일련의 방어적 장치들을 발달시킨 사람으로서 그

배후에는 심각한 결함을 지닌 자기가 숨겨져 있는 사람인가?'
물론 이것을 질문하기는 쉽다. 그러나 그 질문에 답하는 것은 쉽
지 않다. 그러나 코헛과 그의 이론을 확장하기 위해 작업했던 자
기심리학자들에 의해 제시된 지식에 의해 안내를 받는다면, 이제
는 그런 질문에 대답할 수 있으며, 따라서 치료의 과정을 정의하
고 예측하며 추구하는 것이 가능하다고 믿는다. 이 영역에서 현
재 진행되고 있는 활기찬 움직임을 고려할 때, 코헛이 그의 최후
의 연설을 마치면서 했던, '우리 모두 자기심리학에 담긴 사상의
밝은 미래를 희망합시다'(1981, 535쪽)라는 코헛의 소망이 실현
되고 있는 것으로 보인다.

코헛 심리학 용어 모음집

경제적 관점(Economic point of view): 심리적인 현상을 기술하기 위해 프로이트가 사용한 원리들 중의 하나로서 정서의 강도를 기술하고, 심리적으로 이런 정서들이 어떻게 다루어지는지를 토의하는데 유용하다. 프로이트는 정서의 강도를 정신 기구에 의해 처리되는 에너지란 의미로 파악했다.

경험과 거리가 먼 이론(Experience-distant theory): 추상적이고 경험과 동떨어진 정서에 대한 설명적 진술로 경험과 거리가 먼 이해는 인지적인 이해를 말하며, 높은 수준의 이론화로 불리어진다.

경험에 가까운 이론(Experience-near theory): 기술하려는 사건의 느낌과 임상적 현상에 가까운 감정 경험에 대한 설명적 진술로서, 경험에 가까운 이해는 정서적인 이해를 말하며 낮은 수준의 이론화로 불리어진다.

과대 자기(Grandiose self): 붕괴된 일차적인 자기애의 행복한 상태를 회복하려는 두 개의 본래적 시도 중의 하나를 나타내는 코헛의 개념. 과시주의, 자기 확장, 전능감으로 특징지어지며, 이러한 무의식적 형태가 정상적 발달 과정을 변화시키고, 최종적으로는 포부의 축을 세우는 에너지를 제공한다.

관점(Point of view): 초기 프로이트가 심리 현상을 포괄적으로 기술하기 위해 사용했던 역동적, 구조적, 경제적 관점들로 구성된 일련의 정신을 조직하는 원리들을 말하며, 이후 발생론과 적응적 관점이 추가되었다. 각 관점은 심리학적 현안들에 대한 다른 시각들을 제공하며, 임상적 관찰들을 추상적인 수준에서 고찰하는 데 유용하다. 참고로 구조적, 역동적, 경제적, 발생론적 관점들을 찾아 보라.

구조적 관점(Structural point of view): 프로이트의 심리 현상 기술 원리들 중의 하나로서, 구조적 관점은 마음을 자아, 원본능, 초자아라는 세 대리자로 구성된 기구로서 인식하며 이들 사이의 관계를 기술한다. 고전적 프로이트 이론에서는 이들간의 관계 자체를 하나의 갈등으로 본다.

내적 대상(Internal object): 대상 표상을 보라.

대상 리비도(Object libido): 외부에 존재하는 사랑하는 대상에게로 향하는 성적 욕동의 에너지(리비도를 보라).

대상 표상(Object representation): 한 개인이 특정한 타인에 대해 지속적으로 갖게 되는 도식으로서, 지속적인 기억과 비슷하며, 그 타인에 대한 다면적인 경험과 인상, 이미지로 형성된다.

리비도(Libido): 성적 본능과 연관된 정신 에너지를 뜻하는 프로이트의 개념이다. 에너지의 양을 다루는 경제적 용어로서 욕구와는 다른 의미를 가진다. 리비도는 내적인 정신 대상이 되는 표상이나 자기에게 투자될 수 있다. 리비도가 대상에게 투자되었을 경우 대상 리비도라 부르고, 자기에게 투입자 경우 자기애라 부른다.

발생론적 관점(Genetic point of view): 발생론적 관점은 현재 대면하는 소망, 환상, 욕구, 행위들의 기원과 역사를 기술하기 위해 프로이트가 사용했던 정신을 조직하는 원리들 중의 하나이다.

변형적 내재화(Transmuting internalization): 프로이트의 내재화 개념을 모델로 만들어진 상실경험에 뒤따르는 심리적 구조-형성에 관한 코헛의 개념이다. 대상을 이상화하는 자기 대상의 기능에 실패할 때 이상화의 강도가 재 내재화된다. 적절한 좌절에 해당하는 미세한 상실은 변형적 내재화 과정을 촉진시킨다.

부정(Disavowal): 무언가 알지만 인식하지 못하는 방어기제, 어떤 것을 아는 체험을 하나 동시에 그것에 대해 인식하지 못하는 데에 부정이 존재한다. 앎과 알지 못함 사이의 분리는 모순된 행동의 원인이 된다.

수직 분리(Vertical split): 처음 프로이트는 자아의 내부적 분리를 의미하는 개념으로 사용했으나, 수직 분리는 부정이라는 방어를 설명하기 위한 삼중 구조 모델에서 나온 것이다. 이것은 인식과 개념을 따로 하려는 자아나 자기의 구조 내부의 분열을 의미한다.

수평 분리(Horizontal split): 프로이트의 정신기구 중 억압장벽에 대한 코헛의 용어(억압 장벽을 보라).

억압 장벽(Repression barrier): 원래 프로이트에 의해 지형 모델의 일부로서 기술된 것으로, 무의식 체계 속에 존재하는 세력의 침입을 반대하는 전의식 체계의 방어력의 결과로 보았다. 프로이트는 1923년 이를 삼중 구조 모델로 발전시키면서, 이 개념을 수정하여 억압 장벽을 원본능 세력들의 침입을 반대하는 자아 안에 존재하는 방어들의 집합체로서 이해하였다.

역동적 관점(Dynamic point of view): 프로이트가 심리 현상을 기술하기 위해 사용한 원리 중의 하나. 역동적 관점은 과거에 뿌리를 둔 심리적 세력들이 어떻게 개인의 현재의 사고, 환상, 소망, 욕구와 행동에 영향을 미치고 있는가를 서술한다.

욕동(Drives): 인간의 사고와 행동에 동기를 부여하는 기본적 생물학적 힘을 표현하는 프로이트의 개념이다. 흔히 본능적 욕동이라고 일컬어지는 두 가지 욕동에는 성욕 욕동과 공격적 욕동이 있다.

원본능(Id): 정신 기구에 속한 대리자 중의 하나로 완전히 무의식적인 성격 부분이며, 표출되려고 압박하는 욕동, 소망, 환상을 담고 있다. 고전 이론에서는 표출 압력을 가하는 원본능의 내용들이 갈등의 원인이 된다고 본다.

유아적 성욕(Infantile sexuality): 프로이트는 성적 욕동을 정상적 현상으로 인식했다. 이것은 초기 유아기에 나타나며, 성숙해 가면서 일련의 발달 단계를 거친다. 유아적 성욕의 경험은 여러 가지 점액질을 분비하는 내분비 기관의 얇은 막들이 생리적 자극을 받는 것과, 배고픔이나 배설 기능과 같은 신체적 경험들이 쾌감으로 충만하게 되는 것이다. 이런 쾌감을 일으킬 수 있는 감각은 그 자체가 목적이 되며, 성애적 경험의 근원이 된다. 신경 성숙 과정에서 선호하는 자극 기관이 입에서 항문으로 그리고 성기로 변화한다. 선호하는 신체 기관은 심리적 성숙 과정의 발달 시기나 발달 국면의 초점이 되어 유아적 성욕은 입, 항문, 성기란 세 국면을 지니고 있다.

이상화된 부모 원상(Idealized parental imago): 코헛의 개념으로서, 붕괴된 일차적 자기애의 행복한 상태를 회복하려는 두 가지의 본래적 시도 중의 하나이다. 스스로 온전함, 안전감, 강건함을 느끼려는 개인의 노력으로서 애착 가능한 전능한 대상을 갈망하는 특징이 있다.

이중 축의 자기(Bipolar self): 코헛의 자기 모델로서, 두 개의 자기 기둥이 있고 그 사이 하나의 중간 영역이 있다. 한 기둥은 포부를 나타내고, 또 다른 기둥은 이상을 의미하며 기둥 사이의 영역은 생득적 기술과 재능의 영역을 나타낸다.

이차 [사고] 과정(Secondary process): 합리적인 사고의 한 유형으로 전의식의 일부이다. 이것은 사고, 언어, 행위의 즉각적인 방출을 연기하거나 지연시킬 수 있는 요소를 포함하고 있다는 점에서 현실 원리와 관계가 있다.

일차 [사고] 과정(Primary process): 무의식의 특징적 사고 유형.

비합리적이며, 집중화, 전치, 상징화, 거부의 부재로 구성되어 있다. 이것은 본질적으로 원초적이며 쾌락 원리의 지시를 따르는 변형되지 않은 욕동의 표현과 관계가 있다. 꿈과 명시적 정신병을 통해 드러나는 내용으로 나타나는 비합리적 본성은 일차 사고 과정의 한 실례이다.

자기대상(Selfobject): 어린 시절의 양육자는 심리적으로 필수적인 자기대상 욕구를 충족시켜주는 기능을 수행한다. 자기대상 욕구를 제공하는 대상은 대상 자신의 특징적 존재로서보다는 상대방의 욕구 충족을 위해 기능하는 대상으로 경험된다. 코헛이 1977년(Cocks 1994)에 처음 하이픈 (-)으로 연결되었던 자기-대상이란 용어에서 하이픈(-)을 빼기로 결정한 이유는 대상이 제공하는 심리적 기능의 면에서 자기와 분리된 존재로 경험되지 않기 때문이다.

자기대상 욕구들(Selfobject needs): 유아기의 경험에서 유래하는 핵심적인 심리 경험들로서, 인생 전반을 통해서 다양한 형태로 지속된다. 이상화하려는 욕구, 긍정적이고, 가치로운 존재로 인정받고싶은 욕구, 다른 사람들과 공통점과 유사점을 느끼고싶은 욕구들을 포함하고 있다. 이런 욕구들은 코헛이 기술하는 자기애적 형태들의 일부이다.

자기대상 전이(Selfobject transference): 자기대상 욕구를 충족시키는 자기 경험을 기술하는 용어. 자기대상 전이에서 말하는 자기대상은 대상 자체의 독특한 품성으로 경험되어지기보다는 자기에게 제공되는 특별한 심리적 기능으로 경험되어진다.

자기애(Narcissism): 자아나 자기에 리비도가 투입된 상태.

자아(Ego): 정신 기구에 속하는 대리자들 중의 하나. 실행 기능을 가지고 있으며, 원본능의 힘, 요구와 초자아의 도덕적 금기들을 중재하는 기능을 하는 것으로 이해되고 있다. 이론적으로, 자아는 내적 욕동, 충동, 욕구들에 성격이 휩싸이는 것을 보호해 주며, 외부의 세계와의 관계에서 상대적으로 편안한 생활을 가능케 하는 일련의 기능들로 구성되어 있다. 자아의 일부분이 의식에 속한다고 생각되지만 자아 기능의 대부분은 무의식에 속해있다고 여겨지고 있다. 자아의 기능 중에는 안나 프로이트가 자신의 책,「자아와 방어기제」에서 밝혔던 여러 방어기제, 기술, 재능, 대인관계 능력들이 포함되어 있다. '자아'는 흔히 성격의 경험적 측면을 서술하는 용어로 사용되어져 왔으며, 이런 맥락에서 볼 때 자아는 역사적으로 '자기'(self)와 동의어로 쓰였다.

자아의 자율성(Ego autonomy): 억제하는 신경증적 갈등으로로부터 자유로우며 그로 인해 적절한 정신적 활용이 가능한 자아 기능.

전이(Transference): 지형론적 모델 안의 한 체계와 다른 체계와의 관계를 기술하는 프로이트가 발달시킨 개념. 프로이트가 시도했던 본래의 개념화에서 전이란 무의식이 전의식 안으로 침입하는 것을 말한다. 이후, 이 개념은 많은 부가적 의미들을 띄게 되었는데 현재 가장 일반적으로 쓰이는 '전이'의 의미는 아동기 대상과의 관계 경험에 유래하는 영향을 받고 있는 현재의 관계 경험을 기술하는데 사용된다.

최적의 좌절(Optimal frustration): 외부 대상이 주는 상실감이나 실망감의 강도가 한 개인이 가지고 있는 정서적 능력에 비추어 압도당하지 않을 만큼 안전하게 체험할 수 있는 정도로 주어지는 것을 의미하는 심리 경제적 용어.

초심리학(Metapsychology): 정신분석 이론을 형성하고 토의하기 위해서 사용된 매우 추상적인 개념적 도구. 일련의 이론적 전제와 전제들을 묘사하기 위한 언어로 구성되어 있다. 이 용어는 프로이트가 '정신'(mental)을 '의식'(conscious)과 동일시하는 개념 작업을 주로 했던 시기인 19세기 후반, 20세기 초의 과학적 심리학의 영향 때문에 이런 식으로 불리게 됐다. 프로이트가 관심을 기울였던 현상들은 무의식적인 것이어서 당시 '심리학의 영역 너머에' 있는 것으로 간주되었으며, 이런 의미에서 프로이트 심리학은 초심리학으로 불리었다.

초자아(Superego): 정신 기구에 속한 대리자의 하나. 성격을 안내하는 내면적인 도덕적 금기, 태도, 사고의 표준들을 기술하는 하나의 개념으로 부모의 태도나 행동을 내재화함으로써 형성된다.

쾌락 원리(Pleasure principle): 인간의 유기체는 평형 상태(homeostasis)를 추구한다는 프로이트의 전제에 근거하여, 안정된 상태를 방해하는 긴장을 제거하려는 내부 규제 원리를 말한다. 일반적으로 성적이거나 공격적 압박에 기인하여 평형상태를 훼방하는 긴장은 방출되어야만 하며, 이를 통해 유기체의 체계는 균형 상태로 되돌아간다. 긴장은 강한 소망이나 정서적 고통과 같은 내적 원천에 의해서, 또는 외적 위험 상황 때문에 일어날 수 있다. 긴장 해소는 방출-추구 행위가 초래할 결과에 대한 관심이나 고려 없이 추구된다. 그래서 흔히 사회적 도덕률에 어긋나는 경우도 있다. 이 원리는 무의식의 일차 과정에 속하는 가장 일차적인 작동 원리이다.

현실 원리(Reality principle): 발달이 진행됨에 따라 쾌락 원리에 따라 작동하는 긴장을 방출하는 것은 결국 사회적 상황에서 삶을 통제하는 필요성에 양보하게 된다. 이 원리는 나와 마찬가지로 타인도 욕구와 느낌을 가진 존재로, 행위에는 결과가 따르는 것으로 본다. 만족의 지연, 연기, 금기가 행동 양식을 통제하는 방식의 논리가 우세하다.

하인즈 코헛 연보

1913년 5월 13일 스위스 비엔나에서 출생
1932년 6월 도블리거 고등학교 졸업
1937년 11월 아버지 별세
1938년 6월 비엔나에서 프로이트 환송
       11월 비엔나 대학교 의과대학 졸업
1939년 3월 영국을 향하여 비엔나를 떠남
1940년 2월 미국을 향하여 영국을 떠남
       3월 시카고에 도착
1941년 시카고 대학 병원에서 정신 신경과 레지던트 시작
1945년 7월 미국 시민권 취득.
1947년 시카고 대학 의과대학 정신과 조교수
1948년 10월 사회 사업가 베티 마이어와 결혼
1950년 8월 아들 코마스 오거스트 출생,
       10월 시카고 정신분석학 연구소 졸업
1953년 시카고 정신분석 연구소 교수
1957년 11월 시카고의 정신 분석 연구소 창립 25주년 기념식
       에서 "내면 성찰, 공감, 그리고 정신분석학" 논문 발표

1963-4년 시카고 정신분석학회 회장
1965-73년 국제 정신분석학회 부회장
1966년 "자기애의 형태와 변형" 논문 발표
1968년 12월 뉴욕 정신분석학회의 시그문트 프로이트 강좌에
　　　　서 "자기애적 성격 장애의 정신분석학적 치료" 논문
　　　　발표
1971년 「자기의 분석」출판
　　　　10월 백혈병 진단 받음
1973년 6월 60회 생일 기념 시카고 학회에서 "정신분석학과
　　　　역사"를 주제의 학술 모임.
1977년 「자기의 회복」 출판
1979년 "Z씨에 대한 두 번의 정신 분석" 논문 출판
1981년 10월 버클리의 캘리포니아 대학에서 열린 제4회 자기
　　　　심리학 연례 학회에서 "공감에 대하여"논문 발표.
　　　　10월 8일 시카고의 빌링 병원에서 별세
　　　　11월 아들 토마스가 "내면 성찰, 공감, 그리고 정신 건강
　　　　의 반원" 대신 발표.
1984년 「자기의 치료」사후 출판.

역자 후기

자기 심리학에 매력을 느껴 연구하고 가르치는 사람으로서 자기 심리학의 기초가 되는 입문서를 번역하게 되는 귀한 기회를 갖게되어 기뻤다.

책을 번역을 시작할 즈음, 충격적인 "존속 살해 사건" 소식을 들었다. 당시(2000년 5월 21일) 서울의 명문대 이 강석 학생(2학년)은 한국 역사상 최초로 자신의 부모를 토막 살해하여 언론매체의 집중 조명을 받았다.[1]

그간 여러 존속살해 사건이 있어왔으나 이 때처럼 언론의 관심을 갖은 적이 없었다는 생각이다. 그의 가정은 부모가 고등교육을 받고 남들이 흔히 말하는 경제적인 문제로 일어난 사건이라고 보기에는 어려웠기 때문이다.

이 사건은 사람들의 삶이 행복하고 건강하게 유지되기 위해서는 무엇이 필요한가를 극명하게 보여주었다. 바로 이 책이 코헛

---

1 더 자세한 내용과 이에 대한 논의는 연세대학교 이훈구 교수가 쓴, 「미안하다고 말하기가 그렇게 어려웠나요」(서울: 이야기, 2001)를 참고하시기 바람.

이 자신의 전생애를 통해 임상과 이론화 과정을 통해 이 문제의 해결점을 집약하여 이해할 수 있는 길을 보여준다.

　책을 번역하면서, 역자 자신이 진정으로 말하는 내용의 심층적 이해를 하게 되었고, 심리치료 기법을 좀 더 예해리하게 가다듬는 배움의 시간이 되었음을 고백한다.
　한국인의 독특한 심성 중에 가장 문제시되는 것은 수동적 소극성이라고 여긴다. 원인이 교육 수준이 높고 주입식 교육에서 비롯된 것인지는 모르겠으나, 왜 해야하는 지 무엇을 해야하는 지는 인식하지만, 스스로 실제 행동으로 옮기지 못하고, 외부 환경의 압력에 의해서 동기 유발되어 움직이게 된다는 것이다.
　이런 현상을 코헛은 자기애적 증상이라고 말한다. 근원적 치유는 온전한 자기의 회복만이 가능하다고 한다. 시걸은 자신의 책에서 코헛의 자기애의 원인과 치유의 길을 자기심리학이란 관점에서 잘 정리해 놓았다.
　이런 면에서 인간의 성숙과 발달에 직·간접으로 관여하는 부모, 사회사업가, 교사, 성직자, 심리치료가, 정신과 의사들에게 도움이 될 것이다. 또한 인생의 기나긴 여정에 겪게되는 여러 가지 불운, 역경으로 인해 고통스런 삶을 치유하고 극복하려고 애쓰는 사람들에게도 필요한 책이 되길 바란다.
　끝으로 이 책의 번역에는 주변의 보이지 않는 여러분들의 헌신과 격려와 사랑의 인내가 있었기에 가능했다. 먼저 한국심리치료연구소의 소장이신 이재훈 박사님에게 마음으로부터 우러나오는 감사를 드린다. 소장님은 이 책의 번역을 쾌히 승낙하여 이 일이 시작되는 동기를 제공했고 용어의 선택과 읽기 쉽고 정확한 번역을 위해 지속적인 조언을 해주셨을 뿐만 아니라 감수를 해주셨기 때문이다. 또한 바쁜 일과를 뒤로하고 집중적인 번역

작업을 위해 장소와 음식을 허락해주신 동광원 산하 계명산 수녀원의 박 공순 원장님과 믿음의 식구 여러분들을 기억하지 않을 수 없다. 번역자의 거치른 한글 번역을 좀더 읽기 쉽고 매끄럽게 다듬는데 김 혜련 박사님, 주 인숙 집사님의 수고와 사랑이 큰 힘이 되었다. 그리고 이 책이 출판되기 위해 편집·교정·색인 작업으로 수고한 한국심리치료연구소의 이 은경, 김 주영, 이 영은 여러분에게도 감사의 뜻을 전한다. 더딘 번역 일정을 뒤에서 격려와 인내로 함께 해준 사랑하는 가족에게 고마움을 간직한다.

토당동에서 권 명수

코헛이 쓴 문헌들

PAPERS

1949
'August Aichhorn – Remarks after His Death,' in P. Ornstein (ed.) *The Search for the Self*, vol. 1, pp. 131–3. New York, International Universities Press, 1978.

1951
(a) 'The Psychological Significance of Musical Activity,' *Music Therapy*, vol. 1, pp. 151–8.
(b) 'Discussion of *The Function of the Analyst in the Therapeutic Process* by Samuel D. Lipton,' in P. Ornstein (ed.) *The Search for the Self*, vol. 1, pp. 159–66. New York, International Universities Press, 1978.

1952
'Book Review of *Psychanalyse de la musique* (1951) by André Michel,' in P. Ornstein (ed.) *The Search for the Self*, vol. 1, pp. 167–70. New York, International Universities Press, 1978.

1953
'Discussion of "Natural Science and Humanism as Fundamental Elements in the Education of Physicians and Especially Psychiatrists" by Henry von Witzleben,' in P. Ornstein (ed.) *The Search for the Self*, vol. 1, pp. 171–6. New York, International Universities Press, 1978.

1954
'Discussion of "*Eros and Thanatos*: A Critique and Elaboration of Freud's Death Wish" by Iago Galdston,' in P. Ornstein (ed.) *The Search for the Self*, vol. 1, pp. 177–85. New York, International Universities Press, 1978.

1955
(a) 'Some psychological effects of music and their relation to music therapy,' *Music Therapy*, vol. 5, pp. 17–20.
(b) 'Book Review of *The Haunting Melody: Psychoanalytic Experiences in Life and Music* (1953) by Theodor Reik,' in P. Ornstein (ed.) *The Search for the Self*, vol. 1, pp. 187–90. New York, International Universities Press, 1978.
(c) 'Book Review of *Beethoven and His Nephew: A Psychoanalytic Study of*

Their Relationship (1954) by Edith and Richard Sterba,' in P. Ornstein (ed.) *The Search for the Self*, vol. 1, pp. 191–3. New York, International Universities Press, 1978.

1956
(a) 'Discussion of "Modern Casework: The Contribution of Ego Psychology" by Annette Garrett,' in P. Ornstein (ed.) *The Search for the Self*, vol. 1, pp. 195–200. New York, International Universities Press, 1978.
(b) 'Discussion of "The Role of the Counterphobic Mechanism in Addiction" by Thomas S. Szasz,' in P. Ornstein (ed.) *The Search for the Self*, vol. 1, pp. 201–3. New York, International Universities Press, 1978.

1957
(a) 'Reporter "Clinical and Theoretical Aspects of Resistance" on Panel: American Psychoanalytic Association New York, December 1956 Meeting,' *Journal of the American Psychoanalytic Association* 1957, vol. 5, pp. 548–55.
(b) '*Death in Venice* by Thomas Mann: A Story about the Disintegration of Artistic Sublimation,' in P. Ornstein (ed.) *The Search for the Self*, vol. 1, pp. 107–30. New York, International Universities Press, 1978.
(c) 'Observations on the psychological functions of music,' in P. Ornstein (ed.) *The Search for the Self*, vol. 1, pp. 233–53. New York, International Universities Press, 1978.
(d) 'Book review of *The Arrow and the Lyre: A Study of the Role of Love in the Works of Thomas Mann* (1955) by Frank Donald Hirschbach,' in P. Ornstein (ed.) *The Search for the Self*, vol. 1, pp. 255–7. New York, International Universities Press, 1978.
(e) 'Discussion of "Some Comments on the Origin of the Influencing Machine" by Louis Linn,' in P. Ornstein (ed.) *The Search for the Self*, vol. 1, pp. 259–61. New York, International Universities Press, 1978.
(f) 'Discussion of "A Note on Beating Fantasies" by William G. Niederland', in P. Ornstein (ed.) *The Search for the Self*, vol. 1, pp. 263–5. New York, International Universities Press, 1978.

1958
'Discussion of "Looking over the Shoulder" by Morris W. Brody and Philip M. Mechanik,' in P. Ornstein (ed.) *The Search for the Self*, vol. 1, pp. 267–9. New York, International Universities Press, 1978.

1959
'Introspection, Empathy, and Psychoanalysis: An Examination of the Relationship between Mode of Observation and Theory,' in P. Ornstein (ed.) *The Search for the Self*, vol. 1, pp. 205–32. New York, International Universities Press, 1978.

1960
(a) 'Reporter "The Psychology of Imagination" on Panel: American Psychoanalytic Association Philadelphia, April 1959,' *Journal of the American Psychoanalytic Association* 1960, vol. 8, pp. 159–66.
(b) 'Childhood Experience and Creative Imagination: Contribution to Panel on the Psychology of Imagination,' in P. Ornstein (ed.) *The Search for the Self*, vol. 1, pp. 271–4. New York, International Universities Press, 1978.
(c) 'Beyond the Bounds of the Basic Rule: Some Recent Contributions to

Applied Psychoanalysis,' in P. Ornstein (ed.) *The Search for the Self*, vol. 1, pp. 275–303. New York, International Universities Press, 1978.
(d) 'Discussion of "Further Data and Documents in the Schreber Case" by William G. Niederland,' in P. Ornstein (ed.) *The Search for the Self*, vol. 1, pp. 305–8. New York, International Universities Press, 1978.

1961
'Discussion of "The Unconscious Fantasy" by David Beres,' in P. Ornstein (ed.) *The Search for the Self*, vol. 1, pp. 309–18. New York, International Universities Press, 1978.

1962
'The Psychoanalytic Curriculum,' in P. Ornstein (ed.) *The Search for the Self*, vol. 1, pp. 319–36. New York, International Universities Press, 1978.

1964
(a) 'The Position of Fantasy in Psychoanalytic Psychology: Chairman's Introductory Remarks to the Symposium on Fantasy,' in P. Ornstein (ed.) *The Search for the Self*, vol. 1, pp. 375–7. New York, International Universities Press, 1978.
(b) 'Some Problems of a Metapsychological Formulation of Fantasy: Chairman's Concluding Remarks to the Symposium on Fantasy,' in P. Ornstein (ed.) *The Search for the Self*, vol. 1, pp. 379–85. New York, International Universities Press, 1978.
(c) 'Franz Alexander: In Memoriam,' in P. Ornstein (ed.) *The Search for the Self*, vol. 1, pp. 387–8. New York, International Universities Press, 1978.
(d) 'Values and Objectives,' in P. Ornstein (ed.) *The Search for the Self*, vol. 1, pp. 389–93. New York, International Universities Press, 1978.

1965
(a) 'Autonomy and Integration,' in P. Ornstein (ed.) *The Search for the Self*, vol. 1, pp. 395–403. New York, International Universities Press, 1978.
(b) 'Discussion of "Correlation of a Childhood and Adult Neurosis: Based on the Adult Analysis of a Reported Childhood Case" by Samuel Ritvo,' in P. Ornstein (ed.) *The Search for the Self*, vol. 1, pp. 405–7. New York, International Universities Press, 1978.

1966
(a) 'Discussion of "Termination of Training Analysis" by Luisa G. de Alvarez de Toledo, Leon Grinberg, and Marie Langer,' in P. Ornstein (ed.) *The Search for the Self*, vol. 1, pp. 409–22. New York, International Universities Press, 1978.
(b) 'Discussion of "Some Additional Day Residues of the Specimen Dream of Psychoanalysis" by Max Schur,' in P. Ornstein (ed.) *The Search for the Self*, vol. 1, pp. 423–5. New York, International Universities Press, 1978.
(c) 'Forms and Transformations of Narcissism,' in P. Ornstein (ed.) *The Search for the Self*, vol. 1, pp. 427–60. New York, International Universities Press, 1978.

1968
(a) 'The Evaluation of Applicants for Psychoanalytic Training,' in P. Ornstein (ed.) *The Search for the Self*, vol. 1, pp. 461–75. New York, International Universities Press, 1978.

(b) 'The Psychoanalytic Treatment of Narcissistic Personality Disorders: Outline of a Systematic Approach,' in P. Ornstein (ed.) *The Search for the Self*, vol. 1, pp. 477–509. New York, International Universities Press, 1978.
(c) 'Introspection and Empathy: Further Thoughts about Their Role in Psychoanalysis,' in P. Ornstein (ed.) *The Search for the Self*, vol. 3, pp. 83–102. New York, International Universities Press, 1990.

1970

(a) On Leadership [1969–70],' in P. Ornstein (ed.) *The Search for the Self*, vol. 3, pp. 103–28. New York, International Universities Press, 1990.
(b) 'On Courage [early 1970s],' in P. Ornstein (ed.) *The Search for the Self*, vol. 3, pp. 129–81. New York, International Universities Press, 1990.
(c) 'From the Analysis of Mr. R. [early 1970s],' in P. Ornstein (ed.) *The Search for the Self*, vol. 3, pp. 183–222. New York, International Universities Press, 1990.
(d) 'Narcissism as a Resistance and as a Driving Force in Psychoanalysis,' in P. Ornstein (ed.) *The Search for the Self*, vol. 2, pp. 547–61. New York, International Universities Press, 1978.
(e) 'Discussion of "The Self: A Contribution to Its Place in Theory and Technique" by D.C. Levin,' in P. Ornstein (ed.) *The Search for the Self*, vol. 2, pp. 577–88. New York, International Universities Press, 1978.
(f) 'Scientific Activities of the American Psychoanalytic Association: An Inquiry,' in P. Ornstein (ed.) *The Search for the Self*, vol. 2, pp. 589–614. New York, International Universities Press, 1978.

1971

'Peace Prize 1969: Laudation,' in P. Ornstein (ed.) *The Search for the Self*, vol. 2, pp. 563–76. New York, International Universities Press, 1978.

1972

(a) 'Thoughts on Narcissism and Narcissistic Rage,' in P. Ornstein (ed.) *The Search for the Self*, vol. 2, pp. 615–58. New York, International Universities Press, 1978.
(b) 'Discussion of "On the Adolescent Process as a Transformation of the Self" by Ernest S. Wolf, John E. Gedo, and David M. Terman,' in P. Ornstein (ed.) *The Search for the Self*, vol. 2, pp. 659–62. New York, International Universities Press, 1978.

1973

(a) 'Psychoanalysis in a Troubled World,' in P. Ornstein (ed.) *The Search for the Self*, vol. 2, pp. 511–46. New York, International Universities Press, 1978.
(b) 'The Future of Psychoanalysis,' in P. Ornstein (ed.) *The Search for the Self*, vol. 2, pp. 663–84. New York, International Universities Press, 1978.
(c) 'The Psychoanalyst in the Community of Scholars,' in P. Ornstein (ed.) *The Search for the Self*, vol. 2, pp. 685–724. New York, International Universities Press, 1978.

1974

(a) 'Letter to the Author: Preface to *Lehrjahre auf der Couch* by Tilmann Moser,' in P. Ornstein (ed.) *The Search for the Self*, vol. 2, pp. 725–36. New York, International Universities Press, 1978.

(b) 'Remarks about the Formation of the Self: Letter to a Student Regarding Some Principles of Psychoanalytic Research,' in P. Ornstein (ed.) *The Search for the Self*, vol. 2, pp. 737–70. New York, International Universities Press, 1978.

1975
(a) 'Originality and Repetition in Science,' in P. Ornstein (ed.) *The Search for the Self*, vol. 3, pp. 223–9. New York, International Universities Press, 1990.
(b) 'The Self in History,' in P. Ornstein (ed.) *The Search for the Self*, vol. 2, pp. 771–82. New York, International Universities Press, 1978.
(c) 'A Note on Female Sexuality,' in P. Ornstein (ed.) *The Search for the Self*, vol. 2, pp. 783–92. New York, International Universities Press, 1978.

1976
(a) 'Creativeness, Charisma, Group Psychology: Reflections on the Self-Analysis of Freud,' in P. Ornstein (ed.) *The Search for the Self*, vol. 2, pp. 793–843. New York, International Universities Press, 1978.
(b) 'Preface to *Der falsche Weg zum Selbst, Studien zur Drogenkarriere* by Jurgen vom Scheidt,' in P. Ornstein (ed.) *The Search for the Self*, vol. 2, pp. 845–50. New York, International Universities Press, 1978.
(c) 'Reflections on the Occasion of Jean Piaget's Eightieth Birthday,' in P. Ornstein (ed.) *The Search for the Self*, vol. 3, pp. 231–4. New York, International Universities Press, 1990.

1978
(a) 'Conclusion: The Search for the Analyst's Self,' in P. Ornstein (ed.) *The Search for the Self*, vol. 2, pp. 931–8. New York, International Universities Press, 1978.
(b) 'Letters to Eric Heller,' in P. Ornstein (ed.) *The Search for the Self*, vol. 2, pp. 908–27. New York, International Universities Press, 1978.
(c) 'Self Psychology and the Sciences of Man,' in P. Ornstein (ed.) *The Search for the Self*, vol. 3, pp. 235–60. New York, International Universities Press, 1990.
(d) 'Reflections on *Advances in Self Psychology*,' in P. Ornstein (ed.) *The Search for the Self*, vol. 3, pp. 261–357. New York, International Universities Press, 1990.
(e) 'Introductory Remarks to the Panel on "Self Psychology and the Sciences of Man,"' in P. Ornstein (ed.) *The Search for the Self*, vol. 3, pp. 387–93. New York, International Universities Press, 1990.

1979
(a) 'The Two Analyses of Mr. Z,' in P. Ornstein (ed.) *The Search for the Self*, vol. 4, pp. 395–446. New York, International Universities Press, 1990.
(b) 'Four Basic Concepts in Self Psychology,' in P. Ornstein (ed.) *The Search for the Self*, vol. 4, pp. 447–70. New York, International Universities Press, 1990.
(c) 'Remarks on Receiving the William A. Schonfeld Distinguished Service Award,' in P. Ornstein (ed.) *The Search for the Self*, vol. 4, pp. 471–4. New York, International Universities Press, 1990.
(d) 'Remarks on the Panel on "The Bipolar Self,"' in P. Ornstein (ed.) *The Search for the Self*, vol. 4, pp. 475–81. New York, International Universities Press, 1990.

1980
(a) 'Greetings,' in P. Ornstein (ed.) *The Search for the Self*, vol. 4, pp. 483–8. New York, International Universities Press, 1990.
(b) 'Selected Problems in Self Psychological Theory,' in P. Ornstein (ed.) *The Search for the Self*, vol. 4, pp. 489–523. New York, International Universities Press, 1990.

1981
(a) 'On Empathy,' in P. Ornstein (ed.) *The Search for the Self*, vol. 4, pp. 525–35. New York, International Universities Press, 1990.
(b) 'Introspection, Empathy, and the Semicircle of Mental Health,' in P. Ornstein (ed.) *The Search for the Self*, vol. 4, pp. 537–67. New York, International Universities Press, 1990.

1950
Kohut, H. and Levarie, S. 'On the Enjoyment of Listening to Music,' in P. Ornstein (ed.) *The Search for the Self*, vol. 1, pp. 135–58. New York, International Universities Press, 1978.

1963
Kohut, H. and Seitz, P. 'Concepts and Theories of Psychoanalysis,' in P. Ornstein (ed.) *The Search for the Self*, vol. 1, pp. 337–74. New York, International Universities Press, 1978.

1978
Kohut, H. and Wolf, E. 'The Disorders of the Self and Their Treatment: An Outline,' in P. Ornstein (ed.) *The Search for the Self*, vol. 3, pp. 359–85. New York, International Universities Press, 1990.

BOOKS

1971
Analysis of the Self, New York, International Universities Press.

1977
The Restoration of the Self, New York, International Universities Press.

1984
How Does Analysis Cure?, Chicago and London, University of Chicago Press.

UNPUBLISHED LECTURE SERIES

1960
Kohut, H. and Seitz, P. (ed.) (1960) 'Kohut's Unpublished Course P. 200, 300, "Psychoanalytic Psychology,"' in Kohut Archives, located at the Chicago Institute for Psychoanalysis.

PUBLISHED LECTURE SERIES

1974
Elson, M. (ed.) (1987) *The Kohut Seminars on Self Psychology and Psychotherapy with Adolescents and Young Adults*, New York and London: W.W. Norton.

1972–6
Tolpin, P. and Tolpin, M. (1996) *The Chicago Institute Letters of Heinz Kohut*, Hillsdale, NJ, Analytic Press.

PUBLISHED CONVERSATIONS AND CORRESPONDENCE

1923–81
Cocks, G. (1994) *The Curve of Life: Correspondence of Heinz Kohut 1923–1981*, Chicago and London, University of Chicago Press.

1981
(a) 'The Psychoanalyst and the Historian [January 29, 1981],' in C. Strozier (ed.) *Self Psychology and the Humanities: Reflections on a New Psychoanalytic Approach* (1985), pp. 215–21. New York and London, W.W. Norton.
(b) 'Idealization and Cultural Selfobjects (February 12, 1981),' in C. Strozier (ed.) *Self Psychology and the Humanities: Reflections on a New Psychoanalytic Approach* (1985), pp. 224–31. New York and London, W.W. Norton.
(c) 'On the Continuity of the Self and Cultural Selfobjects [February 26, 1981],' in C. Strozier (ed.) *Self Psychology and the Humanities: Reflections on a New Psychoanalytic Approach* (1985), pp. 232–43. New York and London, W.W. Norton.
(d) '"One Needs a Twinkle of Humor as a Protection against Craziness" [March 12, 1981],' in C. Strozier (ed.) *Self Psychology and the Humanities: Reflections on a New Psychoanalytic Approach* (1985), pp. 244–53. New York and London, W.W. Norton.
(e) 'Civilization versus Culture [May 7, 1981],' in C. Strozier (ed.) *Self Psychology and the Humanities: Reflections on a New Psychoanalytic Approach* (1985), pp. 254–60. New York and London, W.W. Norton.
(f) 'Religion, Ethics, Values [June 6, 1981],' in C. Strozier (ed.) *Self Psychology and the Humanities: Reflections on a New Psychoanalytic Approach* (1985), pp. 261–2. New York and London, W.W. Norton.
(g) '"Stranger Take Word to Sparta: Here We Lie Obeying Her Orders" [July 16, 1981],' in C. Strozier (ed.) *Self Psychology and the Humanities: Reflections on a New Psychoanalytic Approach* (1985), pp. 263–9. New York and London, W.W. Norton.

자기심리학 참고 문헌

Aichhorn, A. (1935) *Wayward Youth*, New York, The Viking Press.
Atwood, G. and Stolorow, R. (1984) *Structures of Subjectivity*, Hillsdale, NJ, The Analytic Press.
—— (1993) *Faces in a Cloud* (rev.), Northvale, NJ, Aronson.
Bacal, H. (1985) 'Optimal Responsiveness and the Therapeutic Process,' in A. Goldberg (ed.) *Progress in Self Psychology*, vol. 1, pp. 202–26. Hillsdale, NJ, The Analytic Press.
Basch, M. (1995) 'Kohut's Contribution,' *Psychoanalytic Dialogues*, vol. 5, no. 3, pp. 367–73.
Baum, L.F. (1900) *The Wonderful Wizard of Oz*, G.M. Hill.
Beebe, B. and Lachmann, F.M. (1994) 'Representation and Internalization in Infancy: Three Principles of Salience,' *Psychoanalytic Psychotherapy*, vol. 11, pp. 127–65.
Beebe, B., Jaffe, J. and Lachmann, F. (1993) 'A Dyadic Systems View of Communication,' in N. Skolnick and S. Warshaw (eds) *Relational Perspectives in Psychoanalysis*, pp. 61–8, Hillsdale, NJ, The Analytic Press.
Cocks, G. (1994) *The Curve of Life: Correspondence of Heinz Kohut 1923–1981*, Chicago and London, University of Chicago Press.
Eidelberg, L. (1959) 'The Concept of Narcissistic Mortification', *International Journal of Psycho-Analysis*, vol. 40, pp. 163–8.
Ferenczi, S. (1930) 'Autoplastic and Alloplastic Adaptations,' in *Final Contributions*, p. 221. New York, Basic Books, 1995.
Freud, A. (1946) *The Ego and the Mechanisms of Defense*, New York, International Universities Press.
Freud, S. (1900) *The Interpretation of Dreams, Standard Edition* (*SE*), vols. 4 and 5, pp. 1–63. London, Hogarth Press.
—— (1905a) *Three Essays on the Theory of Sexuality*, *SE*, vol. 7, pp. 125–245. London, Hogarth Press.
—— (1905b) 'Fragment of an Analysis of a Case of Hysteria,' *SE*, vol. 7, pp. 7–122. London, Hogarth Press.
—— (1911) 'Psychoanalytic Notes on an Autobiography of a Case of Paranoia (Dementia Paranoides),' *SE*, vol. 12, pp. 3–82, London, Hogarth Press.
—— (1912) 'Recommendations to Physicians Practising Psychoanalysis,' *SE*, vol. 12, pp. 111–29. London, Hogarth Press.

—— (1913) 'On Beginning the Treatment (Further Recommendations on the Technique of Psycho-analysis),' *SE*, vol. 12, pp. 123–44. London, Hogarth Press.

—— (1914) 'On Narcissism: An Introduction,' *SE*, vol. 14, pp. 69–102. London, Hogarth Press.

—— (1915) 'Instincts and Their Vicissitudes,' *SE*, vol. 14, pp. 111–40. London, Hogarth Press.

—— (1917) 'Mourning and Melancholia,' *SE*, vol. 14, pp. 239–58. London, Hogarth Press.

—— (1920) 'Beyond the Pleasure Principle,' *SE*, vol. 18, pp. 7–64. London, Hogarth Press.

—— (1921) 'Group Psychology and the Analysis of the Ego,' *SE*, vol. 18, pp. 67–143. London, Hogarth Press.

—— (1923) 'The Ego and the Id,' *SE*, vol. 19, pp. 23–66. London, Hogarth Press.

—— (1930) *Civilization and Its Discontents*, *SE*, vol. 21, pp. 59–145. London, Hogarth Press.

Galdston, I. (1955) '*Eros and Thanatos*: A Critique and Elaboration of Freud's Death Wish,' *American Journal of Psychoanalysis*, vol. 15, pp. 123–34.

Glover, E. (1931) 'The Therapeutic Effect of the Inexact Interpretation: A Contribution to the Theory of Suggestion,' *The Technique of Psychoanalysis*, pp. 353–66. New York, International Universities Press, 1955.

Goldberg, A. (1980) 'Self Psychology and the Distinctiveness of Psychotherapy,' *International Journal of Psychoanalytic Psychotherapy*, vol. 8, pp. 57–70.

Goldberg, A. (ed.) (1978) *The Psychology of the Self: A Casebook*, New York, International Universities Press.

Hitschman, E. (1956) *Great Men: Psychoanalytic Studies*, New York, International Universities Press.

Hoffman, I. (1991) 'Discussion: Toward a Social Constructivist View of the Psychoanalytic Situation,' *Psychoanalytic Dialogues*, vol. 1, pp. 74–105.

Kleeman, J. (1967) 'The Peek-a-Boo Game: Part I. Its Origins, Meanings, and Related Phenomena in the First Year,' *The Psychoanalytic Study of the Child*, vol. XXII. New York, International Universities Press.

Kohut, H. (1951) 'Discussion of *The Function of the Analyst in the Therapeutic Process* by Samuel D. Lipton,' in P. Ornstein (ed.) *The Search for the Self*, vol. 1, pp. 159–66. New York, International Universities Press.

—— (1954) 'Discussion of *Eros and Thanatos*: A Critique and Elaboration of Freud's Death Wish by Iago Galdston,' in P. Ornstein (ed.) *The Search for the Self*, vol. 1, pp. 177–85. New York, International Universities Press, 1978.

—— (1956) 'Discussion of "Modern Casework: The Contribution of Ego Psychology" by Annette Garrette,' in P. Ornstein (ed.) *The Search for the Self*, vol. 1, pp. 195–200. New York, International Universities Press, 1978.

—— (1957a) '*Death in Venice* by Mann: A Story about the Disintegration of Artistic Sublimation,' in P. Ornstein (ed.) *The Search for the Self*, vol. 1, pp. 107–30. New York, International Universities Press, 1978.

—— (1957b) 'Observations on the Psychological Functions of Music,' in P. Ornstein (ed.) *The Search for the Self*, vol. 1, pp. 233–53. New York, International Universities Press, 1978.

—— (1957c) 'Book review of *The Arrow and the Lyre: A Study of the Role of Love in the Works of Thomas Mann* by Frank Donald Hirschbach,' in

P. Ornstein (ed.) *The Search for the Self*, vol. 1, pp. 255–7. New York, International Universities Press, 1978.
—— (1957d) 'Discussion of "Some Comments on the Origin of the Influencing Machine" by Louis Linn,' in P. Ornstein (ed.) *The Search for the Self*, vol. 1, pp. 259–61. New York, International Universities Press, 1978.
—— (1959) 'Introspection, Empathy and Psychoanalysis: An Examination of the Relationship between Mode of Observation and Theory,' in P. Ornstein (ed.) *The Search for the Self*, vol. 1, pp. 205–32. New York, International Universities Press, 1978.
—— (1960) 'Beyond the Bounds of the Basic Rule: Some Recent Contributions to Applied Psychoanalysis,' in P. Ornstein (ed.) *The Search for the Self*, vol. 1, pp. 275–303. New York, International Universities Press, 1978.
—— (1966) 'Forms and Transformations of Narcissism', in P. Ornstein (ed.) *The Search for the Self*, vol. 1, pp. 427–60. New York, International Universities Press, 1978.
—— (1968) 'The Psychoanalytic Treatment of Narcissistic Personality Disorders: Outline of a Systematic Approach,' in P. Ornstein (ed.) *The Search for the Self*, vol. 1, pp. 477–509. New York, International Universities Press, 1978.
—— (1971) *Analysis of the Self*, New York: International Universities Press.
—— (1973) 'The Future of Psychoanalysis,' in P. Ornstein (ed.) *The Search for the Self*, vol. 2, pp. 663–84. New York, International Universities Press, 1978.
—— (1977) *The Restoration of the Self*, New York, International Universities Press.
—— (1979) 'The Two Analyses of Mr. Z,' in P. Ornstein (ed.) *The Search for the Self*, vol. 4, pp. 395–446. New York, International Universities Press, 1990.
—— (1981a) 'On Empathy,' in P. Ornstein (ed.) *The Search for the Self*, vol. 4, pp. 525–35. New York, International Universities Press, 1990.
—— (1981b) 'Introspection, Empathy and the Semicircle of Mental Health,'in P. Ornstein (ed.) *The Search for the Self*, vol. 4, pp. 537–67. New York, International Universities Press, 1990.
—— (1984) *How Does Analysis Cure?*, eds A. Goldberg and P. Stepansky. Chicago and London, University of Chicago Press.
—— 'Kohut's Unpublished Course P. 200, 300, "Psychoanalytic Psychology"' (1960), ed. P. Seitz, in Kohut Archives located at the Chicago Institute for Psychoanalysis.
Kohut, H. and Levarie, S. (1950) 'On the Enjoyment of Listening to Music,' in P. Ornstein (ed.) *The Search for the Self*, vol. 4, pp. 135–58. New York, International Universities Press, 1978.
Kohut, H. and Seitz, P. (1963) 'Concepts and Theories of Psychoanalysis,' in P. Ornstein (ed.) *The Search for the Self*, vol. 1, pp. 337–74. New York, International Universities Press, 1978.
Kohut, H. and Wolf, E. (1978) 'The Disorders of the Self and their Treatment: an Outline,' in P. Ornstein (ed.) *The Search for the Self*, vol. 3, pp. 359–85. New York, International Universities Press, 1990.
Lachman, F.M. and Beebe, B. (1991) 'Three Self Psychologies – or One?', in A. Goldberg (ed.) *The Evolution of Self Psychology: Progress in Self Psychology*, vol. 7, pp. 167–74. Hillsdale, NJ, The Analytic Press.

—— (1992) 'Representational and Self Object Transferences: A Developmental Perspective,' in A. Goldberg (ed.) *New Therapeutic Visions: Progress in Self Psychology*, vol. 8, pp. 3–15. Hillsdale, NJ, The Analytic Press.

—— (1995) 'Self Psychology: Today,' *Psychoanalytic Dialogues*, vol. 5, no. 3, pp. 375–84.

Lichtenberg, J. (1983) *Psychoanalysis and Infant Research*, Hillsdale, NJ, The Analytic Press.

—— (1989) *Psychoanalysis and Motivation*, Hillsdale, NJ, The Analytic Press.

Linn, L. (1958) 'Some Comments on the Origins of the Influencing Machine,' *Journal of the American Psychoanalytic Association*, vol. 6, pp. 305–8.

Mitchell, S. (1988) *Relational Concepts in Psychoanalysis*, Cambridge, MA, Harvard University Press.

Mitchell, S. (ed.) (1995) 'Self Psychology after Kohut: A Polylogue,' Special issue of *Psychoanalytic Dialogues*, vol. 5, no. 3.

Ornstein, P. (1990) 'Introduction: The Unfolding and Completion of Heinz Kohut's Paradigm of Psychoanalysis,' in P. Ornstein (ed.) *The Search for the Self*, vol. 3, pp. 1–83, New York, International Universities Press.

Ornstein, P. and Ornstein, A. (1995) 'Some Distinguishing Features of Heinz Kohut's Self Psychology,' *Psychoanalytic Dialogues*, vol. 5, no. 3, pp. 385–91.

Shane, M. and Shane, E. (1993) 'Self Psychology after Kohut: One Theory or Many?' *Journal of the American Psychoanalytic Association*, vol. 41, pp. 777–98.

—— (1994) 'Self Psychology in Search of the Optimal: A Consideration of Optimal Responsiveness; Optimal Provision; Optimal Gratification; and Optimal Restraint in the Clinical Situation,' Presented at the 17th Annual Conference on the Psychology of the Self, Chicago.

Stern, D. (1985) *The Interpersonal World of the Infant: A view from Psychoanalysis and Developmental Psychology*, New York, Basic Books.

Stolorow, R. (1995) 'An Intersubjective View of Self Psychology,' *Psychoanalytic Dialogues*, vol. 5, no. 3, pp. 393–9.

Stolorow, R. and Atwood, G. (1992) *Contexts of Being*, Hillsdale, NJ, The Analytic Press.

Stolorow, R., Brandchaft, B. and Attwood, G. (1987) *Psychoanalytic Treatment*, Hillsdale, NJ, The Analytic Press.

Tausk, V. (1919) 'On the Origin of the "Influencing Machine" in Schizophrenia,' *Psychoanalytic Quarterly*, vol. 2, pp. 519–56 (1933).

Terman, D. (1988) 'Optimum Frustration: Structuralization and the Therapeutic Process,' in A. Goldberg (ed.) *Learning From Kohut: Progress in Self Psychology*, vol. 4, pp. 113–25. Hillsdale, NJ, The Analytic Press.

Tolpin, P. (1988) 'Optimal Affective Engagement: The Analyst's Role in Therapy,' in A. Goldberg (ed.) *Learning from Kohut: Progress in Self Psychology*, vol. 4, pp. 160–8. Hillsdale, NJ, The Analytic Press.

Wolf, I. (1996) Personal communication.

색 인

◇정기 간행물

· 정신분석 프리즘

◇대상관계이론과 기법 시리즈

멜라니 클라인
· 멜라니 클라인
· 임상적 클라인
· 무의식적 환상

도널드 위니캇
· 놀이와 현실
· 그림놀이를 통한 어린이 심리치료
· 성숙과정과 촉진적 환경
· 박탈과 비행
· 소아의학을 거쳐 정신분석학으로
· 가정, 우리 정신의 근원
· 아이, 가족, 그리고 외부세계
· 울타리와 공간
· 참자기
· 100% 위니캇
· 안아주기와 해석
· 살아있다는 것의 의미

로널드 페어베언
· 성격에 관한 정신분석학적 연구

크리스토퍼 볼라스
· 대상의 그림자
· 환기적 대상세계
· 끝없는 질문
· 그들을 잡아줘 떨어지기 전에

오토 컨버그
· 내면세계와 외부현실
· 대상관계이론과 임상적 정신분석
· 인격장애와 성도착에서의 공격성

◇대상관계이론과 기법 시리즈

그 외 이론 및 기법서
· 심각한 외상과 대상관계
· 정신분석학적 대상관계이론
· 대상관계 개인치료1: 이론
· 대상관계 개인치료2: 기법
· 대상관계 부부치료
· 대상관계 단기치료
· 대상관계 가족치료1
· 대상관계 집단치료
· 초보자를 위한 대상관계 심리치료
· 단기 대상관계 부부치료
· 대상관계이론과 정신병리

◇하인즈 코헛과 자기심리학 시리즈

· 자기의 분석
· 자기의 회복
· 정신분석은 어떻게 치료하는가?
· 하인즈 코헛과 자기심리학
· 자기심리학 개론
· 코헛의 프로이트 강의
· 주관성의 구조
· 존재의 맥락

◇아스퍼거와 자폐증

· 자폐아동을 위한 심리치료
· 살아있는 동반자
· 아동 자폐증과 정신분석
· 아스퍼거 아동으로 산다는 것은?
· 자폐아동의 부모를 위한 101개의 도움말
· 자폐적 변형

◇사회/문화/교육/종교 시리즈

· 그리스도인의 원형
· 융의 심리학과 기독교 영성
· 살아계신 하나님과 우리의 살아있는 정신
· 정신분석과 기독교 신앙
· 성서와 개성화
· 나의 이성 나의 감성

◇아동과 발달

· 유아의 심리적 탄생
· 내면의 삶
· 아기에게 말하기
· 난 멀쩡해. 도움 따윈 필요 없어!
· 놀이와 현실
· 그림놀이를 통한 어린이 심리치료
· 성숙과정과 촉진적 환경
· 박탈과 비행
· 소아의학을 거쳐 정신분석학으로
· 가정, 우리 정신의 근원
· 아이, 가족, 그리고 외부세계
· 울타리와 공간
· 참자기
· 100% 위니캇
· 자폐아동을 위한 심리치료
· 아스퍼거 아동으로 산다는 것은?
· 자폐 아동의 부모를 위한 101개의 도움말
· 출생 외상

◇자아심리학/분석심리학/기타 학파

· C.G. 융과 후기 융학파
· C. G, 융
· 하인즈 하트만의 자아심리학
· 자기와 대상세계
· 프로이트의 정신분석학

◇스토리텔링을 통한 어린이 심리치료 전집

· 스토리텔링을 통한…심리치료(가이드 북)
· 감정을 억누르는 아동을 도우려면
· 강박증에 시달리는 아동을 도우려면
· 마음이 굳어진 아동을 도우려면
· 꿈과 희망을 잃은 아동을 도우려면
· 두려움이 많은 아동을 도우려면
· 상실을 경험한 아동을 도우려면
· 자존감이 낮은 아동을 도우려면
· 그리움 속에 사는 아동을 도우려면
· 분노와 증오에 사로잡힌 아동을 도우려면

◇정신분석 아카데미 시리즈

· 성애적 사랑에서 나타나는 자기애와 대상애
· 싸이코패스는 누구인가?
· 영조, 사도세자, 정조 그들은 왜?
· 정신분석에서의 종결
· 자폐적 대상에 대한 정신분석학적 연구
· 정신분석과 은유
· 정신분열증, 그 환상의 세계로 가다
· 사라짐의 의미
· 제4차 산업혁명에 대한 정신분석적 고찰

◇초심자를 위한 추천도서

· 멜라니 클라인
· 놀이와 현실
· 100% 위니캇
· 초보자를 위한 대상관계 심리치료
· 하인즈 코헛과 자기심리학
· 프로이트 이후
· 왜 정신분석인가?